数学课程改革创新系列教材

经济数学（第2版）

游安军　主　编
曾庆武　潘　静　副主编
顾　珺　主　审

電子工業出版社
Publishing House of Electronics Industry
北京·BEIJING

内 容 简 介

“经济数学”是高等职业院校经济管理类专业的一门创新性特色课程，它贯彻了“突出应用性，与专业结合，为专业服务”的课程思想，能为经济管理类专业技术人才的能力培养提供有效的支持。

本书包括函数与模型、金融计算、导数及其应用、积分及其应用、偏导数及其应用等5章，特别注重数学与经济学的融合，强调数学在解决经济管理问题中的应用，培养学生的数学应用能力。

本书的组织结构新颖，语言叙述简明，例题讲解翔实，习题配备充分，非常适合作为高等职业院校经济管理类专业数学课程的教材，也可供经济管理领域的专业人员阅读和参考。

未经许可，不得以任何方式复制或抄袭本书之部分或全部内容。
版权所有，侵权必究。

图书在版编目（CIP）数据

经济数学/游安军主编. —2版. —北京：电子工业出版社，2021.2
ISBN 978-7-121-40517-4

Ⅰ. ①经…　Ⅱ. ①游…　Ⅲ. ①经济数学—高等职业教育—教材　Ⅳ. ①F224.0

中国版本图书馆CIP数据核字（2021）第022611号

责任编辑：朱怀永
印　　刷：涿州市般润文化传播有限公司
装　　订：涿州市般润文化传播有限公司
出版发行：电子工业出版社
　　　　　北京市海淀区万寿路173信箱　邮编：100036
开　　本：787×1092　1/16　印张：13.75　字数：352千字
版　　次：2016年11月第1版
　　　　　2021年2月第2版
印　　次：2024年7月第4次印刷
定　　价：40.90元

凡所购买电子工业出版社图书有缺损问题，请向购买书店调换。若书店售缺，请与本社发行部联系，联系及邮购电话：（010）88254888，88258888。

质量投诉请发邮件至 zlts@phei.com.cn，盗版侵权举报请发邮件至 dbqq@phei.com.cn。

本书咨询联系方式：（010）88254608，zhy@phei.com.cn，QQ80439705。

第 2 版前言

利用再版机会，我们对原书内容做了补充和修订，包括增加了第 5 章偏导数及其应用，改写了许多内容的叙述方式，订正和补充了原书中存在的许多错误和疏漏之处。这些改进大大增强了知识的准确性、文本的清晰性和可读性，也扩大了教师处理教材的空间。

本书得以再版，要感谢全国各地职业院校数学同仁的支持，以及他们对类别化数学课程教育的理解与认可，感谢广东松山职业技术学院曾庆武老师的热情参与，感谢电子工业出版社朱怀永先生付出的辛勤劳动。

编　者

2020 年 10 月

前　　言

“经济数学”是高等职业院校经济管理类专业的一门初级课程。本书在编写思想、内容组织和文本表达等方面都具有鲜明的特色。

一、编写缘起与思路

早在2007年，我们就准备编写一本适用于经济管理专业的《经济数学》教材。当时，我主持“经济数学”精品课程项目，开始接触和阅读一些经济学名著，如美国经济学家曼昆所著的《微观经济学》《宏观经济学》等，收集了一些教学素材。其间，大家一直沉浸在自己所制造的静谧学习氛围之中。正当项目有条不紊地推进时，突然得知经济管理学院以后不再开设数学课程了。对此，我们有点儿不知所措，探索的热情也随之戛然而止。当时就想凭着这个借口，无疾而终地收场了事，但后来还是尽量凑合着完成了项目，其质量当然是可想而知。项目验收之后，那个所谓“精品”就一直被尘封，变成了没有任何实际用途的“僵尸”，以至于它成了自己教育科研经历中的唯一败笔。

尽管如此，项目开发的过程还是产生了一个没有预料到的好结果。这就是比较认真地学习了经济学的基础知识，并让自己保留着对经济学的浓厚兴趣。因此，现在再回过头来研究“经济数学”课程，我们就有了一个非常恰当的理由和自由闲适的状态。

时间如白驹过隙，转眼就到了2015年10月。有一天，经济管理学院会计专业顾珺主任打电话给我，说是想请我在下学期给会计专业开一门数学课程，并要求由我来讲，问是否可以接受？真的，这个事情来得非常突然。说它突然，是因为经济管理学院已经有长达8年的时间没有开数学课程了，我以为，他们所有人早就忘记了数学在经济、管理与金融等专业中所扮演的重要角色，不会再提与数学有关的事情；现在居然有专业主任主动要求我来开数学课程，这实在是个意外。同时，这个事情来得也很巧合，因为她的这个要求正是我们2016年经济管理类专业数学课程改革计划的重要内容。虽然学校的数学教师相当缺乏，我依然应允了下来。其实，在经济管理类专业中断数学课程的8年时间里，我们在其他专业的高职数学课程开发与研究进展得非常顺利，不仅创造性地提出了类别化数学课程的思想，而且得到了电子工业出版社的大力支持，相继出版了《计算机数学》(2013年)、《电路数学》(2014年) 等类别化的高职数学教材，并在全国范围内产生了广泛影响。经过近10年的课程改革与实践，我们认识到，高职数学类别化是高职数学教育的一个方向性问题，是高职数学课程发展的必然趋势。

传统的高职数学（包括高等数学）是按数学学科的知识体系来组织的。它已经沿袭了二十多年，仍然是很多大学数学教师秉承的脉络。基于科学体系而编写的教材侧重于数学的系统性和理论性，对高职学生来说，学习起来相当困难，也没有针对性。尽管大家认为，经过这种比较系统严格的数学训练，基础打扎实了，再学习其他的专业应用会比较容易，但是在绝大多数情况下，高职学生没有那么多的时间与精力去学习和掌握系统化的理论数学。因此，至少在当下，这种体系受到了越来越多非数学的其他专业人士的质疑或批判。进一步地，从教育学的角度看，不管教什么样的学科和课程，都要遵循最基本、最要紧的逻辑，就是必须弄清楚我们的教学对象是谁？他们的需要是什么？所以，当某种现存的知识体系已经不适合一个群体的学习和需要时，人们要做的就是改变这种体系，让它符合这个群体的学习特点和实际需要，即使这个体系曾经是那么漂亮和让人迷恋，曾经为我们自己的成长做出过多么重要的贡献。从某种程度上讲，高职数学的类别化正是从这个角度出发的，对传统高等数学体系进行的一种变革，而本书正是根据这个思路所做的再一次尝试。

二、教材内容与处理

本书包括第1章函数与模型、第2章金融计算、第3章导数及其应用、第4章积分及其应用、第5章编导数及其应用5个部分。第1章介绍函数的概念，经济函数的意义、特点与相互关系；第2章介绍初等数学知识在经济领域里的应用。就这两章所涉及的数学知识而言，它们并没有超出普通高中的数学水平，但这些知识的讲述背景完全是经济管理方向的。对经济管理专业的学生来说，这将是非常新鲜、富有吸引力的。第3章介绍导数的概念、求导公式与法则、边际函数、弹性、函数的最优化等。第4章介绍不定积分的概念、性质与方法，定积分的应用等。第5章介绍偏导数与全微分的概念、应用。在后3章中，充分降低了数学知识的难度和技巧，基本上是从经济学的需要讲数学，用经济学的例子讲数学，从而实现数学与经济学的真正融合。当然，还有很多内容也应该包括在本书之中，如矩阵、线性规划、概率统计等，它们对经济管理类专业来说也是非常的必要和有用，实在是因为学时数太少，容纳不了这些内容，只好留待以后有机会再来讲解了。

纵览全书，我们没有遵循传统高等数学的知识脉络，忽略了很多“必不可少的”内容和讲法。例如，关于三角函数的内容一概不涉及，因为它们与经济管理学几乎没有关系；基本不介绍极限的概念与运算，只是为了方便书写和表达，偶尔使用极限的“符号”；导数和不定积分章节中的材料选取和编排也与传统体系有非常明显的差别，去掉了许多繁杂的知识点和技巧；定积分部分没有“分割、求和、取极限”的过程性内容，而是直接采用其几何意义来说明。采取诸如此类的处理方法，是为了实现“突出应用性、与专业结合、为专业服务”思想。我国著名数学教育家张奠宙先生在《近代数学教育史话》中曾写过这么一段话：数学一向被尊奉为“科学的女王”，……也许，数学只有“服务”得好，才更有资格当“女王”。从数学史上看，这句话是正确的。因此，对我们而言，只要尽自己的最大努力，扎实地把它做出来，做出高职数学教育的特色，然后就是静待花开；对学生而言，希望通过对本书的学习，让学生发现经济数学并不是想象中的那么困难，甚至是简单的，能够最大限度地激发他们的学习热情，有效地掌握和运用这些知识与方法，为专业课程的学习和职业素养的提升奠定良好基础。

三、致谢

感谢珠海城市职业技术学院校长刘华强研究员、副校长王宇东教授、教学科研处处长蒋庆荣博士，他们很重视目前我们正在进行的高职数学课程类别化工作，并设立了名师工作室予以支持。感谢经济管理学院的领导和老师，特别是金焕院长、顾珺主任，他们重启了经济数学课程，为我们的创新提供了现实空间。也感谢广东科贸职业学院张泽林副教授、江西工业职业技术学院叶鸣飞教授等热情地参与本书的编写。感谢人文与社会管理学院2014级社会工作专业的邹文静及其他同学，她们的参与加快了我们的工作进度。最后，还要感谢电子工业出版社朱怀永先生，他大力推进高等职业教育数学课程的创新，给我们提供了展示自己思想和改革成果的平台，这将会在我国职业教育数学课程发展史上留下永久的记忆。

在编撰本书的过程中，我们参阅了国内外学者编撰的经济学和经济数学著作，给了我们极大的启发，在此要向这些作者致以崇高的敬意。由于编者才疏学浅，视界与角度的局限，书中不足之处在所难免。期待广大读者、教师和专家在使用过程中提出建议和批评，并发送至邮箱 anjun65@ sina. com。本书有配套的电子资源（包括教学大纲、教学进度表、PPT课件、习题解答），请大家到华信教育资源网（www. huax. edu. cn）下载。

过去，曾有许多读者通过邮箱与我们讨论前文提到的已经出版的几本书中的问题，或是指出书中存在的错误。对此，我们从来都不敢怠慢，尽快回复或确认。在我们看来，大家认真仔细地阅读、演算和解题，就是对我们最好的回馈，感谢你们的关注和支持。

编 者

2016年7月于珠海

目　录

第1章　函数与模型

函数是描述变量之间相互依赖关系的重要工具，它几乎是所有应用数学的基础。经济学中许多变量（如商品的价格、销售量、生产成本、利润、投资、利率、货币量等）都是可度量的，经济函数或模型就是这些变量之间关系的数学描述。本章将介绍函数的概念、函数的单调性、反函数、常用的经济函数、指数函数、对数函数等。

1.1　函数的概念

在中学里，我们学习过函数。比如，圆的面积 A 与半径 r 的关系表示为函数

$$A = \pi r^2 \qquad 0 \leqslant r < +\infty$$

又如，某种商品的市场价格 P 与需求量 Q 之间的关系表示为函数

$$P = 105 - 3Q \qquad Q \geqslant 0$$

它意味着这种商品的价格越高，需求量就会越少。

其实，一个函数就是一个法则。对于每个输入变量 x，都有唯一确定的输出变量 y 与之对应。因此，函数可以被看作是一个“匣子”，在这个匣子里面进行着某种精确的数学运算。比如，法则“2 倍再加上 3”就是

$$\text{输入变量 } x \rightarrow \boxed{2\text{ 倍再加上 }3} \rightarrow \text{输出变量 } y$$

显然，输出变量 y 的值“依赖”于输入变量 x 的值。但是，为了精确地描述这种法则，通常会采用下面的简单形式来表示：

$$y = 2x + 3 \quad \text{或} \quad f(x) = 2x + 3$$

一般地，函数可以定义如下。

定义 1.1.1　假设两个集合 X 和 Y，若对集合 X 中每个元素 x，按照一定对应规则 f，集合 Y 中总有唯一确定的元素 y 与之对应，则称 **y 是 x 的函数**。记作

$$y = f(x) \qquad x \in X$$

其中，集合 X 称为函数的定义域，x 称为自变量，y 称为因变量。

比如，二次函数

$$y = f(x) = x^2 + 5x$$

其定义域 X 是所有的实数，其规则 f 是

$$(\quad) \rightarrow (\quad)^2 + 5(\quad)$$

又如，在函数

$$y = \frac{1}{x+1}$$

中，定义域 X 是所有不等于 -1 的实数，其规则 f 是

$$(\quad) \to \frac{1}{(\quad)+1}$$

对于每个具体的 x_0，通过规则 f，有唯一确定的值 y_0 与之对应，则称 y_0 为函数 $y=f(x)$ 在 x_0 处的函数值。所有函数值的集合称为函数的值域，记为 M。

为了更好地理解函数的定义，我们做如下说明：

（1）函数描述了自变量与因变量的一种对应规则或对应关系，这种规则用 f 表示，因此，f 是一个函数符号。在函数 $y=f(x)=x^2+2$ 中，f 代表着

$$(\quad) \to (\quad)^2+2$$

（2）定义域是函数的另一个要素。给定一个函数，就意味着同时给出了这个函数的定义域。比如，函数 $y=\sqrt{x-3}$ 的定义域是所有使得二次根号下 $x-3 \geqslant 0$ 的实数 x。

（3）有时候，把函数理解为模型也是很有意义的。比如，成年人的标准体重 W 与身高 H 的关系

$$W(\mathrm{kg}) = H(\mathrm{cm}) - 100$$

是一个函数，也是一个统计模型。

又如，假设某牧场主只生产两种物品：土豆和牛肉。他生产 1 盎司土豆需要 10 分钟，生产 1 盎司牛肉需要 20 分钟。那么，他每天工作 8 小时的生产可能性边界（是指在可得到的生产要素与生产技术既定时，一个经济体所能生产产量的各种组合）可以表示为

$$M = -\frac{1}{2}N + 24$$

其中，M 是牛肉产量，N 是土豆产量。这是一个生产模型。

例 1.1.1

（1）已知 $f(x)=4x^2-3x$，求 $f(2)$；

（2）如果 $g(Q)=\dfrac{10}{5+2Q}$，求 $g(5)$。

解：（1）把 $x=2$ 代入 $f(x)=4x^2-3x$ 之中，可得

$$f(2) = 4\times 2^2 - 3\times 2 = 10$$

（2）把 $Q=5$ 代入函数 $g(Q)$ 中，可得

$$g(5) = \frac{10}{5+2\times 5} = \frac{10}{15} = \frac{2}{3}$$

定义 1.1.2 如果函数在其定义域的不同部分，对应法则由不同的解析式来表达，这种函数就称为分段函数。

比如，函数

$$f(x) = \begin{cases} 1 & x \leqslant 1 \\ 2-x & 1 < x \leqslant 2 \\ 2x-4 & x > 2 \end{cases}$$

是一个分段函数，其图形如图 1.1.1 所示。经济学中的分段函数是非常普遍的，下面用两个例子说明。

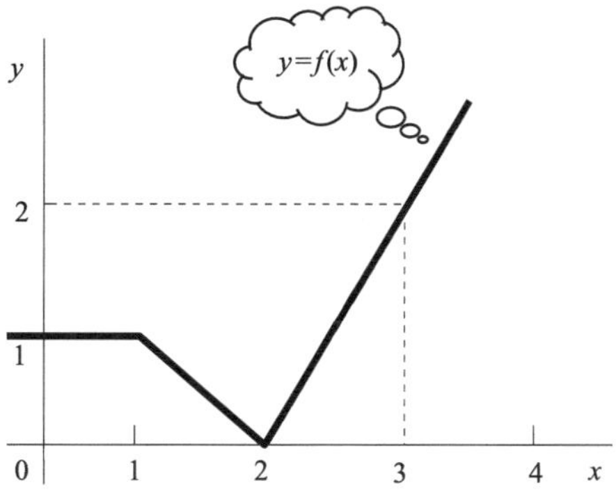

图 1.1.1

例 1.1.2　我国个人所得税采取的是累进税制，也就是超出部分的税率要递增。从 2011 年 9 月 1 日起，我国个人所得税的起征点调至 3500 元。表 1.1.1 为当时执行的 8 级税率，试写出个人月收入与纳税金额之间的函数关系。若小张月收入为 12000 元，他应缴的税款是多少？

表 1.1.1

级数	全月应纳税所得额	税率（%）
1	不超过 3500 元的部分	0
2	超过 3500 元至 5000 元的部分	3
3	超过 5000 元至 8000 元的部分	10
4	超过 8000 元至 12500 元的部分	20
5	超过 125000 元至 38500 元的部分	25
6	超过 38500 元至 58500 元的部分	30
7	超过 58500 元至 83500 元的部分	35
8	超过 83500 元的部分	45

解：假设某人的月收入为 x 元，应缴税款为 y 元，根据图 1.1.2 可以写出分段函数。

图 1.1.2

即有

（1）当 $0 \leqslant x \leqslant 3500$ 时，

$$y = 0$$

（2）当 $3500 < x \leqslant 5000$ 时，

$$y = (x - 3500) \times 3\%$$

（3）当 $5000 < x \leqslant 8000$ 时，

$$\begin{aligned} y &= 1500 \times 3\% + (x - 5000) \times 10\% \\ &= 45 + (x - 5000) \times 10\% \end{aligned}$$

（4）当 $8000 < x \leqslant 12500$ 时，

$$\begin{aligned} y &= 45 + 3000 \times 10\% + (x - 8000) \times 20\% \\ &= 345 + (x - 8000) \times 20\% \end{aligned}$$

（5）当 $12500 < x \leqslant 38500$ 时，

$$\begin{aligned} y &= 345 + 4500 \times 20\% + (x - 12500) \times 25\% \\ &= 1245 + (x - 12500) \times 25\% \end{aligned}$$

（6）当 $38500 < x \leqslant 58500$ 时，

$$\begin{aligned} y &= 1245 + 26000 \times 25\% + (x - 38500) \times 30\% \\ &= 7745 + (x - 38500) \times 30\% \end{aligned}$$

（7）当 $58500 < x \leqslant 83500$ 时，

$$\begin{aligned} y &= 7745 + 20000 \times 30\% + (x - 58500) \times 35\% \\ &= 13745 + (x - 58500) \times 35\% \end{aligned}$$

（8）当 $x > 83500$ 时，

$$\begin{aligned} y &= 13745 + 25000 \times 35\% + (x - 83500) \times 45\% \\ &= 22495 + (x - 83500) \times 45\% \end{aligned}$$

根据上面的分段函数，如果小张的月收入为12000元，那么他应缴的税款为

$$y = 345 + (12000 - 8000) \times 20\% = 1145 \text{ 元}$$

注意，这里并不是说，如果你的月收入是5001元，就要按照10%的税率来纳税，而另一个人月收入是5000元，则只按3%的税率来纳税。否则，这种税制是不科学的。

例1.1.3 假设销售员得到一份根据合同确定的工资，该合同规定销售员的月收入由三部分构成：（1）基本工资800元，（2）10%的业绩提成，（3）如果销售员的月销售额超过10000元，那么还可得到一次性奖励700元。写出他的月收入和销售业绩之间的关系。

解：令 s 代表每月销售业绩，p 代表销售员每月收入，则月收入和业绩之间的关系为

$$p = \begin{cases} 800 + 0.1s & s \leqslant 10000 \\ 800 + 700 + 0.1s & s > 10000 \end{cases}$$

定义1.1.3 设 $y = f(x)$ 定义在区间 $[a, b]$ 上，x_1 和 x_2 为区间 $[a, b]$ 上的任意两个数，当 $x_2 > x_1$ 时，有 $f(x_2) > f(x_1)$，则称 $y = f(x)$ 在区间 $[a, b]$ 上是**单调递增**的，如图1.1.3所示。当 $x_2 > x_1$ 时，$f(x_2) < f(x_1)$，则称 $y = f(x)$ 在区间 $[a, b]$ 上是**单调递减**的，如图1.1.4所示。

从函数图形上看，单调递增就是当 x 自左向右变化时，函数的图形呈现上升的形态，如图1.1.3所示；单调递减就是当 x 自左向右变化时，函数的图形呈现下降的形态，如图1.1.4所示。单调递增的或单调递减的函数统称为**单调函数**。

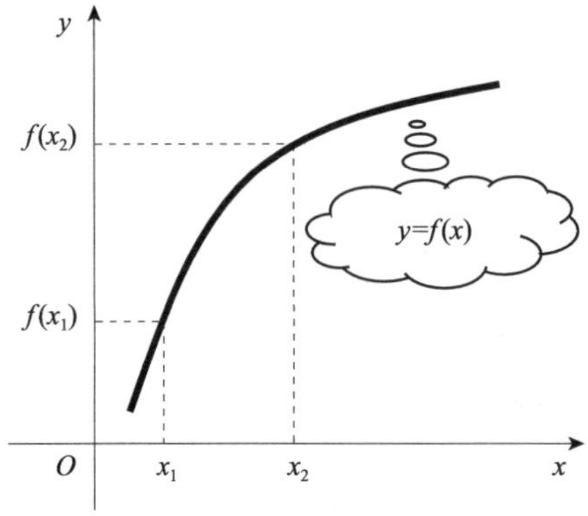

图1.1.3

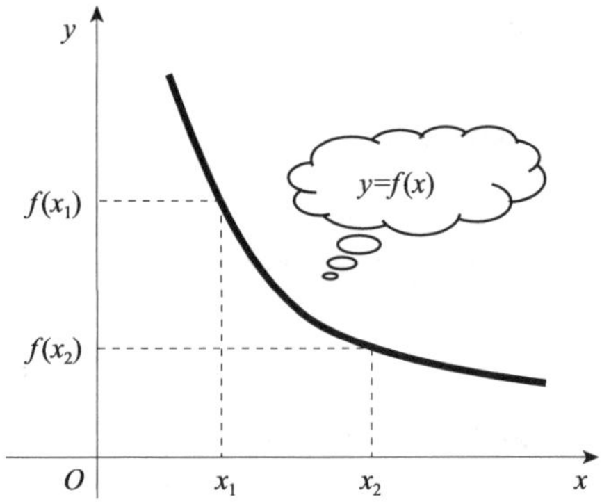

图1.1.4

例 1.1.4　画出函数

$$P(Q) = 10 - 2Q$$

的图形，并说明其单调性。

解： 函数 $P(Q)$ 是线性的，其定义域是 **R**。当 $Q=0$ 时，$P=10$；当 $Q=5$ 时，$P=0$。在平面直角坐标系上描出点（0，10）、（5，0），连接这两点所得直线即为此函数的图形，如图 1.1.5 所示。从图形上看，函数是单调递减的。

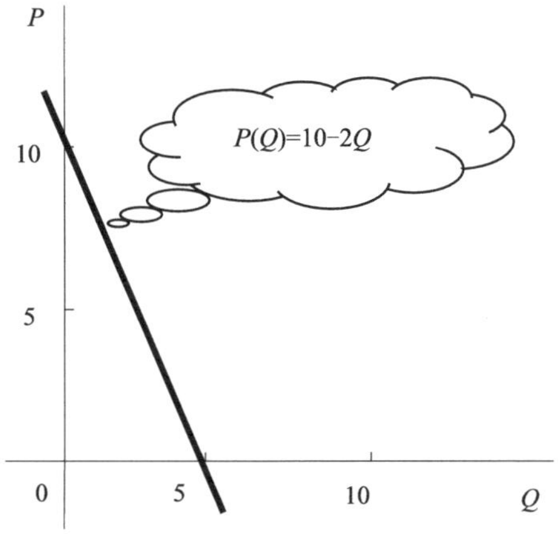

图 1.1.5

例 1.1.5　说明函数

$$f(x) = \frac{a}{x}(a > 0)$$

的单调性，并画出函数的图形。

解： 函数 $f(x)$ 定义域为 $(-\infty, 0) \cup (0, +\infty)$。

（1）若 $x_1 > x_2 > 0$ 时，则

$$x_2 - x_1 < 0$$

$$f(x_1) = \frac{a}{x_1},\ f(x_2) = \frac{a}{x_2}$$

于是

$$f(x_1) - f(x_2) = \frac{a}{x_1} - \frac{a}{x_2} = \frac{a(x_2 - x_1)}{x_1 x_2} < 0$$

即

$$f(x_1) < f(x_2)$$

所以，$f(x)$ 在 $(0, +\infty)$ 上是单调递减的。

（2）若 $x_1 < x_2 < 0$ 时，类似上述过程可以求得 $f(x)$ 在 $(-\infty, 0)$ 上也是单调递减的，如图 1.1.6 所示。

注意，此例中函数的图形是双曲线，它分为两部分：一部分在第一象限，另一部分在第三象限。在经济学中，我们只取第一象限的部分。从其形态可以看出，当 x 趋向于 0 时，曲线无限靠近 y 轴；当 x 趋向于无穷大时，曲线无限靠近 x 轴。当 a 逐渐增大时，曲线会向外移动，逐渐远离坐标原点，但保持原来的形状不变。

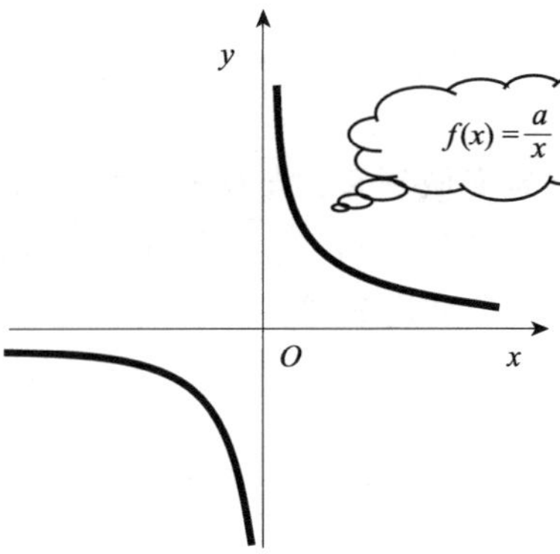

图 1.1.6

例 1.1.6　画出函数

$$y = 2x^2 - 3x + 1$$

的图形，并说明其单调性。

解：此函数是一元二次函数，找出其关键点（比如函数图形与 x 轴、y 轴的交点，最大值点或最小值点），然后画出函数的图形。

令 $2x^2 - 3x + 1 = 0$，得

$$x = 1,\ x = \frac{1}{2}$$

所以函数图形与 x 轴两个交点的坐标为（1，0）和 $\left(\frac{1}{2},\ 0\right)$。

令 $x = 0$，得 $y = 1$。函数图形与 y 轴交点的坐标为（0，1）。

二次项系数是2，大于0，所以它的开口向上。在 $\frac{1}{2}$ 与 1 之间的中点 $\frac{3}{4}$ 处取得最小值 $-\frac{1}{8}$，如图 1.1.7 所示。函数在 $\left(-\infty,\ \frac{3}{4}\right)$ 上是单调递减的，在 $\left(\frac{3}{4},\ +\infty\right)$ 上是单调递增的。

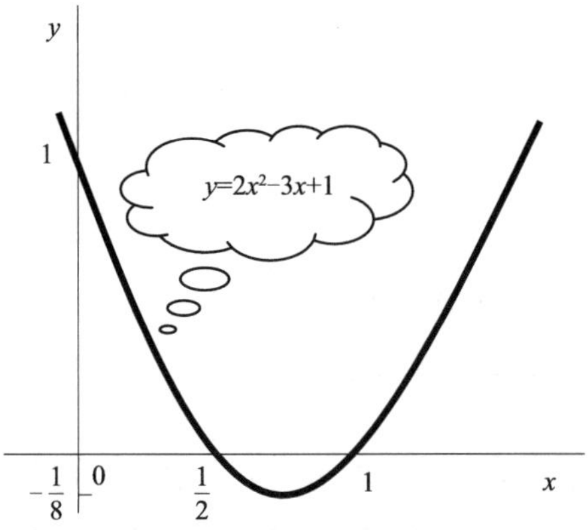

图 1.1.7

例 1.1.6 所示二次函数一般形式为 $y = ax^2 + bx + c$。当 $a > 0$ 时，它在 $x = -\frac{b}{2a}$ 处取得最

小值 $\frac{4ac-b^2}{4a}$；当 $a<0$ 时，它在 $x=-\frac{b}{2a}$ 处取得最大值 $\frac{4ac-b^2}{4a}$。求最大值或最小值的过程如下：

$$\begin{aligned} y &= ax^2+bx+c \\ &= a\left(x^2+\frac{b}{a}x\right)+c \\ &= a\left\{\left[x^2+2\frac{b}{2a}x+\left(\frac{b}{2a}\right)^2\right]-\left(\frac{b}{2a}\right)^2\right\}+c \\ &= a\left\{\left(x+\frac{b}{2a}\right)^2-\frac{b^2}{4a^2}\right\}+c \\ &= a\left(x+\frac{b}{2a}\right)^2+\frac{4ac-b^2}{4a} \end{aligned}$$

在讨论函数时，我们也会用到一个相反的对应关系。比如，在关系式 $y=3x+2$ 中，对每个实数 x，有唯一确定 y 与之对应，因而 y 是 x 的函数。但是，从另一个方向看，我们发现，对每个实数 y，有唯一确定的 x 与之对应。这种对应关系显然符合前面的函数定义，因而此时可以说，x 是 y 的函数，记为

$$x=\frac{y-2}{3}$$

并称它为 $y=3x+2$ 的反函数。

定义 1.1.4　设函数 $y=f(x)$ 定义在集合 X 上，其值域为 M。如果对集合 M 中的每个 y，在集合 X 中都有唯一确定的 x 使得 $f(x)=y$，则说 x 是 y 的函数，并称这个函数为 $y=f(x)$ 的**反函数**，记为

$$x=f^{-1}(y)$$

其定义域为 M，值域为 X。注意，此时函数的自变量为 y，因变量为 x。

为了更清晰地揭示一个函数与其反函数的关系，可以做如下对比，详见表 1.1.2。

表 1.1.2

x 与 y 关系式	自变量	因变量	对应规则	函数
$y=3x+2$	对每个 x	有唯一的 y 与之对应	$(\quad)\to 3(\quad)+2$	y 是 x 的函数
	对每个 y	有唯一的 x 与之对应	$(\quad)\to \frac{(\quad)-2}{3}$	x 是 y 的函数

一般地，并不是每个函数 $y=f(x)$ 都有其相应的反函数。比如，函数

$$y=x^2$$

就没有反函数，因为在 $y=x^2$ 中，对于每个大于零的 y 值，与之对应的 x 值都有两个，不是唯一的。但是，函数

$$y=x^2,\ x\geqslant 0$$

是有反函数的，因为此时对于每个大于零的 y 值，都有唯一的 x 与之对应。其反函数为

$$x=\sqrt{y},\ y\geqslant 0$$

因此，一个函数有反函数需要满足一定条件。这个条件就是函数的自变量与因变量之间的对应关系必须是一对一的。从图形上看，如果一个函数是单调递增（或单调递减）的，那么它就一定存在反函数。

例 1.1.7　求函数 $y=2x-1$ 的反函数，并写出它的定义域与值域。

解： 此函数是一次函数，其定义域为 **R**，值域为 **R**。

对函数 $y=2x-1$ 的值域中每个 y，在其定义域中都有唯一确定的 x 与之对应。通过 $y=2x-1$ 求出 x，得

$$x=\frac{y+1}{2}$$

这就是所求的反函数，显然其定义域为 **R**，值域为 **R**。

通常情况下，人们习惯于用 x 表示自变量，y 表示因变量，所以上式也可改写为

$$y=\frac{x+1}{2}$$

这样，人们就可以把函数 $y=2x-1$ 与其反函数 $y=\frac{x+1}{2}$ 的图形画在同一坐标系中进行比较，如图 1.1.8 所示。

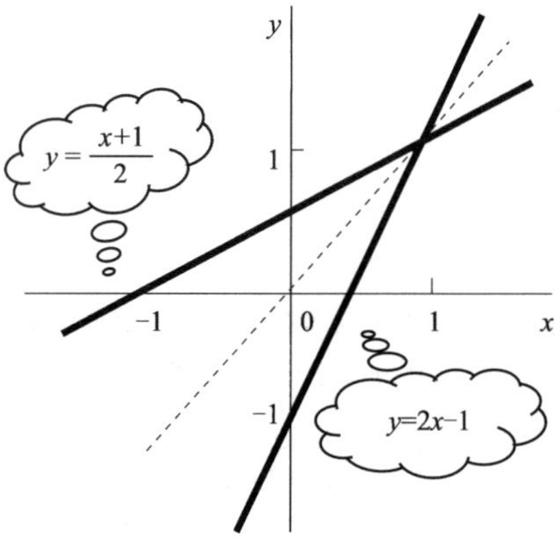

图 1.1.8

通过比较可以发现，一个函数与其反函数的图形关于直线 $y=x$ 对称。这个结论是普遍成立的。

习题 1.1

1. 求下列函数的定义域。

(1) $y=2x-3$　　(2) $y=-\frac{x-4}{5}$

(3) $y=\frac{18}{2x-3}$　　(4) $y=\frac{5-x}{(x-2)(x+3)}$

2. 给定两个函数 $f(x)=-2x+50$ 与 $g(x)=-\frac{1}{2}x+25$，计算 $f(25)$、$f(1)$、$g(3)$、$g(48)$，并说明 $f(x)$ 与 $g(x)$ 是什么关系。

3. 已知分段函数 $f(t)=\begin{cases}-2 & t>-1\\(t+1)^2 & t=-1\\4t & t<-1\end{cases}$，求 $f(0)$、$f(-5)$、$f(-1)$。

4. 画出下列分段函数的图形。

(1) $f(x)=\begin{cases}0 & x<1\\1 & 1\leqslant x<2\\2 & 2\leqslant x<3\\3 & 3\leqslant x<4\end{cases}$　　(2) $g(x)=\begin{cases}3 & x<1\\2 & 1\leqslant x<2\\1 & 2\leqslant x<3\\0 & 3\leqslant x<4\end{cases}$

5. 假设某快递公司收寄物件的计费规定是：当物件不超过 5 千克时，按 2 元/千克计费；当超过 5 千克时，超过的部分按 5.5 元/千克计费。试写出收寄物件的邮费与物件质量之间的函数关系。

6. 某移动通信营业部推出一种套餐收费标准：当月通话时间不超过 35 分钟时，月租费 18 元；超过 35 分钟时，超过的部分每分钟加收 0.15 元。试写出这种套餐收费与当月通话时间的函数关系。

7. 某个班级有 120 名学生，如果汉堡价格 $P=0$，则每个学生买 2 个；如果汉堡价格 $P\geqslant 4$，则没有人买汉堡。设汉堡的需求曲线是线性的，试给出其函数表达式。当 $P=3.99$ 时，汉堡的需求量是多少?

8. 考虑下面的收入所得税计划：最初收入的 5000 美元不用交任何税，下一个收入的 15000 美元按 20% 的税率交税，下一个收入的 30000 美元按 30% 的税率交税，其他更多收入按 50% 的税率交税。写出这种所得税计划的税收函数 $T(y)$，其中 y 是收入。

9. 画出下列函数的图形，并说明函数在哪个区间是单调递增的或单调递减的。

(1) $y=5x-10$　　(2) $y=-2x+5$

(3) $y=x^2-2x-3$　　(4) $y=-x^2+x-2$

(5) $y=e^x$　　(6) $y=\ln x$

10. 判断下列各对函数是否互为反函数?

(1) $y=-2x-3$，$y=-\dfrac{x+3}{2}$　　(2) $y=7x$，$y=\dfrac{x}{7}$

(3) $y=x+5$，$y=x-5$　　(4) $y=\dfrac{5}{x}+2$，$y=\dfrac{5}{x-2}$

11. 已知函数 $P(Q)=-5Q+13$，写出它的反函数，并将函数的图形画在同一坐标系中。

1.2　需求与供给

在经济活动中，市场是由某种商品（或劳务）的生产者（提供者）与消费者（接受者）组成的一个群体，是联系生产与消费的桥梁。商品的**需求量 Q** 是指在特定时间内，消费者愿意并且能够购买的某种商品的数量。实际上，需求量会受多种因素的影响，比如商品的市场价格 P、季节、消费者的购买力和消费偏好等，其中市场价格 P 是决定需求量的一个重要因素。

如果仅仅考虑市场价格 P 这个因素，那么市场价格 P 与需求量 Q 之间的关系，就称为**需求函数**，记为

$$Q=f(P)$$

对于给定的需求函数 $f(P)$，我们可以在直角坐标系中画出相应的需求曲线。在数学里，一般会把 P 设为横轴，把 Q 设为纵轴；而在经济学中，通常把 Q 设为横轴，把 P 设为纵轴。

我们知道，通过 $Q = f(P)$ 可以求出它的反函数：

$$P = g(Q)$$

本书采用经济学的习惯。下面讨论的微观经济学中的函数（如需求函数、收益函数、平均成本和利润函数等）都把 Q 作为横轴上的自变量。比如，线性需求函数就表示为

$$P = aQ + b$$

其中，a 和 b 是常数（也被称为参数）。当然，现实中商品的价格与需求量之间的关系远比这个复杂。

经济理论告诉我们，当某种商品的价格上升时，它的需求量会下降；当某种商品的价格下降时，它的需求量会上升。因此，线性需求函数图形（直线）的斜率是一个负数，即 $a < 0$，也就是说，P 是 Q 的减函数，如图 1.2.1 所示。

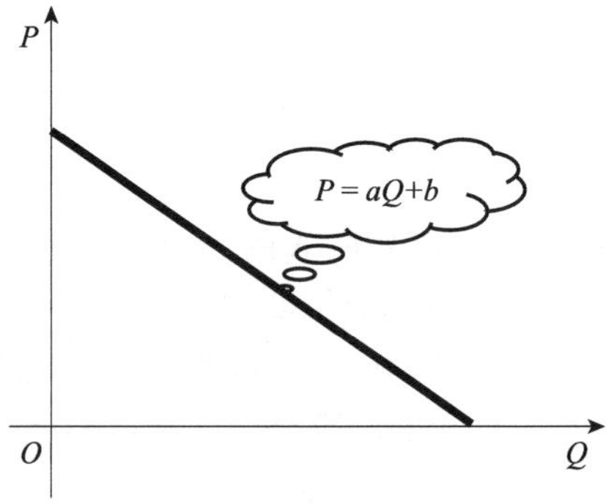

图 1.2.1

事实上，需求曲线在理论上也可能是水平的，即 $a = 0$，此时有 $P = b$。它对应着完全竞争的市场。在这种情况下，市场价格对每个人或公司都是已知的，单个公司的产量不会影响市场价格，因此，市场价格被看成是一个固定值。本书第 3 章将讨论这种特殊情况。

例 1.2.1 画出需求函数

$$P = -3Q + 75$$

的图形，并求出当 $Q = 10$ 时的 P 值，当 $P = 15$ 时的 Q 值。

解：对于需求函数 $P = -3Q + 75$，有 $a = -3$，$b = 75$，其图形为直线，所以这条直线的斜率为 -3，截距为 75。当 Q 每增加 1 个单位时，P 就向下移动 3 个单位。

当 $P = 0$ 时，$Q = 25$。所以当 $Q = 25$ 时，这条直线和横轴相交，如图 1.2.2 所示。

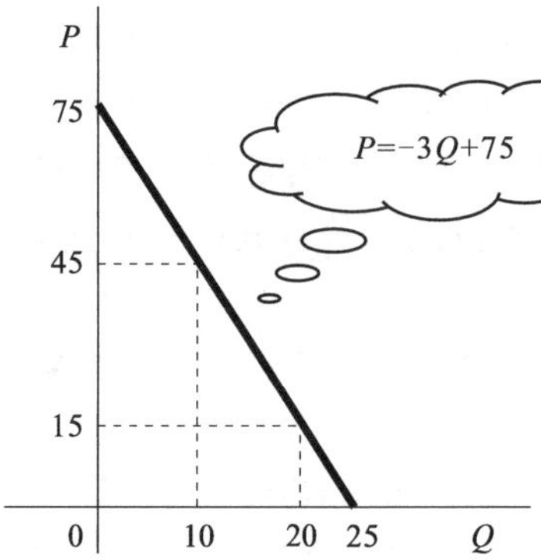

图 1.2.2

（1）给定任何 Q 值，通过函数图形可以找出相对应的价格 P；也可以令 $Q=10$ 代入需求函数，得

$$P=-3\times 10+75=45$$

（2）类似地，当 $P=15$ 时，

$$15=-3Q+75$$
$$Q=20$$

刚才假定需求量 Q 唯一地依赖于商品的价格 P。实际上，需求量 Q 还依赖于其他因素，比如，替代商品的价格 P_S，互补商品的价格 P_C，消费者的收入水平 Y，广告支出 A 和消费偏好 T 等。

当一种商品的价格下降引起对另一种商品的需求量减少时，这两种商品被称为**替代品**。替代品是那些经常相互替代使用的成对商品。比如，毛衣与长袖衫、公共汽车与出租车、面包与饼干等是相互替代使用的。当毛衣的价格下降时，人们会更多地选择毛衣，毛衣的需求量增加，而其替代品长袖衫的需求将减少。在互为替代使用的两种商品中，一种商品的需求量与其替代品的价格是同方向变动的。此外，苹果与梨、面粉与大米等都互为替代品。

当一种商品的价格下降引起另一种商品的需求量增加时，这两种商品称为**互补品**。互补品是那些经常被消费者同时使用的成对商品，离开了其中一种商品，另一种商品就不能使用。比如，汽车与汽油就是典型的互补品。当汽油价格下降时，人们对汽车的需求将增加。在互为互补品的两种商品中，一种商品的需求量与其互补品的价格是反方向变动的。此外，计算机与软件、音乐唱片与音响设备、球拍与球等都是互补品。

由于需求是指有货币支付能力的需求，所以消费者的收入必然会影响到他对某种特定商品的需求。当消费者的收入水平提高时，他对不同商品的需求量会出现不同的波动：一些商品的需求量会增加得比较多，而一些商品的需求量会增加得少一些或者不增加，而有些商品的需求量甚至会减少。当收入增加时，需求量也增加的这种商品称为**正常品**，比如小汽车和电子产品就是正常品。其中，需求量随收入增加而较快增长的称为**高档品**，需求量随收入增加而较慢增长的称为**生活必需品**。当消费者的收入增加时，商品的需求量会减少，或者当收入减少时，商品的需求量会增加，这种商品称为**低档品**。比如，煤炭是一种低档品。在20世纪六七十年代，大多数西方国家居民的收入上升，但煤炭消费需求却下降了，因为此时的收入增加使更多人能够使用另外一种形式的能源设备——中央供热设备。又如，乘公共汽车是一个低档品。一般地，随着收入的增加，人们可能会购买小汽车或乘坐出租车，从而减少对乘坐公共汽车的需求。当然，出于对交通拥堵和环境污染的考虑而选择乘坐公共汽车，这个因素应该包含在消费偏好 T 之中。

考虑上述的诸多因素，此时的 Q 就是多个变量 P、Y、P_S、P_C、A 和 T 的函数，表示为

$$Q=f(P,\ Y,\ P_S,\ P_C,\ A,\ T)$$

这里有6个输入变量和1个输出变量，用“黑匣子”表示，如图1.2.3所示。

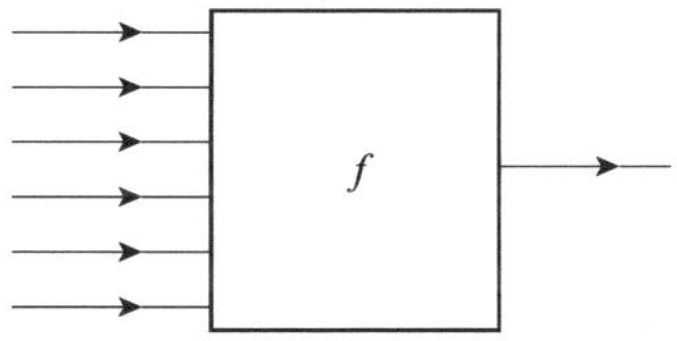

图1.2.3

当 Y、P_S、P_C、A 和 T 固定时，Q 和 P 称为**内生变量**，它是模型本身所要解释或决定的变量，也是坐标轴所表示的变量；其他的变量称为**外生变量**，它们由模型以外的因素决定，是模型成立的外部条件，是参数。在外生变量固定的情况下，可以得到标准的需求曲线 EF，如图 1.2.4 所示。

现在假设一种商品是正常品，当价格为 P^* 时，需求量为 Q_1。随着收入 Y 的增加，商品的需求量也会增加，这意味着，在价格为 P^* 时，增加的收入可以买到更多的商品，此时消费者购买的商品数量为 Q_2。这样，收入 Y 的增加就推动了整个需求曲线向右移动（意味着需求量增加）。即如果需求曲线是 $P = aQ + b$，那么收入的增加会导致曲线的截距 b 增加。

当然，对某些商品（比如低档品）来说，收入的增加可能导致需求曲线向左移动（意味着需求量减少）。

于是可以得到如下结论：当某个外生变量（用坐标轴表示的变量之外的其他相关变量）发生变化时，整条需求曲线的位置会发生向左或向右的移动。比如，广告费用的增加将导致需求曲线向右移动，因为广告投入能导致需求量的增加。而当某个内生变量发生变化时，另一个变量只沿着需求曲线进行移动。

从生产者角度看，**供给量 Q** 是指在特定时间内，厂家愿意并且能够出售的某种商品的数量。**供给函数**用来描述生产者提供给市场的供给量 Q 和商品价格 P 之间的关系。图 1.2.5 给出了一个典型的线性供给函数：

$$P = aQ + b$$

其中，斜率 $a > 0$，截距 $b > 0$。

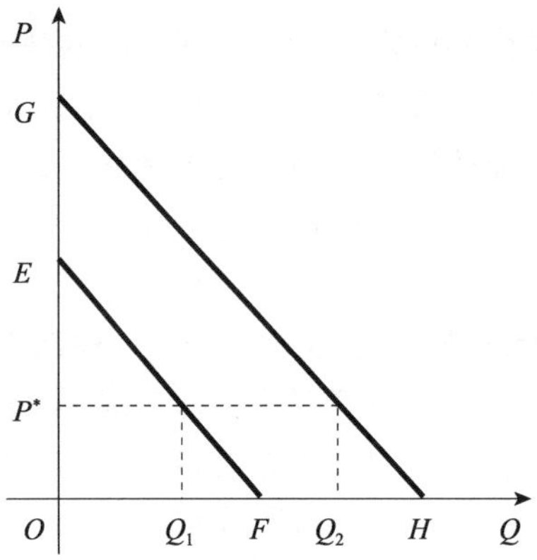

图 1.2.4

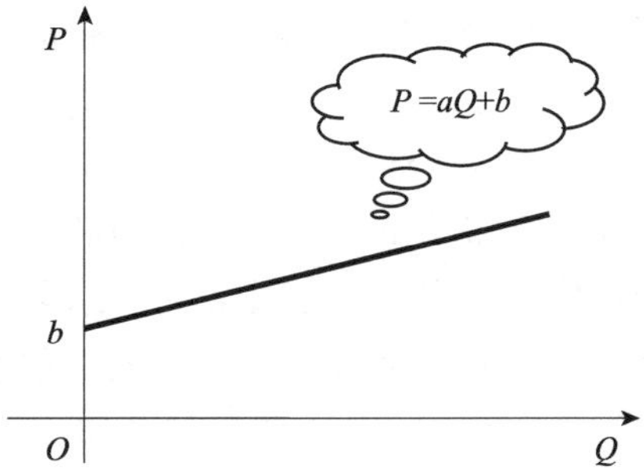

图 1.2.5

注意，当价格 $P = b$ 时，供给量 $Q = 0$。这是因为只有当价格超过 b 时，生产者才会有利可图，才可能生产商品。

供给量 Q 不只是受市场价格 P 的影响，还受到一些外生变量的影响，如生产要素（土地、资本、劳动和管理者才能）的价格、其他商品可以获得的利润，以及生产技术等。

经济理论告诉我们，在其他因素不变的条件下，当商品价格上升时，供给量也会上升；当商品价格下降时，供给量也会下降，所以 P 是 Q 的增函数。当某种商品的价格上升时，生产者会增加产出，同时也吸引着新的企业进入到市场中来。

当然，供给函数不一定是线性的。比如，在劳动价格或工资上涨时，劳动的供给会增加，但是在工资上涨到一定水平后，劳动的供给者对货币需求不那么强烈，而对闲暇更感兴趣。此时再增加工资，劳动的供给也不再增加，甚至有减少的趋势。

在微观经济学中，人们关心供给曲线与需求曲线的交点。如图 1.2.6 给出了一个供给曲线和一个需求曲线，它们的交点表示供给数量正好等于需求数量，在这个交点上，市场上各种力量达到了**均衡**，此时相对应的价格 P_0 和数量 Q_0 称为**均衡价格**和**均衡数量**。

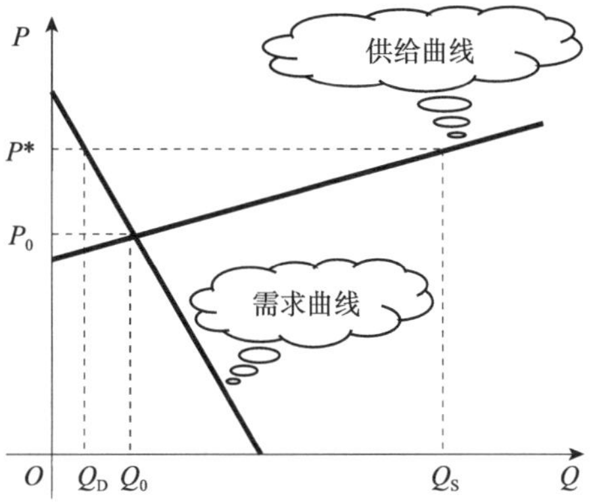

图 1.2.6

当然，人们也关心市场价格与均衡价格的偏离。假设市场价格 P^* 超过均衡价格 P_0，由图 1.2.6 可以看出，供给量 Q_S 大于需求量 Q_D，会出现**超额供给或过剩**。此时卖不出的存货会迫使市场价格下降，企业减少生产量。同样，如果市场价格低于均衡价格，需求量 Q_D 大于供给量 Q_S，会出现**超额需求或短缺**，此时因商品短缺会迫使市场价格上升，从而鼓励企业生产更多商品。这个过程会循环往复地进行，最终使市场回到均衡状态。

例 1.2.2　已知某商品的需求函数与供给函数如下：

$$P = -2Q_D + 50$$

$$P = \frac{1}{2}Q_S + 25$$

其中，P、Q_D 和 Q_S 分别表示商品的价格、需求量和供给量。

（1）求市场的均衡价格与均衡数量。

（2）当政府向生产者征税，且每单位商品征收 5 美元固定税收时，请分析税收对市场均衡产生的影响。

（3）当政府向消费者征税，且每单位商品征收 5 美元固定税收时，请分析税收对市场均衡产生的影响。

解：（1）如图 1.2.7 所示，在市场均衡时，有 $Q_D = Q_S = Q$。

联立方程组，得

$$\begin{cases} P = -2Q + 50 \\ P = \frac{1}{2}Q + 25 \end{cases}$$

解之得，$Q = 10$，$P = 30$。

（2）假设政府向生产者征税，且单位商品征收 5 美元固定税收，这对生产者产生了直接影响，使其在每一价格水平下的获利能力减少。也就是，企业销售每单位商品的收入就变为 $P - 5$，即消费者支付的 P 美元减去 5 美元税收的剩余量。这时，供给函数就变为新的供给函数

$$P - 5 = \frac{1}{2}Q_S + 25$$

即

$$P = \frac{1}{2}Q_S + 30$$

类似（1）的过程，解方程组

$$\begin{cases} P = -2Q + 50 \\ P = \frac{1}{2}Q + 30 \end{cases}$$

得

$$Q = 8，P = 34$$

由图 1.2.7 可以看出，税收的引入使得供给曲线向上移动了 5 个单位，图中虚线表示新的供给曲线。由于并不向买者（消费者）征税，在任何一种既定价格下，需求量是相同的，所以需求曲线没有移动。由供给曲线与需求曲线的交点可以得出新的均衡数量为 8 件，均衡价格为 34 美元。也就是说，政府向生产者征税，一方面使得市场的总体规模减小（Q 从 10 件变为 8 件），另一方面也使得均衡价格上升（P 从 30 美元升至 34 美元）。这说明，消费者每购买 1 个单位商品要比原来多支付 4 美元，而剩下 1 美元税款由企业支付。也就是说，政府向生产者征税，有一部分税款转移到了消费者身上。

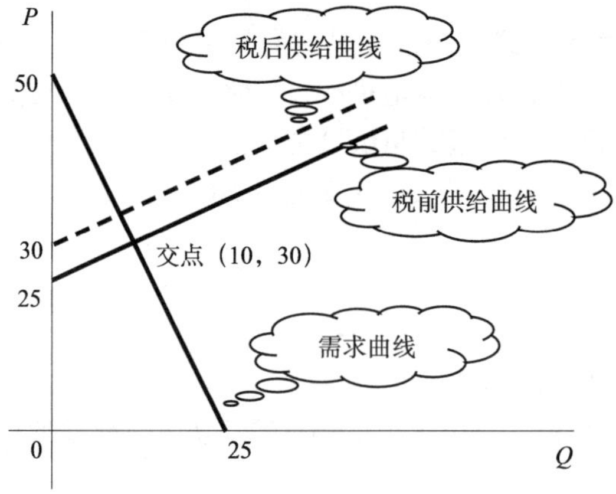

图 1.2.7

（3）假设政府向消费者征税，且单位商品征收 5 美元固定税收，这直接降低了商品的吸引力，使在每一价格水平下买者的需求量减少。也就是说，消费者在每单位商品的支出变为 $P + 5$，即生产者所供给的 P 美元加上 5 美元税收。这时，需求函数就变为新的需求函数

$$P + 5 = -2Q + 50$$

即

$$P = -2Q + 45$$

类似（1）的过程，解方程组

$$\begin{cases} P = -2Q + 45 \\ P = \frac{1}{2}Q + 25 \end{cases}$$

得

$$Q = 8,\ P = 29$$

其实，税收的引入使得需求曲线向下移动了 5 个单位。由于并不向生产者征税，在任何一种既定价格下，生产者向市场提供的量是相同的，所以供给曲线没有移动。由供给曲线与需求曲线的交点可以得出新的均衡数量为 8 件，均衡价格为 29 美元。也就是说，政府向消费者征税，一方面使得市场的总体规模减小（Q 从10 件变为8 件），卖者卖得少，买者买得也少；另一方面使得均衡价格下降（P 从 30 美元降至 29 美元）。由于引进了税收，商品的市场价格从 30 美元降至 29 美元，卖者卖掉一个商品的收入比没有税收时减少了 1 美元，因此，税收使卖者的状况变坏了。虽然买者付给卖者较低的价格（29 美元），但包括税收在内的有效价格从征税前的 30 美元上升到征税后的 34 美元（29 美元 + 5 美元 = 34 美元），因此，税收使买者的状况也变坏了。这说明，买者每购买单位商品要比原来多支付 4 美元，而剩下的 1 美元税款由企业支付。也就是说，政府向消费者征税，有一部分税款转移到了生产者的身上。

从上述例子得出两个结论：

（1）政府的税收抑制了市场活动，缩小了市场规模。也就是说，当对一种商品征税时，该商品在新均衡时的销售量会减少。

（2）一旦市场达到新的均衡，无论向哪一方征税，消费者（或生产者）都分摊了相同的税收负担 $\frac{4}{5}\left(或\frac{1}{5}\right)$，消费者多支付的与生产者少得到的总和恰好就是税款，唯一区别是由谁来把钱交给政府。

上述两个结论可以由图 1.2.8 得到解释。图中 $Q = 10$，$P = 30$ 是原来的均衡数量与价格，而 $Q = 8$ 是征税后的均衡数量，将其分别代入需求函数和供给函数，得到新均衡的需求价格和供给价格：

$$P_D = 34 \quad P_S = 29$$

消费者所交税款就是 34 － 30 = 4 美元，生产者所交税款为 30 － 29 = 1 美元。

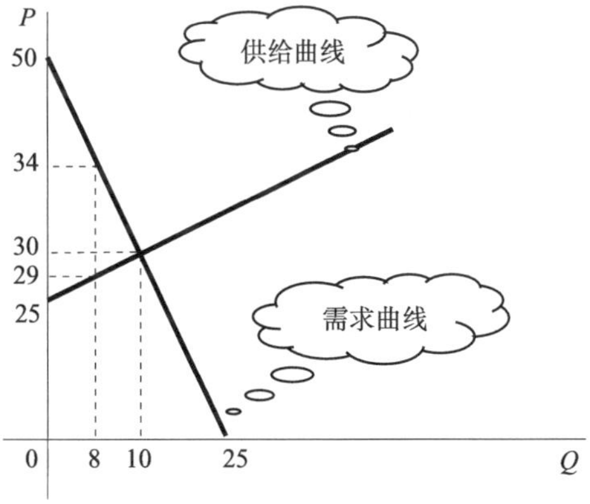

图 1.2.8

显然，税收分担的多与少取决于需求曲线和供给曲线的斜率。也就是，哪一方曲线相对比较平坦，它分担的税款就比较少；哪一方曲线相对比较陡峭，它分担的税款就比较多。当然，这个结论是可以证明的，此处省略了。

例 1.2.3 已知某种商品的需求和供给函数如下：

$$P=-4Q_{D}+120$$

$$P=\frac{1}{3}Q_{S}+29$$

其中，P, Q_D 和 Q_S 分别表示价格、需求量和供给量。(1) 求均衡价格与均衡数量；(2) 当政府对企业给予单位商品 13 美元价格补贴时，求新的均衡价格和均衡数量，并分析市场双方的利益变化。

解：(1) 在市场达到均衡时，有 $Q_D=Q_S=Q$，则

$$\begin{cases}P=-4Q+120\\P=\frac{1}{3}Q+29\end{cases}$$

解之得，$Q=21$，$P=36$。

(2) 假设政府向生产者实行价格补贴时，这对生产者产生了直接影响，使其在每一价格水平下的获利能力得到增强。也就是说，单位商品的收入就变为消费者支付的价格 P 再加 13 美元。供给函数就变为新的供给函数

$$P+13=\frac{1}{3}Q_{S}+29$$

即

$$P=\frac{1}{3}Q_{S}+16$$

而需求函数保持不变，类似 (1) 联立方程组，得

$$\begin{cases}P=-4Q+120\\P=\frac{1}{3}Q+16\end{cases}$$

求得解为 $P=24$，$Q=24$。

这说明，当政府对生产者实行价格补贴时，会导致市场均衡价格的降低（从 36 美元降到 24 美元），市场规模得到扩大，消费者从购买的单位商品中获得了 $36-24=12$ 美元利益，从而分享了政府给予企业价格补贴的利益。

在本书第 4 章将讨论政府对生产者实行价格补贴会导致生产者剩余和消费者剩余增加。

例 1.2.4 已知某种商品的需求和供给函数如下：

$$P=-\frac{1}{2}Q_{D}+20$$

$$P=\frac{1}{3}(Q_{S}+10)$$

政府对单位商品征收了 α 美元的固定税收，分别计算 $\alpha=0$、$\alpha=2.5$、$\alpha=5$、$\alpha=10$ 时的均衡价格与均衡数量，对以上每种情况，分别计算由消费者支付的税收数量，并对其发表评论。

解：(1) 当 $\alpha=0$ 时，没有对产品征税，需求函数与供给函数即为以上给出的形式。在均衡条件下，有 $Q_D=Q_S=Q$，则

$$\begin{cases}P=-\frac{1}{2}Q+20\\P=\frac{1}{3}(Q+10)\end{cases}$$

解得 $P=10$，$Q=20$。

（2）假设政府对单位商品征收 $\alpha=2.5$ 美元固定税收，此时新的供给函数为

$$P-2.5=\frac{1}{3}(Q_S+10)$$

需求函数保持不变，类似（1）联立方程组，求得均衡解为 $P=11.5$，$Q=17$。这表明消费者会额外支付税收中的 1.5 美元，另外的 1 美元将由企业支付。

（3）当 $\alpha=5$ 时，此时的供给函数为

$$P-5=\frac{1}{3}(Q_S+10)$$

类似地求得均衡解 $P=13$，$Q=14$。这表明价格从 10 美元升到了 13 美元，其中消费者额外支付了税收中的 3 美元，剩余的 2 美元由企业支付。

（4）当 $\alpha=10$ 时，求得均衡解为 $P=16$，$Q=8$。这表明消费者额外支付了税收中的 6 美元，企业支付 4 美元。

从本例可以看出，随着 α 值逐渐增大，消费者所支付的税收也逐渐增多；而且每种情况下消费者支付的税收所占比例是相同的，因为

$$\frac{1.5}{2.5}=\frac{3}{5}=\frac{6}{10}$$

所以，当需求函数和供给函数的斜率保持不变时，税费分配比例也不变。

例 1.2.5　假设两种相互关联商品的需求函数和供给函数如下：

$$Q_{D_1}=10-2P_1+P_2$$
$$Q_{S_1}=-3+2P_1$$
$$Q_{D_2}=5+2P_1-2P_2$$
$$Q_{S_2}=-2+3P_2$$

其中，Q_{D_i}、Q_{S_i} 和 P_i 分别表示商品 i 的需求量、供给量和价格。试求这两种商品模型的均衡价格与均衡数量，并说明这两种商品是互为替代品还是互补品。

解：在均衡条件下，有

$$Q_{D_1}=Q_{S_1},\ Q_{D_2}=Q_{S_2}$$

则

$$\begin{cases}10-2P_1+P_2=-3+2P_1\\5+2P_1-2P_2=-2+3P_2\end{cases}$$

所以

$$P_1=4,\ P_2=3$$

将上述结果代入原供给方程，可求出均衡数量：

$$Q_{S_1}=-3+2P_1=-3+2\times4=5$$
$$Q_{S_2}=-2+3P_2=-2+2\times3=7$$

根据需求函数可知，当 P_1 下降时，Q_{D_2} 会减少；或者当 P_2 下降时，Q_{D_1} 会减少。这说明两种商品是互为替代品。

为了分析和解决问题的需要，前面我们假定了供给函数和需求函数都是线性的，在实际应用中它们多是非线性的。

例 1.2.6　已知供给函数与需求函数分别为

$$P = Q_S^{\ 2} + 14Q_S + 22$$
$$P = -Q_D^{\ 2} - 10Q_D + 150$$

计算市场的均衡价格与均衡数量。

解： 当市场达到均衡状态时，有 $Q_S = Q_D = Q$。供给函数与需求函数可以写为

$$P = Q^2 + 14Q + 22$$
$$P = -Q^2 - 10Q + 150$$

于是

$$Q^2 + 14Q + 22 = -Q^2 - 10Q + 150$$

合并同类项，得

$$2Q^2 + 24Q - 128 = 0$$

即

$$Q^2 + 12Q - 64 = 0$$

由求根公式，得

$$Q = \frac{-12 \pm \sqrt{(12)^2 - 4 \times 1 \times (-64)}}{2 \times 1}$$
$$= \frac{-12 \pm \sqrt{400}}{2} = \frac{-12 \pm 20}{2}$$

即

$$Q = 4 \quad 或 \quad Q = -16$$

从而

$$P = 4^2 + 14 \times 4 + 22 = 94$$

然而，在经济学中，数量和价格都是非负的，所以要舍去 $Q = -16$；或者说，如果均衡数量为负数，则意味着不存在足够高的价格使生产者愿意生产任何数量的产品，同时却有足够低的价格吸引顾客购买，这样的市场是不现实的。

习题 1.2

1. 描绘下面供给函数的图形

$$P = \frac{1}{3}Q + 7$$

并求：(1) $Q = 12$ 时的 P 值；(2) $P = 10$ 时的 Q 值；(3) $P = 4$ 时的 Q 值。

2. 分析下列变量的增加对需求函数的影响。

(1) 替代品价格 P_S；(2) 互补品价格 P_C；(3) 广告支出 A。

3. 已知某商品的需求函数为

$$Q = 100 - P + 2Y + \frac{1}{2}A$$

其中，Q、P、Y 和 A 分别表示需求数量、价格、收入及广告支出。(1) 计算当 $P = 10$、$Y=40$ 及 $A=6$ 时的需求量；如果价格与收入固定不变，计算为使需求量增加到 179 个单位所需增加的广告支出。(2) 该商品是低档品还是正常品？

4. 已知某商品的需求量 Q 取决于其自身价格 P 和另一种商品价格 P_A，定义如下：

$$Q = 30 - 3P + P_A$$

（1）计算当 $P = 4$、$P_A = 5$ 时的 Q 值；（2）计算当 $Q = 23$、$P_A = 11$ 时的 P 值；（3）另一商品是该商品的替代品还是互补品？给出理由。

5. 已知某商品的需求函数与供给函数如下：

$$P = -3Q_D + 80$$

$$P = Q_S + 8$$

其中，P、Q_D 和 Q_S 分别表示价格、需求量和供给量。（1）假设政府对单位商品征收 36 元的固定税收，试计算均衡价格与均衡数量；（2）试计算相应的政府税收利益。

6. 两种互相联系商品的需求函数与供给函数如下：

$$Q_{D_1} = 40 - 5P_1 - P_2$$

$$Q_{D_2} = 50 - 2P_1 - 4P_2$$

$$Q_{S_1} = -3 + 4P_1$$

$$Q_{S_2} = -7 + 3P_2$$

其中，Q_{D_i}、Q_{S_i} 和 P_i 分别表示商品 i 的需求数量、供给数量以及商品价格。试求这两种商品模型的均衡价格与均衡数量，并说明这两种商品是替代品还是互补品？

7. 已知三种相互联系的商品的需求函数与供给函数如下：

$$Q_{D_1} = 15 - P_1 + 2P_2 + P_3$$

$$Q_{D_2} = 9 + P_1 - P_2 - P_3$$

$$Q_{D_3} = 8 + 2P_1 - P_2 - 4P_3$$

$$Q_{S_1} = -7 + P_1$$

$$Q_{S_2} = -4 + 4P_2$$

$$Q_{S_3} = -5 + 2P_3$$

其中，Q_{D_i}、Q_{S_i} 和 P_i 分别表示商品 i 的需求数量、供给数量以及价格。试求这三种商品模型的均衡价格与均衡数量。

8. 给定供给函数与需求函数为

$$P = 2Q_S^2 + 10Q_S + 10$$

$$P = -Q_D^2 - 5Q_D + 52$$

计算均衡价格与数量。

9. 已知某商品的需求函数为

$$Q = 100 - 2P + Y - 3P_A$$

其中，Q、P、Y 及 P_A 分别表示数量、价格、收入水平及另一种商品价格。对应以下三种情况：

（1）$Y=20$，$P_A=10$；（2）$Y=50$，$P_A=10$；（3）$Y=20$，$P_A=16$。

当 P 值分别为 0、20、40 及 60 时，将对应 Q 值制成表格，再据此在同一坐标系中绘出三条需求曲线。问该商品是低档品还是正常品？另一种商品是替代品还是互补品？请给出理由。

10. 已知某商品的供给函数与需求函数为

$$P = 60 + 2Q_S$$

$$P = -Q_D + 240$$

其中，P、Q_D和Q_S分别表示价格、需求量和供给量。在$0 \leqslant Q \leqslant 80$范围内，在同一坐标系中绘出供给函数与需求函数的图形，并确定均衡价格。假设政府对单位商品征收60元固定税收，绘出新的供给函数图形，确定新的均衡价格，并求出在60元税收中由消费者承担的比例。

一般地，如果将上述需求函数替换为：

$$P = -KQ_D + 240$$

重复以上计算过程，当$K=2$、$K=3$、$K=4$时，确定消费者承担的税收比例。说明该比例与K值之间的关系，利用此关系求在$K=6$时消费者支付的税收数量。

1.3 消费与储蓄

下面考察一个简单的国民经济模型，它描述了收入与支出的循环流，如图1.3.1所示。在这个模型中，假设经济活动只包括两个部门——家庭和企业，不考虑政府活动和国际贸易。

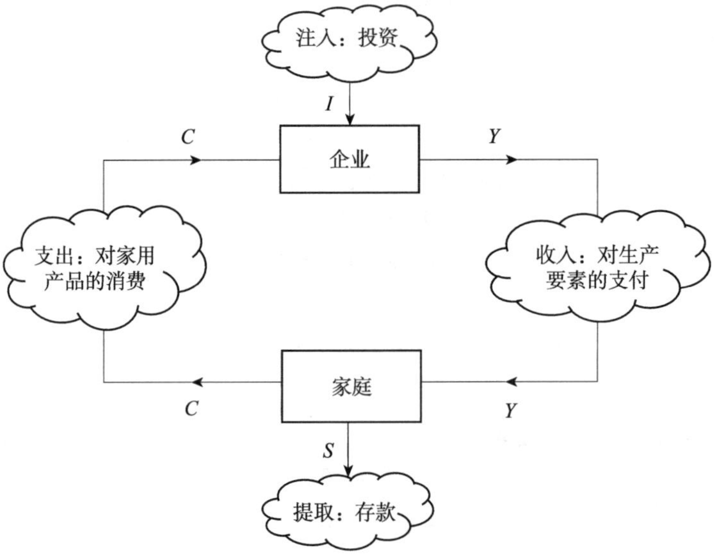

图1.3.1

在这个循环流图中，家庭拥有劳动、资本、土地等生产要素，向企业提供生产要素，企业向家庭支付报酬（即收入），企业利用这些生产要素进行生产，向家庭提供产品与劳务，家庭为购买这些产品与劳务而进行支付（即支出）。在要素市场上，企业是买者，支出货币，家庭是卖者，获得收入；在产品市场上，企业是卖者，得到回流资金，家庭是买者，支出货币，实现了消费需求。如此这样，货币不断地从家庭流向企业，然后又流回到家庭。

假设国民收入Y表示由企业支付给家庭的生产要素报酬所产生的收入流，包括工资、地租、利息等总和。家庭有两种方式来花费这些收入，一是消费企业提供的产品与劳务，包括耐用品、非耐用品、劳务（如理发和医疗）等，这里用C表示；二是储蓄，这里用S表示。此时，家庭资金流为$C + S$。因此

$$Y = C + S$$

家庭把储蓄存入金融机构，企业则从金融机构获得投资。如果家庭不把储蓄存入金融机构，或者金融机构不把储蓄贷给企业，那么这些储蓄就无法回到循环流中。

对企业来说，图1.3.1中的**投资** $\boldsymbol{I}$ 以资本形式注入循环流之中，流入的货币是 $C+I$，流出的是 Y。因此

$$Y = C + I$$

在国民收入核算中，总需求（$C+I$）就是所购买的或所销售的总产量，总供给（$C+S$）就是所生产出来的总产量，两者是恒等的。那么

$$C + S = C + I$$

$$S = I$$

所以对整个经济而言，储蓄等于投资。也就是说，未用于购买消费品的收入（储蓄）等于未归于消费者之手的产品（投资）。

我们知道，消费 C、储蓄 S 都是国民收入 Y 的函数，分别称为**消费函数**和**储蓄函数**，可记为

$$C = f(Y)$$

$$S = g(Y)$$

通常情况下，C 和 S 都会随着收入的增加而增加，因此 $f(Y)$ 和 $g(Y)$ 都是 Y 的增函数。

一般地，**消费函数**可以表示

$$C = aY + b$$

其中，参数 b 称为**自发消费**，即收入为零时愿意消费的数量，即基本消费，因此在正常情况下，$b>0$。斜率 a 表示收入 Y 每增加1个单位时消费的增加量，也称为**边际消费倾向（MPC）**，而且 $0<a<1$。它意味着人们会把增加的收入中的一部分用于消费。例如，如果 $a=0.9$，则意味着收入每增加1元时，消费将增加0.9元。图1.3.2描述了这个线性的消费函数。

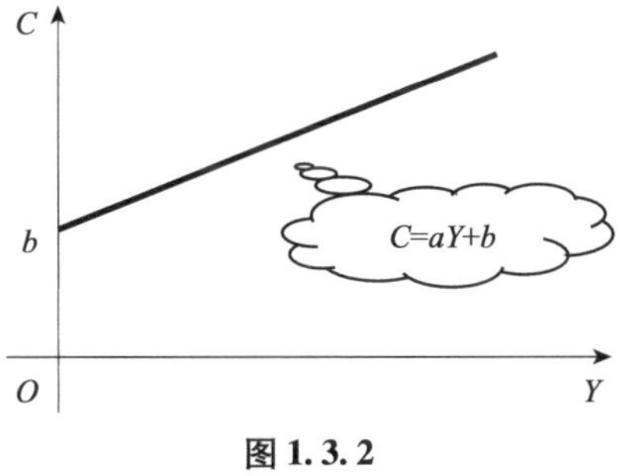

图1.3.2

消费在收入中所占的比率称为**平均消费倾向（APC）**，即

$$\mathrm{APC} = \frac{C}{Y}$$

消费者的储蓄通常被定义为收入之中未被消费的部分，即**储蓄函数**可表示为

$$S = Y - C$$

给定消费函数 $C = aY + b$，则储蓄函数可写为

$$S = Y - (aY + b) = (1 - a)Y - b$$

其中，参数 $-b$ 为自发储蓄，斜率 $1-a$ 称为**边际储蓄倾向**（MPS），即收入每增加1个单位时相应的储蓄增加量。图1.3.3为储蓄函数图形。

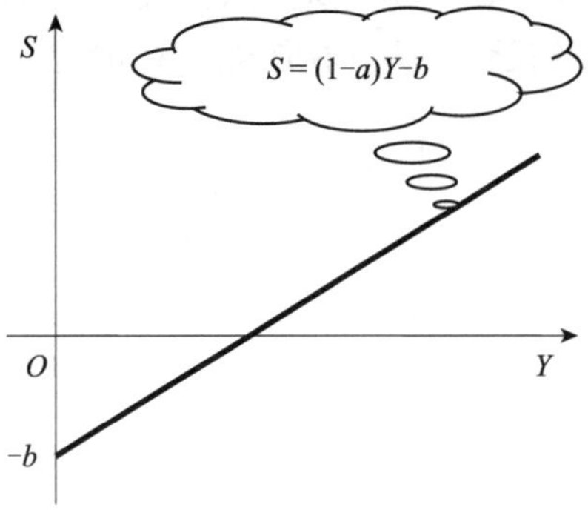

图 1.3.3

平均储蓄倾向（APS）是指储蓄在收入中所占的比率，即

$$\mathrm{APS}=\frac{S}{Y}$$

消费与储蓄是一个问题的两个方面。消费函数与储蓄函数二者之和等于总收入，$C+S=Y$。同样，边际消费倾向与边际储蓄倾向之和也等于1，即

$$\mathrm{MPC}+\mathrm{MPS}=1$$

例 1.3.1 绘出消费函数

$$C=0.6Y+8$$

的图形，并写出相应的储蓄函数。

解： 在消费函数中，令 $Y=0$，得 $C=8$；令 $Y=40$，得 $C=32$。这就确定了该函数图形上的两个点（0，8）、(40，32)，连接这两点便得消费函数的图形，如图1.3.4所示。

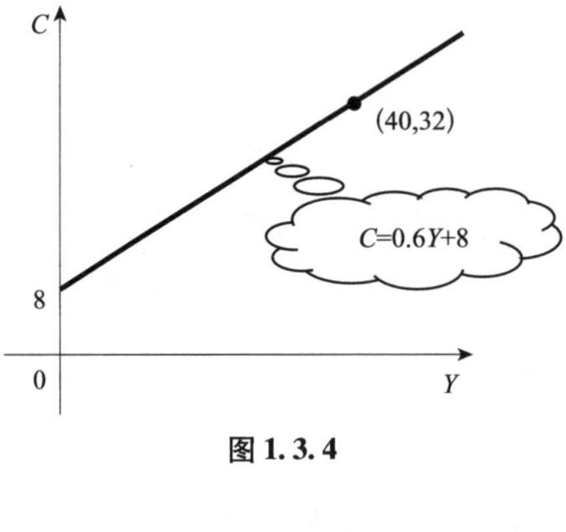

图 1.3.4

因为 $Y=C+S$，所以

$$\begin{aligned}S&=Y-C=Y-(0.6Y+8)\\&=0.4Y-8\end{aligned}$$

此时，储蓄函数是线性的，其截距为 -8，斜率为0.4。

例 1.3.2 如果消费函数是 $C=0.6Y+12$，计划投资是 $I=28$，求均衡时的收入和消费水平。

解： 因为

$$Y = C + I\text{(均衡条件)}$$
$$C = 0.6Y + 12$$
$$I = 28$$

解方程组，得

$$Y = 100,\ C = 72$$

均衡收入也可以通过总支出与总收入的图形而得到。在此，先绘出 $C = 0.6Y + 12$ 的图形，然后向上平移28个单位，得到总支出 $C' = C + I$ 线，即

$$C' = 0.6Y + 40$$

再绘出市场均衡条件 $C' = Y$ 线，即45°线。那么 $C + I$ 线与45°线的交点就是均衡的收入水平点，参见图1.3.5所示。

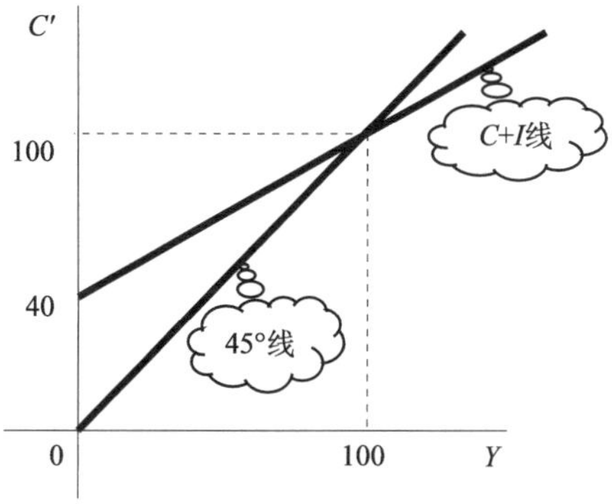

图1.3.5

为了使前文介绍的国民经济模型更符合现实情况，现在引入经济活动中的第三个部门——政府；政府引发的因素称为**政府购买 G**。它是指政府用于购买各种产品与劳务的支出，比如，政府聘请公务人员、教师，建造公共设施等为社会提供服务。此时，家庭并不购买经济中生产的全部产品与劳务，一部分产品与劳务由政府购买，还有一部分由计划未来使用这些产品与劳务生产自己产品的企业购买，这相当于图1.3.1中"注入"框内的投资。

无论家庭、政府还是企业自己购买产品或劳务，交易总有买者与卖者。因此，

$$Y = C + I + G$$

这个等式表明，国民收入是消费、投资和政府购买的总和。其中，政府购买主要来源于政府的税收收入 T。因而，在三部门经济模型中，要使收入流量的循环正常进行下去，除储蓄等于投资之外，还要求政府购买等于政府税收，即

$$G = T$$

当 $G - T > 0$ 时，称政府预算赤字；当 $G - T < 0$ 时，称政府预算盈余。

考虑到政府的税收，图1.3.1中的"提取"框内就应该加入一项税收，这意味着家庭的收入不再是 Y，而是 $Y - T$（收入减去税收），称为**可支配收入**，记为 Y_d，即

$$Y_d = Y - T$$

这时的线性消费函数为

$$C = aY_d + b$$

实际上，税收 T 既可能是某个定额税 T^*，也可能是从国民收入中按一定比例提取出来的比例税，如 $T = tY$（t 是边际税率），或者是两者的组合，如 $T = tY + T^*$。

例 1.3.3 已知

$$G = 40, \ I = 55$$
$$C = 0.8Y_{\mathrm{d}} + 25$$
$$T = 0.1Y + 10$$

计算国民收入的均衡水平，并判断政府预算是赤字还是盈余。

解：根据给定的条件，有

$$\begin{cases} Y = C + I + G(\text{均衡条件}) \\ G = 40, \ I = 55 \\ C = 0.8Y_{\mathrm{d}} + 25 \\ T = 0.1Y + 10 \\ Y_{\mathrm{d}} = Y - T \end{cases}$$

这是含有6个变量、6个方程的方程组，解之得

$$Y = 400$$

由 $T = 0.1Y + 10 = 0.1 \times 400 + 10 = 50 > G = 40$ 可知，政府预算是盈余的。

现在，再回到简单的两部门经济模型：

$$Y = C + I$$
$$C = aY + b$$

以前，我们只考虑产品市场，不涉及货币市场和利率问题，可以假定投资 I 是一个常数。然而，更现实的假设是计划投资 I 依赖于市场利率 r。一般地，当利率上升时，投资会下降；当利率下降时，投资会上升。这是因为利率上升时，企业向银行借贷要付出更多的利息，企业的融资成本会上升，企业就会减少投资需求。投资支出与利率是反方向变动的，所以两者关系应为

$$I = cr + I_0$$

其中，$c < 0$，且 I_0 是自发投资，即利率为零时的投资支出。

此时的模型就由三个方程组成，但它含有四个未知变量 Y、C、I 和 r，因此不能求出确定的国民收入 Y。通过消去 C 和 I，可以建立一个关于 Y 和 r 的方程，即

$$(1 - a)Y = cr + b + I_0$$

这个方程对应的曲线叫作 **IS 曲线**，它表示产品市场均衡条件下国民收入与利率之间的关系。

下面通过一个例子来说明。假设

$$C = 0.8Y + 100$$
$$I = -20r + 1000$$

产品市场在 $Y = C + I$ 时是均衡的，将 C 和 I 代入其中得

$$\begin{aligned} Y &= (0.8Y + 100) + (-20r + 1000) \\ &= 0.8Y - 20r + 1100 \end{aligned}$$

整理得

$$0.2Y + 20r = 1100$$

显然，确定 Y 和 r 的值还需要更多的信息。这些信息可以通过调查货币市场的均衡来获得。

在**货币供给 M_{S}** 等于**货币需求 M_{D}** 时，货币市场处于均衡状态，即

$$M_{\mathrm{S}} = M_{\mathrm{D}}$$

货币供给由流通的铸币和纸币及银行中的活期存款组成。M_S 通常被假定是自发的并且由中央银行控制，因此可假定

$$M_S = M_S^*（一个固定的值）$$

货币需求有三个来源：交易需求、预防需求和投机需求。**交易需求**是指人们为了保证日常物品与劳务的交易需要而持有的货币数量。它是国民收入的增函数，也就是说，当收入水平比较高时，交易性货币需求也比较多；反之，当收入水平比较低时，交易性货币需求也比较少。另外，物价水平上升也会增加货币的交易需求。**预防需求**是指人们为了应对不可预见的意外事件，如失业或生病，所需要持有的货币数量。预防性货币需求也是国民收入的增函数。因此，可以假定这两种货币需求都与国民收入水平成既定比例，将它们合起来记为

$$L_1 = k_1 Y$$

其中，L_1 表示总的交易-预防需求，k_1 为交易-预防需求系数，且 $k_1 > 0$。

投机需求是指个人或企业持有的准备用于购买债券进行投机活动的那部分货币或预留资金。由于货币是最具流动性的资产，人们选择持有货币而不愿持有其他的可以提供较高收益率的资产（如债券），是因为货币可以用于购买物品与劳务。但是，人们持有货币是要付出机会成本的，这项成本就是人们所放弃的利息。也就是说，当你用钱包里的现金，而不用有利息的债券来持有财富时，你就失去了本来可以赚到的利息。因此，利率上升将增加持有货币的成本，从而减少预留资金，投机需求就会下降。货币的投机需求是利率的减函数，有

$$L_2 = k_2 r + k_3$$

其中，L_2 表示投机需求，$k_2 < 0$，$k_3 > 0$。

于是，货币需求 M_D 就是总的交易-预防需求与投机需求之和，即

$$\begin{aligned} M_D &= L_1 + L_2 \\ &= k_1 Y + k_2 r + k_3 \end{aligned}$$

如果货币市场是均衡的，则

$$M_S = M_D$$

即

$$M_S^* = k_1 Y + k_2 r + k_3$$

这个方程对应的曲线叫作 **LM 曲线**，它表示货币市场均衡条件下国民收入与利率之间的关系。

如果产品市场和货币市场同时存在均衡，则包含两个未知数 Y、r 的 IS 和 LM 方程可以联立方程组

$$\begin{cases} (1-a)Y = cr + b + I_0 \\ M_S^* = k_1 Y + k_2 r + k_3 \end{cases}$$

通过消元法就可求出相应的 Y 和 r。

例 1.3.4　给定产品市场：

$$C = 0.8Y + 100$$
$$I = -20r + 1000$$

和货币市场：

$$M_S = 2375$$
$$L_1 = 0.1Y$$
$$L_2 = -25r + 2000$$

求产品市场和货币市场同时均衡时的国民收入和利率，并说明货币供给减少对国民收入和利率有什么影响？

解：若产品市场是均衡的，则

$$Y = C + I$$

那么

$$Y = 0.8Y + 100 + (-20r + 1000)$$

所以，对应的 IS 曲线方程为

$$0.2Y + 20r = 1100$$

根据已知条件，总的货币需求（交易–预防需求 L_1 和投机需求 L_2 之和）为

$$M_D = L_1 + L_2 = 0.1Y - 25r + 2000$$

而货币市场上的货币供给为 $M_S = 2375$。

当 $M_S = M_D$ 时，货币市场是均衡的，即

$$2375 = 0.1Y - 25r + 2000$$

则 LM 曲线方程为

$$0.1Y - 25r = 375$$

联立得方程组

$$\begin{cases} 0.2Y + 20r = 1100 \\ 0.1Y - 25r = 375 \end{cases}$$

解得

$$Y = 5000, \quad r = 5$$

如图 1.3.6 所示为以 r 为横轴、Y 为纵轴的 IS 和 LM 曲线，两直线相交于点（5，5000），这就是收入和利率的均衡水平点。显然，货币供给的任何变化都不会影响 IS 曲线，但会影响 LM 曲线。

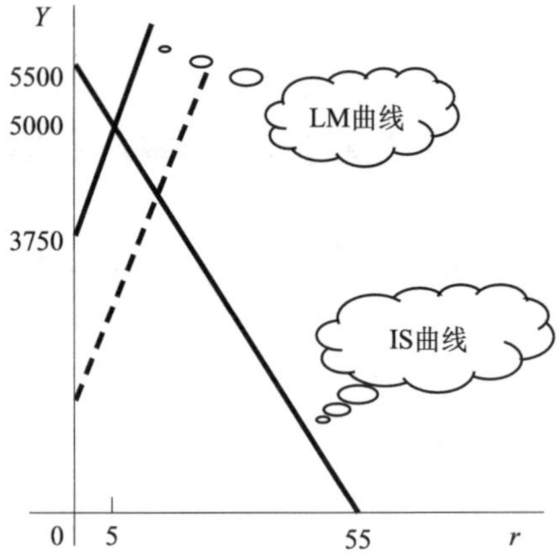

图 1.3.6

由

$$k_1Y + k_2r + k_3 = M_S^*$$

得

$$k_1Y = -k_2r - k_3 + M_S^*$$

即

$$Y=\left(\frac{-k_2}{k_1}\right)r+\frac{-k_3+M_S^*}{k_1}$$

所以，LM 曲线的斜率为 $-k_2/k_1$，截距为 $(-k_3+M_S^*)/k_1$。

由此可见，M_S^* 的减少会使截距减小，但不影响直线的斜率，说明 LM 曲线将下移，如图 1.3.6 中的虚线所示。这时两曲线的交点也会向下和向右移动，也就是 r 会增加，Y 会减小。因此，减少货币供给将会导致利率上升和国民收入减少。

例 1.3.5　(1) 给定消费函数为

$$C=800+0.9Y$$

投资函数为

$$I=8000-800r$$

写出 IS 曲线方程。

(2) 给定货币供给为

$$M_S=28500$$

货币需求为

$$M_D=0.75Y-1500r$$

写出 LM 曲线方程。

(3) 求国民收入 Y 和利率 r 的均衡水平；如果自发投资增加 1000 元，对均衡水平有什么影响?

解:

(1) 均衡时有 $Y=C+I$。将消费函数和投资函数代入均衡方程，得到 IS 曲线方程为

$$Y=800+0.9Y+8000-800r$$

即

$$Y=88000-8000r$$

(2) 当 $M_S=M_D$ 时，货币市场是均衡的，所以 LM 曲线方程为

$$0.75Y-1500r=28500$$

即

$$Y=38000+2000r$$

(3) 联立 IS 曲线方程和 LM 曲线方程得方程组

$$\begin{cases}Y=88000-8000r\\Y=38000+2000r\end{cases}$$

解得

$$r=5\% \qquad Y=48000$$

如果自发投资增加 1000 元，投资方程变为

$$I=9000-800r$$

那么 IS 曲线方程则变为

$$Y=98000-8000r$$

重新联立方程，得

$$\begin{cases}Y=98000-8000r\\Y=38000+2000r\end{cases}$$

解得

$$r = 6\% \qquad Y = 50000$$

也就是说，当自发投资增加1000元时，利率和国民收入都提高了。增加自发投资，IS曲线会向右移动，IS曲线和LM曲线的交点也会向右上方移动，从而导致利率和国民收入水平同时增加。

习题 1.3

1. 给定消费函数为

$$C = 0.7Y + 40$$

（1）说明相应的自发消费和边际消费倾向；（2）求 $C = 110$ 时的 Y 值。

2. 给定消费函数为

（1）$C = 0.9Y + 72$；　　（2）$C = \dfrac{Y^2 + 500}{Y + 10}$

写出相应的储蓄函数。

3. 如果消费函数为 $C = 0.8Y + 25$，计划投资为 $I = 17$，求均衡时的收入水平；如果计划投资增加1个单位，求新的均衡收入水平。

4. 在一个没有政府干预的封闭经济中，消费方程为

$$C = 0.6Y + 30$$

计划投资为

$$I = 100$$

计算市场均衡时的国民收入、消费和储蓄。

5. 在一个由企业、家庭和政府组成的三部门经济模型中，已知

$$G = 20，I = 35$$

$$C = 0.9Y_d + 70$$

$$T = 0.2Y + 25$$

计算国民收入的均衡水平，并判断政府预算是盈余的还是赤字的。

6. 已知消费函数

$$C = 120 + 0.8Y_d$$

其中，Y_d 为可支配收入。根据下面三种情况，分别用国民收入 Y 表示 C。

（1）没有税收；（2）定额税100美元；（3）征收税率为0.25的比例税

在同一坐标系中绘出相应的消费函数，Y 的范围为 $0 \leqslant Y \leqslant 800$，简单描述它们的相同和不同。

7. 如果消费函数是

$$C = 0.9Y + 20$$

计划投资 $I = 10$，用 Y 表示总支出 $C + I$。绘出总支出线和45°线，Y 的范围为 $0 \leqslant Y \leqslant 500$，求均衡时的国民收入水平。根据（1）边际消费倾向下降到0.8；（2）计划投资增加到15，分别描述总支出线的变化，并找到新均衡时的国民收入水平。

8. 已知消费函数：$C = 0.8Y + 60$；计划投资：$I = -30r + 740$；货币供给：$M_S = 4000$；货币的交易-预防需求：$L_1 = 0.15Y$；货币的投机需求：$L_2 = -20r + 3825$。

假设产品市场和货币市场都是均衡的，求国民收入水平 Y 和利率水平 r。

1.4　收益与成本

总收益（Total Revenue，TR）是指企业或厂商从产品销售中所获得的货币量。通常用商品价格 P 乘以销售量 Q 得到，即

$$TR = P \cdot Q$$

例 1.4.1　给定需求函数为

$$P = 80 - 2Q$$

把总收益 TR 表示为 Q 的函数，并画出其图形。

（1）Q 为何值时，总收益 TR 为 0？

（2）总收益 TR 的最大值为多少？

解： 总收益

$$\begin{aligned} TR &= P \cdot Q = (80 - 2Q)Q \\ &= 80Q - 2Q^2 \end{aligned}$$

总收益曲线如图 1.4.1 所示，为二次函数。由图 1.4.1 可知，当 $Q = 0$ 和 $Q = 40$ 时，总收益为 0。根据对称性，抛物线在 0 与 40 的中间点，即在 $Q = 20$ 时有最大值，总收益的最大值为

$$TR = 80 \times 20 - 2 \times 20^2 = 800$$

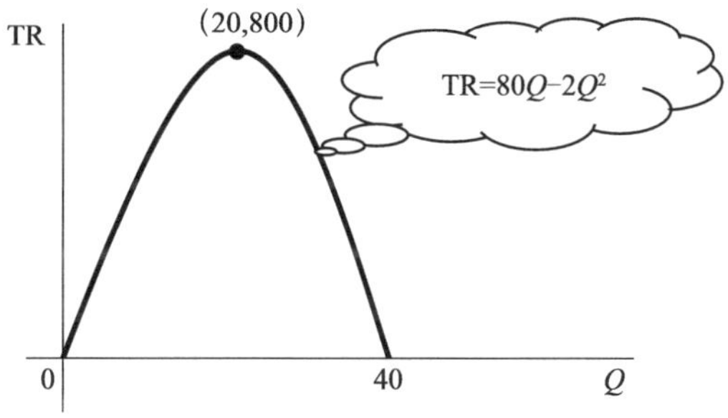

图 1.4.1

一般地，给定线性需求函数为

$$P = aQ + b$$

其中，$a < 0$，$b > 0$。

则总收益函数为

$$\begin{aligned} TR &= P \cdot Q = (aQ + b) \cdot Q \\ &= aQ^2 + bQ \end{aligned}$$

这是一个关于 Q 的二次函数，由于 $a < 0$，总收益曲线 TR 呈倒 U 形。由于常数项为 0，收益曲线总是与纵轴在原点相交。事实也是这样，没有销售产品，收益自然是 0。

成本存在于一切经济活动之中。它是企业生产和定价决策的一个决定性因素。**总成本**（Total Cost，TC）是指生产一定数量产品的投入总额。总成本可以表示为产量的函数，记为

$$TC = C(Q)$$

当产量 Q 上升，相应的总成本也会增加，因而总成本是产量 Q 的增函数。

总成本包括**固定成本**（Fixed Costs，FC）与**可变成本**（Variable Costs，VC）两部分。前

者是指与产量无关的、用于支付固定生产要素的费用，包括厂房、机器设备等。即使产量为零时，这个固定成本也是必须支付的。后者是指随着产量的变化而变化的，用于支付能源、原材料、工资等方面的费用。当产量为零时，可变成本也为零。

如果用 VC 表示单位产量的可变成本，则生产 Q 个单位的总可变成本 TVC 为

$$\mathrm{TVC} = (\mathrm{VC}) \cdot Q$$

那么，总成本就是固定成本与可变成本的和，即

$$\mathrm{TC} = \mathrm{FC} + (\mathrm{VC}) \cdot Q$$

虽然总成本函数是一个重要的经济函数，但它有时并不能传达有效的信息。比如，某个国际汽车公司分别在美国和欧洲运营两个工厂，假定它们的年总成本分别为 20000 万美元和 4500 万美元。哪个工厂更有效率呢？除非我们知道各自所生产的汽车总量，否则就难以做出判断。在这里，重要的函数不是总成本，而是每辆汽车的平均成本。假如在美国和欧洲的工厂分别生产 8 万和 1.5 万辆汽车，它们相应的平均成本是 20000÷8＝2500 美元和 4500÷1.5＝3000 美元。

基于这些数据，美国的工厂似乎更有效率。实际上，在决定增加或减少其中任何一个国家的经营规模之前，还需要考虑其他因素。

通常，**平均成本 AC** 等于总成本除以产量，即

$$\mathrm{AC} = \frac{\mathrm{TC}}{Q} = \frac{\mathrm{FC} + (\mathrm{VC}) \cdot Q}{Q} = \frac{\mathrm{FC}}{Q} + \frac{(\mathrm{VC}) \cdot Q}{Q}$$

$$= \frac{\mathrm{FC}}{Q} + \mathrm{VC}$$

例 1.4.2 给定固定成本为 1500，单位的可变成本为 3，将总成本 TC 和平均成本 AC 表示为 Q 的函数，并绘出它们的图形。

解： 给定 FC＝1500 和 VC＝3，因此

$$\mathrm{TC} = 1500 + 3Q$$

于是

$$\mathrm{AC} = \frac{\mathrm{TC}}{Q} = \frac{1500 + 3Q}{Q} = \frac{1500}{Q} + 3$$

总成本函数的图形是一条截距为 1500、斜率为 3 的直线，如图 1.4.2 所示。

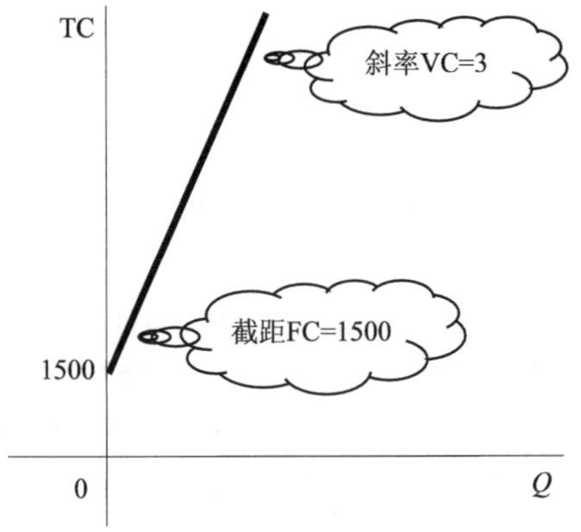

图 1.4.2

对平均成本函数的计算可以呈现为表 1.4.1。

表 1.4.1

Q	100	150	300	500	1500
AC	18	13	8	6	4

将表 1.4.1 中的点描在坐标系中，连接这些点就得到平均成本曲线，如图 1.4.3 所示。该曲线有时被经济学家称为 L 型曲线。

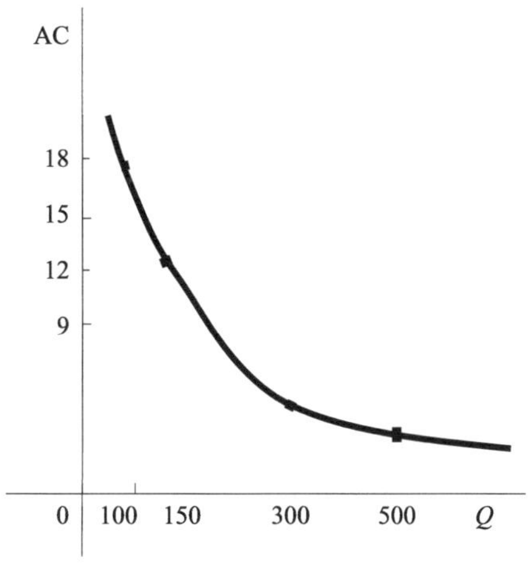

图 1.4.3

如果单位可变成本 VC 是常数，那么总成本函数

$$\mathrm{TC} = \mathrm{FC} + (\mathrm{VC}) \cdot Q$$

就是线性的，它的截距是 FC，斜率是 VC。那么，平均成本函数是

$$\mathrm{AC} = \frac{\mathrm{FC}}{Q} + \mathrm{VC}$$

从上式可以看出：如果 Q 越小，则 FC/Q 就越大；当 Q 趋向于 0 时，FC/Q 会无限增大，曲线就急剧地向上弯曲。同时，随着 Q 增大，FC/Q 会减小，当 Q 值越来越大时，FC/Q 会渐渐接近于 0，因而随着 Q 的增大，AC 曲线会变得趋近于 VC，如图 1.4.4 所示。这是因为固定成本被越来越多的产品所分担，所以对于很大的产量 Q 来说，固定成本对于 AC 几乎没有什么影响。

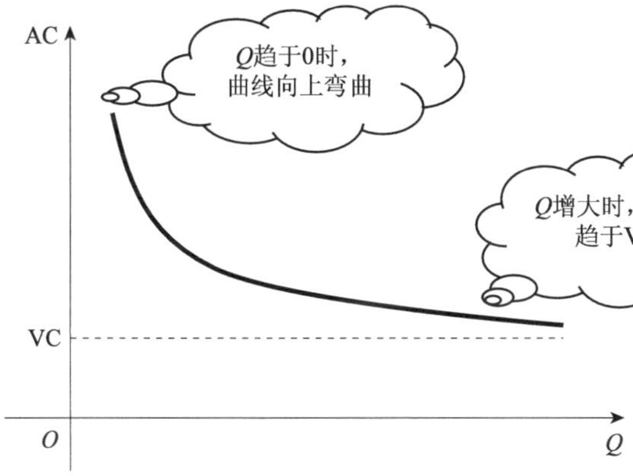

图 1.4.4

在知道了收益与成本之后，接下来讨论利润就顺理成章了。**利润**（Profit）是总收益 TR 与总成本 TC 之差，用 π 表示，简记为

$$\pi = \mathrm{TR} - \mathrm{TC}$$

通常情况下，利润并不总是随着产量的增加而增加。对于企业来说，它总是希望获取最大的利润。

当 $\pi > 0$ 时，企业的生产处于盈利状态；

当 $\pi < 0$ 时，企业的生产处于亏损状态；

当 $\pi = 0$ 时，企业的生产处于盈亏平衡状态，此时的产量 Q 称为盈亏平衡点。

假设需求函数是线性的，单位可变成本是常数，那么总收益就是一个二次函数，总成本就是线性函数。严格地说，对于这两个函数，Q 有不同的意义。对于总收益函数来说，Q 表示实际销售的产品数量；对于总成本函数来说，Q 指实际生产的产量。在同一坐标系中画出这两个函数的图形，就隐含着假设这两个 Q 是相等的，即厂商所销售的就是其所生产的。

记总收益曲线和总成本曲线相交于 A、B 两点，如图 1.4.5 所示，对应的产量分别为 Q_A 和 Q_B。在这两点上，成本和收益相等，厂商达到了盈亏平衡。

如果 $Q < Q_A$ 或者 $Q > Q_B$，则总成本曲线 TC 位于收益曲线 TR 上方，成本超过收益，此时厂商处于亏损状态；

如果 $Q_A < Q < Q_B$，则总收益超过总成本，厂商将会获利，所获得的利润量等于收益曲线与成本曲线之间的垂直距离。当这两条曲线间的差距达到最大时，厂商所获得的利润也将达到最大。图 1.4.5 显示了典型的总收益 TR 曲线和总成本 TC 曲线的关系。

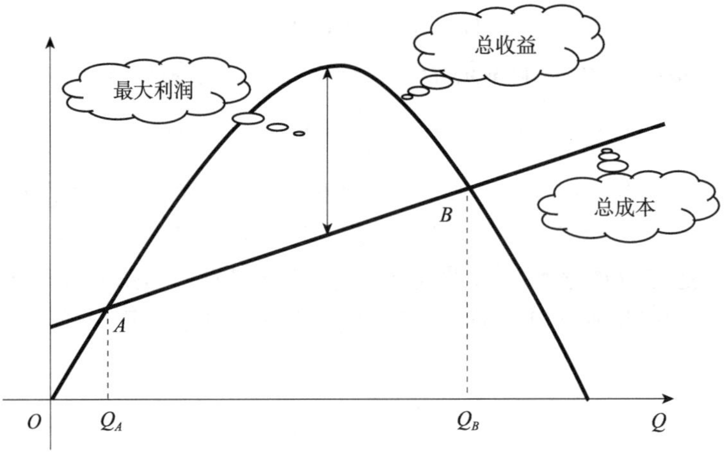

图 1.4.5

然而，实际情况是，单位可变成本 VC 不仅不是一个常数，而且还会依赖于产量 Q，那么总成本函数 TC 将不再是线性的。平均成本曲线表现出先下降后上升的变化形态，呈 U 形而不是 L 形的特征。

例 1.4.3 假设固定成本为 12，每单位可变成本为 1，以及需求函数为

$$P = 16 - 3Q$$

（1）写出用 Q 表示 π 的式子，并以 Q 为横轴，画出 π 的图形；（2）当 Q 为何值时，厂商达到盈亏平衡？（3）最大利润为多少？

解：（1）由于 FC = 12，VC = 1，所以总成本为

$$\mathrm{TC} = \mathrm{FC} + (\mathrm{VC}) \cdot Q = 12 + Q$$

因为给定的需求函数是

$$P = 16 - 3Q$$

所以，总收益为

$$\begin{aligned}\mathrm{TR} &= P \cdot Q = (16 - 3Q) \cdot Q \\ &= 16Q - 3Q^2\end{aligned}$$

故利润函数为

$$\begin{aligned}\pi &= \mathrm{TR} - \mathrm{TC} = (16Q - 3Q^2) - (12 + Q) \\ &= -3Q^2 + 15Q - 12\end{aligned}$$

令 $\pi = 0$ 时，解二次方程

$$Q^2 - 5Q + 4 = 0$$

得

$$Q = 1 \text{ 或 } Q = 4$$

利润曲线如图 1.4.6 所示。

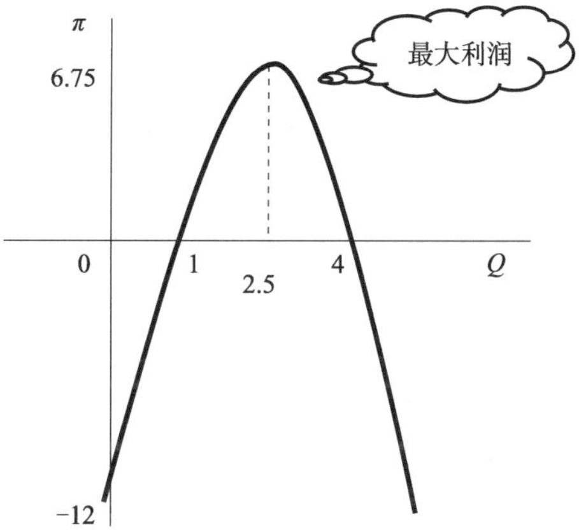

图 1.4.6

（2）当 $Q = 1$ 或 $Q = 4$ 时，利润为 0。也就是说，厂商在此处达到盈亏平衡。

（3）根据对称性，抛物线在 $Q = (1 + 4)/2 = 2.5$ 时有最大值，此时最大利润为 $\pi = -3 \times (2.5)^2 + 15 \times 2.5 - 12 = 6.75$。

习题 1.4

1. 给定需求函数

$$P = 1000 - Q$$

（1）将总收益 TR 表示为 Q 的函数，并以 Q 为横轴，画出总收益 TR 的图形；（2）当 Q 为何值时总收益最大，此时价格是多少？

2. 根据下列需求函数

（1）$P = 4$；（2）$P = 7/Q$；（3）$P = 10 - 4Q$。

分别把总收益函数 TR 表示为产量 Q 的函数，并以 Q 为横轴画出 TR 的图形。

3. 给定固定成本是1，单位可变成本为 $Q+1$，请把总成本TC和平均成本AC表示为产量 Q 的函数，并画出函数的图形。

4. 假设固定成本为25，单位可变成本为2，需求函数为 $P=20-Q$。（1）以 Q 表示利润 π，并画出其图形；（2）求利润为31时的产量；（3）求利润最大值，以及此时的 Q 值。

5. 给定需求函数 $2Q+P=25$ 和平均成本函数 $\mathrm{AC}=32/Q+5$，求利润函数的表达式，并根据下列条件求 Q 值。

（1）盈亏平衡；（2）亏损432个单位；（3）利润最大。

6. 在同一直角坐标系中，画出总收益与总成本函数的图形

$$\mathrm{TR}=-2Q^2+14Q$$

$$\mathrm{TC}=2Q+10$$

分别求 Q 值，使得厂商盈亏平衡和利润最大化。

7. 某厂商的利润函数为 $\pi=aQ^2+bQ+c$，假设当 $Q=1$、2、3时，π 分别等于9、34、19。求 a、b 和 c 值，以及当 $Q=4$ 时的利润。

8. 给定厂商的总收益与总成本函数分别为

$$\mathrm{TR}=-Q^2+24Q$$

$$\mathrm{TC}=5Q+18$$

分别求 Q 值，使得厂商盈亏平衡和利润最大化。

1.5 生产函数

我们知道，任何产量 Q 都需要依赖不同生产要素的投入。这些生产要素包括土地、资本 K、劳动 L 等。劳动 L 表示在生产过程中所付出的劳动，如劳动的时间或人数。资本 K 表示生产中所使用的设备与建筑物的存量，比如厂房、工具和生产设备。就种植和生产苹果的企业而言，它的资本存量包括用于爬树的梯子、用于运输苹果的卡车、用于贮藏苹果的建筑物，以及苹果树。比如，当一家计算机公司研发新的软件程序时，需要投入程序员的时间（劳动）、机构所处的物理空间（土地），以及办公楼和计算机设备（资本）等。同样，当一个加油站出售汽油时，需要投入服务员的时间（劳动）、物理空间（土地）和油库与油泵（资本）等。

在短期内，有些生产要素的投入是无法变动的，比如土地等就可以看作是固定的量，因为我们不可能在短时期建立一个更大的工厂。这时的产出 Q 与劳动 L 之间的关系称为**生产函数**，表示为

$$Q=f(L)$$

生产函数 Q 通常是 L 的幂函数或多项式函数，例如

$$Q=10L^{\frac{2}{3}} \text{ 或 } Q=12L^2-L^3$$

在比较长的时期里，几乎所有的投入要素都是可以变动的，生产函数就会受更多因素（如劳动量、物质资本、人力资本、自然资源、技术水平等）的影响。为简单起见，现在只考虑资本和劳动这两个要素。也就是说，产量 Q 依赖于资本 K 和劳动 L 的投入，这时的生产函数记为

$$Q=f(K,\ L)$$

一般地，生产函数表示产品的生产量与用来生产该产品的要素投入量之间的关系。一旦生产函数被建立起来，就可以根据给定的投入组合计算产出水平。

假设生产函数

$$Q = 100K^{1/3}L^{1/2}$$

则当 $K = 27$、$L = 100$ 时的产量为

$$\begin{aligned} Q &= 100 \times (27)^{1/3} \times (100)^{1/2} \\ &= 100 \times 3 \times 10 \\ &= 3000 \end{aligned}$$

如果资本和劳动分别同时增加 1 倍，即厂商的生产规模扩大 1 倍，那么产出水平是否也增加 1 倍呢？

为此，在生产函数中用 $2K$ 和 $2L$ 分别替代原来的 K 和 L，则

$$\begin{aligned} Q &= 100(2K)^{1/3}(2L)^{1/2} \\ &= 100(2^{1/3}K^{1/3})(2^{1/2}L^{1/2}) \\ &= 2^{5/6}(100K^{\frac{1}{3}}L^{\frac{1}{2}}) \end{aligned}$$

我们看到，现在的产量只是原来产量的 $2^{5/6} \approx 1.78$ 倍。也就是说，产量只增加了原来的 0.78，即产出的规模报酬（也就是厂商生产规模的变动对产量的影响）是小于 1 的。

现在，如果投入量 K 和 L 都增加到原来的 λ 倍，不妨假设 $\lambda > 1$，则分别用 λK 和 λL 代入函数 $Q = 100K^{1/3}L^{1/2}$，得

$$\begin{aligned} Q &= 100(\lambda K)^{1/3}(\lambda L)^{1/2} \\ &= 100\lambda^{1/3}K^{1/3}\lambda^{1/2}L^{1/2} \\ &= (\lambda^{1/3}\lambda^{1/2})(100K^{1/3}L^{1/2}) \\ &= \lambda^{5/6}(100K^{1/3}L^{1/2}) \end{aligned}$$

这时产量获得的比例因子为 $\lambda^{\frac{5}{6}}$，也就是相应的产量增加到 $\lambda^{\frac{5}{6}}$，由于 $\frac{5}{6} < 1$，所以 $\lambda^{\frac{5}{6}} < \lambda$，因此这个生产函数的规模报酬是递减的。

一般地，对于生产函数

$$Q = f(K, L)$$

如果

$$f(\lambda K, \lambda L) = \lambda^n f(K, L)$$

其中，n 为任意常数，λ 为正实数，那么该函数称为 n 次齐次生产函数。

在前面例子中，有

$$f(\lambda K, \lambda L) = \lambda^{5/6} f(K, L)$$

因此，这个生产函数是 $\frac{5}{6}$ 次齐次的。

对于 n 次齐次生产函数，其规模报酬的判定可依据如下条件：

（1）若 $n<1$，则生产函数的规模报酬是递减的；

（2）若 $n=1$，则生产函数的规模报酬是不变的；

（3）若 $n>1$，则生产函数的规模报酬是递增的。

例 1.5.1　证明生产函数

$$Q = 5K^{1/2}L^{3/2}$$

是齐次的，并判断该函数的规模报酬类型。

解：假定$f(K, L)=5K^{1/2}L^{3/2}$，用λK代替K，λL代替L，得

$$f(\lambda K, \lambda L)=5(\lambda K)^{\frac{1}{2}}(\lambda L)^{\frac{3}{2}}=5\lambda^{\frac{1}{2}}K^{\frac{1}{2}}\lambda^{\frac{3}{2}}L^{\frac{3}{2}}=\lambda^{2}(5K^{1/2}L^{3/2})$$

所以

$$f(\lambda K, \lambda L)=\lambda^{2}f(K, L)$$

因此，生产函数是2次齐次的。

由于$n=2>1$，所以该函数是规模报酬递增的。

需要注意的是，目前我们所考虑的生产函数都形如

$$Q=AK^{\alpha}L^{\beta}$$

其中，A、α、β为正的常数。这类函数称为**柯布-道格拉斯**生产函数，它是在20世纪30年代由数学家柯布和经济学家道格拉斯提出的。

容易证明，它们是$\alpha+\beta$次齐次函数。如果记

$$f(K, L)=AK^{\alpha}L^{\beta}$$

则

$$\begin{aligned}f(\lambda K, \lambda L)&=A(\lambda K)^{\alpha}(\lambda L)^{\beta}\\&=A\lambda^{\alpha}K^{\alpha}\lambda^{\beta}L^{\beta}\\&=\lambda^{\alpha+\beta}(AK^{\alpha}L^{\beta})\\&=\lambda^{\alpha+\beta}f(K, L)\end{aligned}$$

因此，**柯布-道格拉斯**生产函数的表现是：

（1）若$\alpha+\beta<1$，规模报酬是递减的；

（2）若$\alpha+\beta=1$，规模报酬是不变的；

（3）若$\alpha+\beta>1$，规模报酬是递增的。

习题 1.5

1. 对于生产函数$Q=200K^{1/4}L^{2/3}$，求在如下两种条件时的产量Q。

（1）$K=16$，$L=27$　　（2）$K=10000$，$L=1000$

2. 下列生产函数哪些是齐次的？指出它的齐次次数，并讨论其规模报酬。

（1）$Q=7KL^{2}$　　（2）$Q=50K^{1/4}L^{3/4}$　　（3）$Q=3KL+L^{2}$

3. 给定柯布-道格拉斯生产函数$Q=3L^{1/2}K^{1/3}$，对其两边取对数，得

$$\ln Q=\ln 3+\frac{1}{2}\ln L+\frac{1}{3}\ln K$$

在此固定L，以$\ln K$为横轴、$\ln Q$为纵轴画出其图形，并说明其斜率和纵轴截距。

4. 假设某厂商的短期生产函数为$Q=AL^{n}$。表1.5.1给出了该厂商的产量Q和劳动投入L的对应数据。

表 1.5.1

L	1	2	3	4	5
Q	0.50	0.63	0.72	0.80	0.85

（1）根据 $\ln Q = n\ln L + \ln A$ 和所给数据，完成表 1. 5. 2 中缺失的数据。

表 1. 5. 2

$\ln L$		0. 69		1. 39	
$\ln Q$	− 0. 69		− 0. 33		− 0. 16

以 $\ln L$ 为横轴、$\ln Q$ 为纵轴描出这些点，并画一条直线尽量通过这些点。
（2）根据所画直线的斜率和纵轴截距，确定参数 n 和 A 的值。

1. 6　指数与对数

函数 $f(x) = e^x$ 被称为**指数函数**，其中 $e = 2.718\cdots\cdots$ 是正的常数。显然，$y = e^x$ 在 $(-\infty, +\infty)$ 上是单调递增的，其图形如图 1. 6. 1 所示；而 $y = e^{-x}$ 在 $(-\infty, +\infty)$ 上是单调递减的，其图形如图 1. 6. 2 所示。

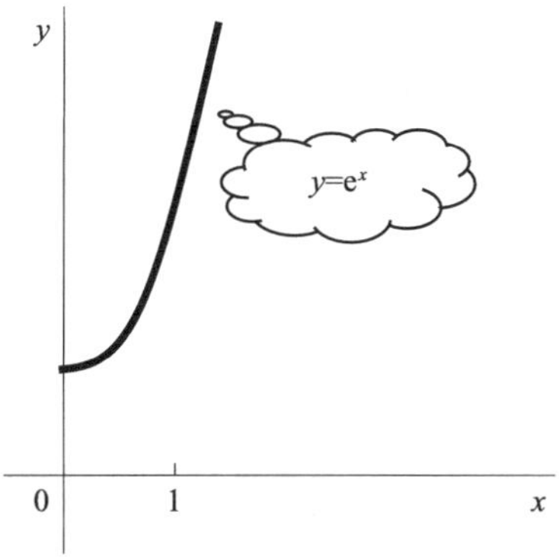

图 1. 6. 1

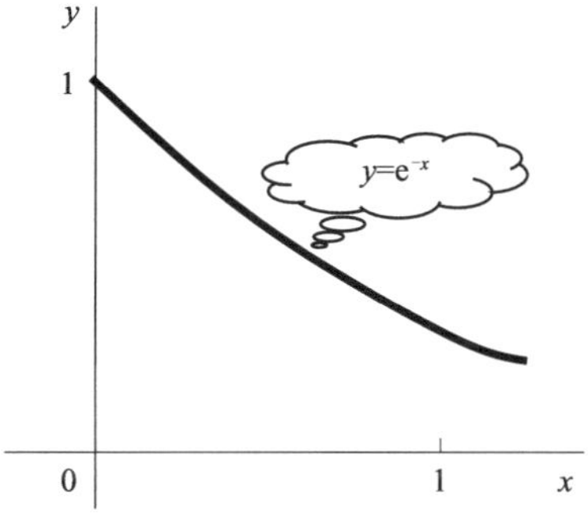

图 1. 6. 2

指数函数在经济学中的应用非常普遍。在此先看一看常数 e 是从何而来的。

例 1. 6. 1　求数列 $a_n = \left(1 + \dfrac{1}{n}\right)^n$ 在 $n = 1$、10、100、1000 时的值，并讨论此数列的变化趋势。

解： 将 $n = 1$、10、100、1000 代入数列之中，得

$$a_1 = \left(1 + \frac{1}{1}\right)^1 = 2^1 = 2$$

$$a_{10} = \left(1 + \frac{1}{10}\right)^{10} = (1.1)^{10} = 2.593742460$$

$$a_{100} = \left(1 + \frac{1}{100}\right)^{100} = (1.01)^{100} = 2.704813829$$

$$a_{1000} = \left(1 + \frac{1}{1000}\right)^{1000} = (1.001)^{1000} = 2.716923932$$

随着 n 的增大，数列 a_n 的值逐渐增加，但是增加的速度逐渐变慢，而且 $\left(1 + \dfrac{1}{n}\right)^n$ 的值趋向于 2. 71628……，用字母 e 表示该值。此数列的变化趋势用极限符号记为

$$\lim_{n \to +\infty} \left(1 + \frac{1}{n}\right)^n = e$$

它表示，当 n 无限增大时，$\left(1+\dfrac{1}{n}\right)^n$ 无限接近于常数 e。此公式在第 2 章连续复利计算中将要用到。

下面通过几个例子介绍指数函数的应用，这有助于我们了解函数建模的思想。

例 1.6.2 假设某发达国家生产冰箱 t 年后，家庭拥有冰箱的百分比为 y。两者的关系模型为

$$y = 100 - 95\mathrm{e}^{-0.15t}$$

（1）求下列四种情况下，拥有冰箱的家庭的百分比。

①刚开始；②1 年后；③10 年后；④20 年后。

（2）市场饱和水平是多少？

解：（1）把 $t=0$、1、10 和 20 分别代入 $y = 100 - 95\mathrm{e}^{-0.15t}$，得

$$y(0) = 100 - 95\mathrm{e}^{0} = 5\%$$
$$y(1) = 100 - 95\mathrm{e}^{-0.15} = 18\%$$
$$y(10) = 100 - 95\mathrm{e}^{-1.5} = 79\%$$
$$y(20) = 100 - 95\mathrm{e}^{-3.0} = 95\%$$

（2）为了求得饱和水平，需要观察当 t 变得足够大时，y 会如何变化。我们知道，负指数函数的图形如图 1.6.2 所示，随着 t 的增大，$\mathrm{e}^{-0.15t}$ 值会最终趋向 0，因而市场饱和水平为

$$y = 100 - 95(0) = 100\%$$

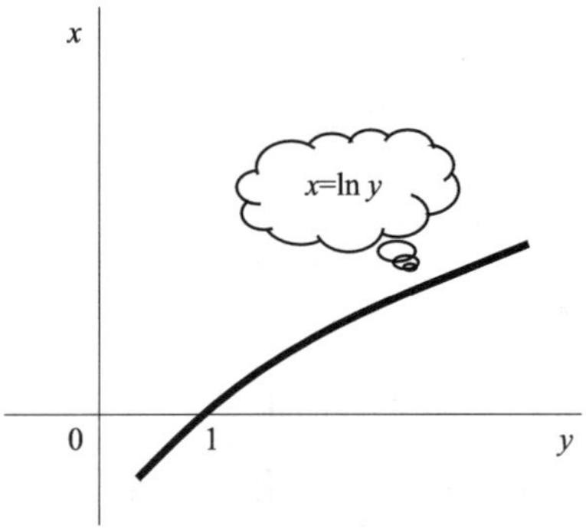

图 1.6.3

指数函数 $y=\mathrm{e}^x$ 在 $(-\infty, +\infty)$ 上是单调递增的，其值域是 $(0, +\infty)$。指数函数的反函数称为**对数函数**，记为

$$x = \ln y$$

其定义域是 $(0, +\infty)$，在定义域内是单调递增的，其图形如图 1.6.3 所示。

在对数函数中，经常要用到下面的三条运算性质：

$$\ln(x \cdot y) = \ln x + \ln y$$
$$\ln\left(\frac{x}{y}\right) = \ln x - \ln y$$
$$\ln(x^m) = m\ln x$$

例 1.6.3 运用对数的运算性质解决下列问题。

（1）用 $\ln x$ 和 $\ln y$ 表示 $\ln\left(\dfrac{x}{\sqrt{y}}\right)$；

（2）用单个对数表示 $3\ln p + \ln q - 2\ln r$。

解：（1）

$$\ln\left(\frac{x}{\sqrt{y}}\right) = \ln x - \ln\sqrt{y}$$
$$= \ln x - \ln y^{1/2}$$
$$= \ln x - \frac{1}{2}\ln y$$

（2）

$$3\ln p + \ln q - 2\ln r = \ln p^3 + \ln q - \ln r^2$$

$$= \ln(p^3 q) - \ln r^2$$

$$= \ln\left(\frac{p^3 q}{r^2}\right)$$

对数在求解指数方程时非常有用。

例 1.6.4　假设某个经济体国民生产总值将持续增长，在 t 年后，它的国民生产总值（GNP，单位为亿美元）为

$$\text{GNP} = 80\text{e}^{0.02t}$$

预计多少年后 GNP 将达到 88 亿美元？

解：将 GNP=88 代入式子，得

$$88 = 80\text{e}^{0.02t}$$

即

$$1.1 = \text{e}^{0.02t}$$

两边取对数，得

$$0.02t = \ln 1.1 \approx 0.095$$

$$t = \frac{0.095}{0.02} = 4.77$$

所以，可以推断在 4.77 年后，GNP 达到 88 亿美元。

例 1.6.5　一个指导全国报纸发行的金融咨询团体用下列方程模拟未来报纸的发行量：

$$N = c(1 - \text{e}^{-kt})$$

其中，N 是出版 t 天后的日发行量，c 和 k 为正的常数，那么

$$t = \frac{1}{k}\ln\left(\frac{c}{c - N}\right)$$

报纸发行时调查表明

$$c = 700000，k = \frac{1}{30}\ln 2$$

求：（1）报纸出版 30 天后的日发行量；（2）多少天后，报纸日发行量首次达到 525000？（3）假如报纸的日发行量超过 750000 才能实现盈亏平衡，你对报纸经营者有何建议？

解：（1）当 $t = 30$，$c = 700000$，$k = \frac{1}{30}\ln 2$ 时，有

$$N = 700000(1 - \text{e}^{-\frac{1}{30}\ln 2 \times 30}) = 350000$$

（2）令 $N = 525000$ 代入

$$t = \frac{1}{k}\ln\left(\frac{c}{c - N}\right)$$

得

$$t = \frac{30}{\ln 2}\ln\left(\frac{700000}{700000 - 525000}\right) = \frac{30}{\ln 2}\ln\frac{700}{175}$$

$$= \frac{30}{\ln 2}\ln 4 = 60$$

（3）由 $N = c(1 - \text{e}^{-kt})$ 可以看出，当 t 无限增大时，$N \approx c$。也就是说，报纸日发行量的市场饱和度水平为 700000，低于盈利点至少 750000 份的数额，因此，经营者应该退出这项产业。

在数学建模时，最重要的是要从一系列数据中拟合出一个数学关系式或数学模型。如果这个关系式为指数形式，则需要计算其中所涉及的参数值。

例 1.6.6 在 t 年期间，GNP（g）观测值见表 1.6.1。

表 1.6.1

t/年	2	5	10	20
g/10 亿美元	12	16	27	74

如果用公式 $g=Be^{At}$ 构建 GNP 增长模型，试确定 A 和 B 值，并计算 15 年后的 GNP 值。

解： 以 t 为横轴、g 为纵轴，描绘这 4 个点，连接这些点后的曲线形状表明，指数函数 $g=Be^{At}$ 可能是一个理想的模型。然而，由于未知参数 A 以幂的形式出现在关系式中，因此，对指数函数两边取自然对数，得

$$\ln g=\ln(Be^{At})=\ln B+At$$

令 $y=\ln g$ 和 $x=t$ 代入上式，方程变为

$$y=Ax+\ln B$$

这是一条斜率为 A、纵坐标截距为 $\ln B$ 的直线。

根据表 1.6.1 可得表 1.6.2。

表 1.6.2

$x=t$	2	5	10	20
$y=\ln g$	2.48	2.77	3.30	4.30

在 xOy 平面上创建变量 x、y 的散点图，可得到 4 个点，这 4 个点表明变量 x、y 之间可能存在着线性关系。根据散点图分布，可选取两点（2，2.48）和(5，2.77)，确定直线的斜率为

$$A=\frac{2.77-2.48}{5-2}=0.097$$

把点（10，3.30）代入直线方程中，得

$$3.30=0.097\times 10+\ln B$$

即 $\ln B=2.33$，所以

$$B=e^{2.33}=10.28$$

因此，g 和 t 的关系式为

$$g=10.28e^{0.097t}$$

将 $t=15$ 代入上式之中得，15 年后 GNP 值为

$$g=10.28e^{0.097\times 15}=44.2(10\text{ 亿美元})$$

这个结果与两点的选取有比较大的关系，是比较粗糙的。

更好方法是运用一元线性回归分析中最小二乘法来确定 A、$\ln B$。为此，我们把计算过程所需要的中间数据呈列于表 1.6.3 中。

表 1.6.3

观测次数	1	2	3	4	$\sum$
x	2	5	10	20	37

（续表）

观测次数	1	2	3	4	$\sum$
y	2.48	2.77	3.30	4.30	12.85
x^2	4	25	100	400	529
xy	4.96	13.85	33	86	137.81

由最小二乘法的参数估计公式，得

$$A=\frac{n\sum xy-\sum x\sum y}{n\sum x^2-\left(\sum x\right)^2}=\frac{4\times 137.81-37\times 12.85}{4\times 529-37^2}=\frac{75.79}{747}=0.10$$

$$\ln B=\frac{1}{n}\sum y-A\cdot\frac{1}{n}\sum x=\frac{1}{4}\times 12.85-0.10\times\frac{1}{4}\times 37=2.28$$

所以

$$B=e^{2.28}=9.78$$

因此，g 和 t 的关系式为

$$g=9.78e^{0.10t}$$

需要说明的是，虽然前面的简略估计与上述结果比较接近，但最小二乘法是通用性的。同时，解题过程之中将一个指数趋势的非线性模型 $g=Be^{At}$ 转化为一个线性模型 $y=Ax+\ln B$，再用线性方程进行数据拟合，这种方法也是普遍的。

习题 1.6

1. 运用对数性质展开下列各式。

(1) $\ln xy^2$　　(2) $\ln(xy)^2$　　(3) $\ln\sqrt{\dfrac{xy^3}{z}}$

2. 运用对数性质把下列各式写成单个对数形式。

(1) $\ln x-2\ln y$　　(2) $4\ln x-3\ln y+5\ln z$

3. 解下列方程（精确到 0.01）。

(1) $e^x=5.9$　　(2) $e^{3x}=13.68$　　(3) $e^{-5x}=0.34$

4. 便捷式摄像机在进入市场 t 年后家庭拥有的百分比为 y，它们的关系模型为

$$y=\frac{55}{1+800e^{-0.3t}}$$

(1) 分别求在刚开始、10 年后、20 年后、30 年后拥有便捷式摄像机家庭的百分比。

(2) 市场饱和水平是多少？

5. 经过初始培训期后 t 天，工人每天生产的工件数为 N，模型为

$$N=100-100e^{-0.4t}$$

(1) 分别计算经过初始培训期后 2 天、10 天的工人每天生产的工件数。

(2) 工人最终的日生产量是多少？

(3) 以时间 t 为横轴画出模型的图形，并解释为何呈现所预期的大致形状。

6. 二手汽车的价值随着使用年数的增加而呈指数减少，因此 t 年后汽车的价值 y 可用模

型描述为

$$y = Ae^{-at}$$

假如新汽车价值为50000美元，2年后价值为38000美元，求A和a的值（精确到0.001）；利用该模型预测使用5年后的汽车价值，以及汽车的最后价值。

7. 在经济衰退期间，厂商的收益持续缩减，因此t年后的收益TR（万美元）模型为

$$\mathrm{TR} = 500e^{-0.15t}$$

求：(1) 当前及两年后的收益；(2) 多少年后，收益将缩减到270万美元？

8. 某产品的需求函数近似模拟为

$$P = 100 - \frac{2}{3}Q^n$$

根据表1.6.4给定的数据，列出$\ln(150-1.5P)$和$\ln Q$的值，再根据这些值拟合一条直线，并确定n的值（精确到0.1）。

表1.6.4

Q	10	50	60	100	200	400
P	95	85	80	70	50	20

9. 某个新产品上市后不久，月销售数据见表1.6.5（单位为10^3）。

表1.6.5

t/月	1	3	6	12
s/销售量	1.8	2.7	5.0	16.5

请依次解决下面问题：(1) 根据表1.6.5完成表1.6.6中的$\ln s$值；(2) 以t为横轴、$\ln s$为纵轴，在此坐标系上描出这些点，并画一条最接近这些点的直线，计算这条直线的纵轴截距和斜率；(3) 运用上面的结果计算关系式$S = Be^{At}$中的A和B值；(4) 运用已得到的指数模型，计算当$t=9$和$t=60$时的销售量，并判断哪一个计算值更可靠？给出理由。

表1.6.6

t/月	1	3	6	12
$\ln s$	0.59		1.61	

10. 假定红星集团某产品的产量与单位成本的数据见表1.6.7。

表1.6.7

月份	1	2	3	4	5	6
x产量/千件	2	3	4	3	4	5
y成本/（元/件）	73	72	71	73	69	68

试用最小二乘法建立线性回归方程$y = a + bx$，确定a和b的值。

第 2 章　金融计算

所谓金融，就是资金融通，它包括货币的发行、流通、兑换、结算、回笼，贷款的发放与收回，存款的吸收与付出，有价证券的发行与转让等经济活动。这些经济活动经常用到一些初等数学知识（包括百分比、指数函数、等比数列等），虽然相关的数学计算并不十分复杂，但其中所涉及的计算方法却相当重要。本章介绍百分比、指数与通货膨胀、复利与连续复利、等比级数、投资评估与决策等内容。

2.1　百分比

在会计与金融领域，大量计算都涉及百分比（或百分数）。百分比是一种表达部分与总体关系的数量（如比值、比例、比率），或是表示分数数值的一种方法。例如，20% 等同于 $\frac{20}{100}=\frac{1}{5}$，35% 等同于 $\frac{35}{100}=\frac{7}{20}$，50% 等同于 $\frac{50}{100}=\frac{1}{2}$。

例 2.1.1　计算：（1）22 的 15%；　（2）19 的 98%；
（3）390 美元的 150%；（4）4250 美元的 75%。

解：（1）22 的 15% 等于

$$\frac{15}{100}\times 22=0.15\times 22=3.3$$

（2）19 的 98% 等于

$$\frac{98}{100}\times 19=0.98\times 19=18.62$$

（3）390 美元的 150% 等于

$$\frac{150}{100}\times 390=1.5\times 390=585\text{ 美元}$$

（4）4250 美元的 75% 等于

$$\frac{75}{100}\times 4250=0.75\times 4250=3187.5\text{ 美元}$$

例 2.1.2　（1）一项投资从 2500 美元上升到 4375 美元，计算投资增长的百分比。

（2）某个小镇的年初人口数量为 9540，如果人口年增长率为 10%，计算年末的人口数量。

（3）在一项销售中，如果某种商品的价格下降了 20%，计算这种原始价格为 580 美元的商品的销售价格。

解：（1）投资的初值为2500美元，终值为4375美元，那么

$$\frac{4375}{2500}=1.75$$

投资增长的百分比（或增长率）为

$$1.75-1=0.75=75\%$$

也可以这样计算：

投资的增长量是

$$4375-2500=1875$$

投资增长的百分比为

$$\frac{1875}{2500}=0.75=75\%$$

所以增长的百分比为75%。

（2）小镇人口数量的初值为9540，所以人口的增长量是

$$9540\times 10\%=9540\times 0.10=954$$

因此，年末的人口数量（终值）为

$$9540+954=10494$$

或者可以这样计算：

$$9540\times(1+10\%)=9540\times 1.1=10494$$

（3）商品价格的初值为580美元，价格的下降量是

$$580\times 20\%=116$$

因此，最终的销售价格（终值）为

$$580-116=464\text{ 美元}$$

或者可以这样计算：

$$580\times(1-20\%)=580\times 0.8=464\text{ 美元}$$

一般地，把某个变化过程中的**终值**与**初值**之比称为**比例因子**。如果将增长率记为 r，则

$$r=\text{比例因子}-1$$

或者

$$\text{比例因子}=r+1$$

若此值为正，则 r 是增长率；若此值为负，则 r 是下降率，此时也称为负增长。

根据上述例题，容易知道

$$\text{终值}=\text{初值}\times\text{比例因子}$$

或者

$$\text{初值}=\text{终值}\div\text{比例因子}$$

例2.1.3　（1）某商品的年初价格为25美元，如果年通货膨胀率为4%，计算其年终的价格。

（2）某商品包含17.5%增值税的价格是799美元，不含增值税的成本价是多少？

（3）计算商品价格从950美元变化到1007美元的增长百分比。

解：（1）因为通货膨胀率为4%，所以比例因子为

$$1+4\%=1.04$$

增长后的价格等于年初价格乘以比例因子，即

$$25\times 1.04=26 \text{ 美元}$$

（2）终值是799美元，增长率为17.5%，比例因子是

$$1+17.5\%=1.175$$

不含增值税的成本价就是初值，它等于终值除以比例因子，即

$$799\div 1.175=680 \text{ 美元}$$

（3）比例因子是

$$\frac{\text{终值}}{\text{初值}}=\frac{1007}{950}=1.06$$

则增长率为

$$1.06-1=0.06=6\%$$

例2.1.4　（1）一辆现在标价为43000美元的汽车，其价格在一年内下降了25%，计算一年后其价格是多少?

（2）某商品经过15%的降价后，价格为39.95美元，该商品原价为多少?

（3）坐火车的乘客从190205人次下降到174989人次，求乘客人次的下降率。

（4）某销售部门2014年商品销售额计划为2000万元，实际销售额为2100万元，求该部门销售额计划的完成情况。

解：（1）比例因子是

$$1+r=1+(-25\%)=0.75$$

所以，年终价格为

$$43000\times 0.75=32250 \text{ 美元}$$

（2）比例因子是

$$1+r=1+(-15\%)=0.85$$

所以，初始价格为

$$39.95\div 0.85=47 \text{ 美元}$$

（3）比例因子是

$$\frac{\text{终值}}{\text{初值}}=\frac{174989}{190205}=0.92$$

$$0.92-1=-0.08=-8\%\text{（负号表示下降）}$$

所以，下降率为8%。

（4）比例因子是

$$\frac{\text{终值}}{\text{初值}}=\frac{2100}{2000}=1.05=105\%$$

增长率为

$$1.05-1=0.05=5\%$$

所以，该部门销售额计划的完成程度为105%，即超额完成了5%。

有时，我们会遇到这种情形：在不同时期，某商品的价格要经过几次独立的百分比变化的影响。此时需要用一个横跨整个时期的百分比的变动来代替几个百分比的变动，可通过连乘比例因子而得到。

例2.1.5　（1）某股票的价格上半年上升了32%，下半年又上升了10%，求它在一年内总变化的百分比为多少?

（2）如果某商品价格在某一年内先上升了5%，然后下降了30%，求总变化的百分比。

（3）某鞋业公司计划劳动生产率比去年提高10%，实际提高了15%，求劳动生产率计划的完成情况。

解：（1）股票在前6个月末的价值，应是初值乘以比例因子，即

$$1+32\%=1.32$$

到年末时，再乘比例因子

$$1+10\%=1.1$$

于是，总变化的比例因子是它们的乘积，即

$$1.32\times1.1=1.452$$

那么总变化的百分比上升了

$$1.452-1=0.452=45.2\%$$

注意，这里不能用

$$32\%+10\%=42\%$$

（2）两次单独变化的比例因子分别为

$$1+5\%=1.05 \text{ 和 } 1-30\%=0.7$$

所以总变化的比例因子是

$$1.05\times0.7=0.735$$

增长率为

$$0.735-1=-0.265=-26.5\%$$

总变化的百分比下降了26.5%。

（3）两次单独变化的比例因子分别为

$$1+10\%=1.10 \text{ 和 } 1+15\%=1.15$$

那么，总的比例因子是

$$\frac{1.15}{1.10}=1.045$$

增长率为

$$1.045-1=0.045$$

这表明，该企业超额完成了劳动生产率计划的4.5%。

习题 2.1

1. 计算下列各题。

（1）34的5%；（2）66的66%；（3）4563的38%；（4）86的132%。

2. 写出下列变化的比例因子。

（1）增长19%；（2）下降2%；（3）增长250%；（4）下降43%。

3. 根据下列情况，求终值。

（1）16.25美元上升了12%；

（2）一个城镇的人口数量现在为113566，上升了5%；

（3）一辆定价23000美元的汽车，贬值了32%。

4. 求总变化（上升或下降）的百分比。

（1）先上升30%，再上升40%；（2）先下降30%，再下降40%；

（3）先上升10%，再下降50%；（4）先下降34%，再上升65%。

5. 某书店图书售价比建议零售价低20%，如果其售出图书价格为12.40美元，求：

（1）建议零售价；

（2）销售中如果进一步降价15%，图书的最终销价为多少？

（3）与厂商建议零售价相比，在该书店购买这本图书的总折扣率。

6. 一款电视机售价为940美元，其中含17.5%增值税，如果增值税率下降到8%，求新售价。

7. （1）一个企业销售额从某年的50000上升到第二年的55000，求销售额上升的百分比。

（2）政府针对某一商品价格的征税率为15%，如果企业对这种商品的定价为1360美元，那么消费者购买该商品的价格是多少？

（3）年初某项投资的价值为9500美元，如果一年中投资收益下降了7%，计算该投资的年末价值。

（4）某商品价格在1年内上涨了13%，如果年初价值为650万美元，求年末的价格。

8. （1）一国GNP在过去5年内增长了63%，现在GNP为1240亿美元。求5年前GNP是多少？

（2）1年内销售额从115000上升到123050，求年增长率。

（3）由于采用了现代化管理，某企业可以裁员24%，如果该企业现雇佣570名工人，那么在其裁员前该企业雇用了多少名工人？

（4）在一次股票市场崩盘中，某股票价格从10.50美元下降到2.10美元，求其价格下降的百分比。

9. 某古董商人以18000美元购得一花瓶，欲以高出购价的45%卖出。（1）求其卖出价格是多少？（2）以此卖出价格计算，若要确保无亏损，该古董商最多能以多大的百分比降价？

2.2 指数与通货膨胀

经济数据（或指标）通常是以月份、季度、年度来统计的，这些数据表现为一种时间序列的形式，如上证指数、价格指数等。人们对某一时期的这种数据的升降感兴趣，因为它说明了经济状况的变化。一般地，所谓指数是相对某个基数的百分比数值，它本身没有单位。指数之所以有用，是因为它可以说明数据的变化趋势与联系。

在计算指数时，被选择的基期指数常设定为100，那么

$$指数=\frac{现期指标}{基期指标}\times 100=相对于基期的比例因子\times 100$$

这种指数采用同一固定时期为基期进行计算，用来反映某种现象在一个较长时期内的变动方向和变动程度。

例2.2.1 表2.2.1给出了一个5年期间的家庭支出额（单位：10亿美元），以2011年为基期，计算指数并做简要解释。

表 2.2.1

	年份				
	2010	2011	2012	2013	2014
家庭支出额	686.9	697.2	723.7	716.6	734.5

解： 本例以 2011 年为基期年份，所以 2011 年指数为 100。为了求 2012 年指数，需要求出从基期年份 2011 年到 2012 年的与家庭支出额变动相关的比例因子，然后乘以 100。即

$$\frac{723.7}{697.2} \times 100 = 103.8$$

这表明 2012 年家庭支出额是 2011 年的 103.8%。换言之，2012 年家庭支出增长了 3.8%。

对于 2013 年，家庭支出额是 716.6，指数为

$$\frac{716.6}{697.2} \times 100 = 102.8$$

这表明 2013 年家庭支出额是 2011 年的 102.8%。换言之，2011 年到 2013 年期间家庭支出上升了 2.8%。注意，这个指数比 2012 年的小，说明 2013 年家庭支出额实际上稍有下降。

对于 2010 年，家庭支出额是 686.9，指数为

$$\frac{686.9}{697.2} \times 100 = 98.5$$

这表明 2010 年家庭支出额是 2011 年的 98.5%。2014 年的指数计算类似，参见表 2.2.2。

表 2.2.2

	年份				
	2010	2011	2012	2013	2014
家庭支出额	686.9	697.2	723.7	716.6	734.5
指数	98.5	100	103.8	102.8	105.3

由表 2.2.2 可以看出，在这 5 年期间，家庭支出额是增长的。

例 2.2.2 以 8 月为基期，求出表 2.2.3 中两只股票的指数，然后比较两只股票价格的表现。

表 2.2.3

月份	5	6	7	8	9	10	11	12
A 股票	0.31	0.28	0.31	0.34	0.40	0.39	0.45	0.52
B 股票	6.34	6.40	6.45	6.52	6.57	6.43	6.65	7.00

解： 因为 8 月份是基期，所以这两只股票在 8 月份有相同的指数 100。这样做可以忽略两只股票价值不同的事实，创造一个“水平操作台”来监控两只股票的相关表现。计算指数的结果见表 2.2.4。

表 2.2.4

月份	5	6	7	8	9	10	11	12
A 股价指数（8 月=100）	91.2	82.3	91.2	100	117.6	114.7	132.4	152.9
B 股价指数（8 月=100）	97.2	98.9	98.8	100	100.8	98.6	102.0	107.4

显然，在此段时期，A 股票比 B 股票绩优。进一步，如果一个投资者在 5 月份花 1000 美元买 A 股票，可买 $1000 \div 0.31 = 3225$ 股，到 12 月份的价值为 $3225 \times 0.52 = 1677$ 美元，盈利 677 美元，而 B 股票只盈利 99 美元。

当然，对于一个指数集的时间序列，我们也能计算出不同指数变化的百分比。

例 2.2.3 表 2.2.5 给出了某企业 2014 年和 2015 年的产出指数，其中 2015 年第一季度为基期，其指数为 100。求下列产出变化的百分比：（1）2015 年第 1 季度到 2015 年第 3 季度；（2）2014 年第 2 季度到 2015 年第 2 季度；（3）2014 年第 3 季度到 2015 年第 1 季度。

表 2.2.5

	产出							
	2014 第 1 季度	2014 第 2 季度	2014 第 3 季度	2014 第 4 季度	2015 第 1 季度	2015 第 2 季度	2015 第 3 季度	2015 第 4 季度
产出指数	89.3	98.1	105.0	99.3	100	106.3	110.2	105.7

解：（1）2015 年第 3 季度的产出指数为 110.2，所以从 2015 年第 1 季度到 2015 年第 3 季度产出变化的百分比为

$$\frac{110.2}{100} - 1 = 10.2\%$$

（2）2014 第 2 季度到 2015 年第 2 季度产出变化的百分比为

$$\frac{106.3 - 98.1}{98.1} \times 100 = \frac{8.2}{98.1} \times 100 = 8.4\%$$

另一种方法是，指数变动的比例因子是

$$\frac{106.3}{98.1} = 1.084$$

$$1.084 - 1 = 0.84$$

也就是增长了 8.4%。

（3）从 2014 年第 3 季到 2015 年第 1 季度指数变动的比例因子是

$$\frac{100}{105} = 0.952$$

$$0.952 - 1 = -0.048 = -4.8\%$$

负号说明产出下降了，下降的百分比为 4.8%。

其实，上面的指数常称为定基指数。经济学中的指数类型很多，例如，与定基指数相对应的是环比指数，还有动态指数和静态指数、个体指数和总指数、平均指数和综合指数等，它们有不同的意义和作用，在统计学中有比较广泛的应用。

1864 年，德国学者拉斯贝尔首次提出的基期加权价格指数就是一个综合指数，下面简称**拉氏指数**。

例 2.2.4 表 2.2.6 给出了劳动、能源、交通、木材等生产资料 3 年间的价格。2012 年企业使用的四种生产资料数量分别为 70 人、25 升、10 辆车及 140 吨。以 2012 年为基期，分别计算 2013 年和 2014 年的基期加权价格指数。

表 2.2.6　生产资料价格

年　份	2012 年	2013 年	2014 年
劳动/人	16	23	28
能源/升	7	10	9
交通/辆	12	14	10
木材/吨	5	9	12

解：以 2012 年为基期，其指数为 100。计算接下来年份指数的一种方法是，按照前面介绍的公式，计算出表 2.2.6 每列的总和，并求出与这些数值相关的比例因子，基于此，2013 年价格指数为

$$\frac{23+10+14+9}{16+7+12+5}\times 100=140$$

然而，这种算法忽略了所使用的劳动、能源、交通、木材等生产资料的数量各不相同的事实。根据每种生产资料使用的数量来考虑其权重是很有必要的。

现在，以基期年所消费的数量作为同一个度量因素和权重，考察各种生产资料的销售价格总的变动情况。于是，应将每种生产资料的价格乘以其相应的数量，那么比较恰当的价格指数应该是：

$$\frac{23\times 70+10\times 25+14\times 10+9\times 140}{16\times 70+7\times 25+12\times 10+5\times 140}\times 100=154.1$$

这个数值比先前计算的大，因为木材的价格几乎翻了一倍，而且木材所占的比重很大。

对于每一年，只需在表格中加上额外的一列存放乘积 P_nQ_0， 其中 Q_0 指基期的使用量，P_n 指第 n 年的价格。故第 n 年的拉氏指数计算公式如下：

$$L=\frac{P_nQ_0\text{ 列的总和}}{P_0Q_0\text{ 列的总和}}\times 100$$

表 2.2.7 给出了已完成的数据，可以看出 2013 年和 2014 年的拉氏指数分别是 154.1 和 187.5。这表明，2013 年生产资料的价格比 2012 年增长了 54.1%，2014 年生产资料的价格比 2012 年增长了 87.5%。尽管交通和能源的消费价格几乎没有变化，但拉氏指数上升得很快，这主要是因为劳动与木材所占比重较大，以及它们价格上涨过快引起的。

表 2.2.7

生产资料	2012 年		2013 年	2014 年	P_0Q_0	P_1Q_0	P_2Q_0
	数量	价格	价格	价格			
劳动/人	70	16	23	28	1120	1610	1960
能源/升	25	7	10	9	175	250	225
交通/辆	10	12	14	10	120	140	100
木材/吨	140	5	9	12	700	1126	1680
				总计	2115	3260	3965
				拉氏指数	100	154.1	187.5

在一定时期，很多商品和劳务的价格都会上涨。物价总水平的持续上升称为通货膨胀。年通货膨胀率是衡量物价上涨的指标之一。它通常以基期所选定的商品或劳务的价格在现期

平均变化的百分比来计算，即

$$年通货膨胀率 = \frac{P_1 - P_0}{P_0} \times 100\%$$

其中，P_1 表示现期物价水平，P_0 表示基期物价水平。

人们感兴趣的是，在通货膨胀期间或之前，时间序列数据的波动。经济学家通过区分名义数据和实际数据来解决这一问题。**名义数据**是最初的原始数据，这些数据是基于现期价格计算的。**实际数据**是考虑通货膨胀之后整理和计算出来的数据。调整数据的标准做法是，先选择一个年份作为基期，然后将其他年份的数据转化为它们在基期年份应有的水平。

例 2.2.5　表 2.2.8 给出了某个城镇 5 年期间普通住房价格（单位：千美元）和年通货膨胀率，其中所列价格是这些住房每年年末的价格。请将价格转化为以 2011 年为基期的价格，比较这一时期名义价格与实际价格的上涨情况。

表 2.2.8

	年份				
	2010	2011	2012	2013	2014
普通住房价格	72	89	93	100	106
年通货膨胀率		10.7%	7.1%	3.5%	2.3%

解：表 2.2.8 的原始数据给人们的印象是，这个时期的住房价格稳定上升，2011 年盈利很多。然而，如果通货膨胀率很高，那么实际盈利将会很小。如果通货膨胀率超过了名义数据上升的百分比，那么住房的实际价格就会下降。因为表 2.2.8 给出的住房价格是每年年末的价格计算，所以不考虑 2010 年的通货膨胀率。

选择 2011 年为基期，将不同时期的住房价格转换为“2011 年价格”。2012 年年末的住房价格为 93000 美元，但这一年通货膨胀率是 7.1%，将其价格除以比例因子 1.071，得到

$$\frac{93000}{1.071} = 86835$$

以实际价格表示，2012 年房价下降了 89000 − 86835 = 2165 美元。

为了调整 2013 年房价，先要将其除以 1.035，折算成“2012 年价格”，然后除以 1.071，折算成“2011 年价格”，得到

$$\frac{100000}{1.035 \times 1.071} = 90213$$

以实际价格表示，2013 年至少是盈利的。但是盈利额并不让人动心，从金融观点来看，可能还有其他更赚钱的方式来投资这笔资金。

对于 2014 年，调整后的价格为

$$\frac{106000}{1.023 \times 1.035 \times 1.071} = 93477$$

对于 2010 年，调整后的价格为

$$72000 \times 1.107 = 79704$$

表 2.2.9 列出了普通住房的名义价格与以 2011 年为基期的实际价格（精确到千位，单位为千美元），以供比较。显然，除了 2011 年房价上涨较大，其他年份的房价上涨幅度适中。

表 2.2.9

	年份				
	2010	2011	2012	2013	2014
普通住房名义价格	72	89	93	100	106
2011 年房价	80	89	87	90	93

例 2.2.6 表 2.2.10 给出了某企业职员的平均年薪（单位：千美元）和当年通货膨胀率。以 2011 年年末为基础，将职员的薪金转换为 2011 年的水平，评价这个时期工资上涨情况。

表 2.2.10

	年份				
	2010	2011	2012	2013	2014
年薪	17.3	18.1	19.8	23.5	26.0
通货膨胀率		4.9%	4.3%	4.0%	3.5%

解：选择 2011 年为基期，将不同时期的年薪转换为“2011 年水平”。2012 年年薪为 19.8 千美元（即 19800 美元），该年通货膨胀率是 4.3%，将其调整成“2011 年水平”，只需除以比例因子 1.043，得到

$$\frac{19.8}{1.043} = 18.98$$

为了调整 2013 年年薪，先要将其除以 1.04，折算成“2012 年水平”，然后再除以 1.043，折算成“2011 年水平”，得到

$$\frac{23.5}{1.04 \times 1.043} = 21.66$$

对于 2014 年，调整后的年薪为

$$\frac{26.0}{1.035 \times 1.04 \times 1.043} = 23.16$$

对于 2010 年，调整后的年薪为

$$17.3 \times 1.049 = 18.15$$

下面将调整后的年薪（单位：千美元）整理为表 2.2.11。

表 2.2.11

	年份				
	2010	2011	2012	2013	2014
实际年薪	17.3	18.1	19.8	23.5	26.0
2011 年水平	18.15	18.1	18.98	21.66	23.16
年增量		−0.05	0.88	2.68	1.5
增长率		−0.3%	4.9%	14.1%	6.9%

显然，从 2011 年开始，其后每年年薪都在增长，而且年薪的增长率大于通货膨胀率，其中 2013 年增长最多，达到了 14.1%。这说明，近几年的年薪都有实质性的增加。

通货膨胀是政府需要解决的主要经济问题。衡量通货膨胀的主要数据来源有三个：GDP

平减指数、消费价格指数（CPI）、生产者价格指数（PPI）。在此，我们介绍前面两个指数。

例 2.2.7 假设某地区经济在不同年份生产的商品品种、数量和价格见表 2.2.12，试计算各年的名义 GDP、真实 GDP，以及 GDP 平减指数（以 2001 年为基期）。

表 2.2.12

	年份					
	2001		2002		2003	
品种	面包	牛奶	面包	牛奶	面包	牛奶
数量/份	10	20	10	15	15	20
单价/元	4	6	7	10	9	12

解： 国内生产总值（GDP）是在某一既定时期内一个国家或地区生产的所有最终物品与劳务的市场价值。由于该地区经济只生产两种商品，因此只要计算这两种商品的总市场价值。**名义 GDP** 是按现期价格计算的物品与劳务的总价值；**真实 GDP** 是按不变的基年期价格计算的物品与劳务的总价值。由于真实 GDP 不受价格变动的影响，所以它能更好地说明一个经济体所生产的物品与劳务的价值。经济学家在谈论 GDP 时采用真实 GDP，而不是名义 GDP。

GDP 平减指数计算公式如下：

$$\text{GDP 平减指数}=\frac{\text{名义 GDP}}{\text{真实 GDP}}\times 100$$

GDP 平减指数用来衡量相对于基年价格的现期物价水平，它反映了物品与劳务的价格变动，而不反映生产数量的变动。例 2.2.7 的计算结果见表 2.2.13。

表 2.2.13

	年份					
	2001		2002		2003	
品种	面包	牛奶	面包	牛奶	面包	牛奶
数量/份	10	20	10	15	15	20
单价/元	4	6	7	10	9	12
名义 GDP	$10\times4+20\times6=160$		$10\times7+15\times10=220$		$15\times9+20\times12=375$	
真实 GDP	$10\times4+20\times6=160$		$10\times4+15\times6=130$		$15\times4+20\times6=180$	
GDP 平减指数	100		$\frac{220}{130}\times100=169$		$\frac{375}{180}\times100=208$	

以 2001 年为基期，GDP 平减指数在 2002 年上升到了 169，这说明从 2001 年到 2002 年物价水平上升了 69%，2003 年物价水平上升了 108%。由表 2.2.13 可以看出，与 2001 年相比，2002 年真实 GDP 是下降的，下降了 19% $\left(\frac{130-160}{160}=-19\%\right)$，由于这个数据是按 2001 年的不变价格计算的，所以这种下降反映了现期所生产的物品与劳务的总和减少；而 2002 年名义 GDP 是增长的，增长了 37.5% $\left(\frac{220-160}{160}=37.5\%\right)$，相对于真实 GDP，这个增长显然是由于物价上涨而引起的。因此，GDP 平减指数反映了物品与劳务的价格变动水平，即通货膨

胀水平。GDP 平减指数的得名就是因为它可以从名义 GDP 中剔除通货膨胀的影响，“平减”了名义 GDP 中由于物价上涨而引起的上升现象。

消费价格指数（CPI）是另一个重要经济指数。它用来监测普通消费者所购买的固定的一篮子物品与劳务的生活费用随时间推移而发生的变动，反映消费者的生活费用水平。它的计算公式为

$$\mathrm{CPI}=\frac{\text{现期一篮子物品的价格}}{\text{基期一篮子物品的价格}}\times 100$$

当消费价格指数上升时，家庭必须支出更多的货币才能维持同样的生活水平。下面通过例子说明消费价格指数的计算。

例 2.2.8　假设某地区调查消费者确定了固定的一篮子物品为 6 斤青菜和 2 斤猪肉。它们在不同年份的价格见表 2.2.14，试计算各年 CPI（以 2013 年为基期）和通货膨胀率。

表 2.2.14

	年份					
	2013		2014		2015	
品种	青菜	猪肉	青菜	猪肉	青菜	猪肉
单价/（元/斤）	4	21	5	24	7	32

解：在计算 CPI 时要先固定篮子，确定哪些物品对普通消费者是重要的，并确定它们的权重，找出它们的价格。这些已经由表 2.2.14 给出了，接下来计算每年一篮子物品的总费用，然后用公式计算 CPI 和通货膨胀率，结果见表 2.2.15。

表 2.2.15

	年份					
	2013		2014		2015	
品种	青菜	猪肉	青菜	猪肉	青菜	猪肉
单价/（元/斤）	4	21	5	24	7	32
总费用/元	$6\times4+2\times21=66$		$6\times5+2\times24=78$		$6\times7+2\times32=106$	
CPI	$\frac{66}{66}\times100=100$		$\frac{78}{66}\times100=118$		$\frac{106}{66}\times100=161$	
通货膨胀率			18%		61%	

2013 年的消费价格指数是 100，2014 年的消费价格指数是 118。这意味着，2014 年一篮子物品的价格是基年的 118%。换个说法，基期价值 100 元的一篮子物品在 2014 年价值 118 元。同样，2015 年的消费价格指数是 161，这意味着，基期价值 100 元的一篮子物品在 2015 年价值 161 元。这表明，消费价格指数 CPI 反映了通货膨胀的水平。

决策者为了估计物价上升的速率，既要关注 GDP 平减指数，又要关注消费价格指数 CPI。通常，这两个统计指数反映了相似的情况，但它们之间有三点重要差别。第一，GDP 平减指数反映了**国内生产的所有物品与劳务**的价格，而 CPI 反映了**普通消费者购买的所有物品与劳务**的价格。因此，企业和政府购买的产品价格的上升将反映在 GDP 平减指数上，而并不反映在 CPI 上。第二，CPI 比较的是**固定的**一篮子物品和劳务与基年这一篮子物品和劳务，一篮子中的物品种类及其权数在不同时期内不变。而 GDP 平减指数所涉及的商品篮子

每年都不同，它取决于每年经济中所生产的产品的数量。第三，CPI 包括进口商品的价格，而 GDP 平减指数仅仅包括本国生产的商品的价格。

实际上，采用 CPI 和 GDP 平减指数来度量的通货膨胀差别并不大。美国在 1960—1998 年期间运用两种方法计算得到的大多数年份的通货膨胀率相差不到 1%。

例 2.2.9　1931 年美国总统胡佛的年薪为 7.5 万美元，这相当于 2005 年的多少美元？

解： 为了把 1931 年的美元换算成 2005 年的美元，我们需要知道 1931 年和 2005 年的物价水平，再由下面公式计算：

$$\text{今年货币的数量} = T\text{ 年货币的数量} \times \frac{\text{今年的物价指数}}{T\text{ 年的物价指数}}$$

统计数字表明，美国 1931 年的物价指数为 15.2，2005 年为 195，所以

$$\begin{aligned}\text{2005 年薪水} &= \text{1931 年薪水} \times \frac{\text{2005 年物价指数}}{\text{1931 年物价指数}}\\ &= 75000 \times \frac{195}{15.2} = 962171 \text{ 美元}\end{aligned}$$

也就是说，胡佛总统 1931 年薪水 7.5 万美元相当于 2005 年的 962171 美元。其实，这远高于布什总统在 2005 年的薪水 40 万美元。

习题 2.2

1. 表 2.2.16 给出了 20 年间的运输成本指数。公共运输成本反映出公共车票和火车票的变化；私人运输成本则包含汽车的购买、服务、汽油、税和保险成本等。

表 2.2.16

	年　份				
	1995	2000	2005	2010	2015
公共运输	100	130	198	224	245
私人运输	100	125	180	199	221

（1）求相邻年份间的公共运输成本增长率和私人运输成本增长率；

（2）简要评述这 20 年公共运输成本与私人运输成本的相对增长率。

2. 某工厂生产线在一年中生产的产品数量（单位：千）由表 2.2.17 给出，以第 2 季度作为基期，计算相应的指数，并分析引发产量波动的可能原因。

表 2.2.17

	季　度			
	第 1 季度	第 2 季度	第 3 季度	第 4 季度
产出	13.5	1.4	2.5	10.5

3. 表 2.2.18 给出了政府连续 4 年在教育上的支出（单位：亿美元）和通货膨胀率。

（1）以 2004 年为基期，计算教育支出的指数。

（2）将政府支出折算为 2004 年的不变价格，重新计算政府实际支出的指数，并对指数

做出解释。

表 2.2.18

	年份			
	2004	2005	2006	2007
教育支出	236	240	267	276
通货膨胀率		4.7%	4.2%	3.4%

4. 某地区 8 年期间的失业增长指数见表 2.2.19。

表 2.2.19

	年份							
	1	2	3	4	5	6	7	8
指数 1	100	95	105	110	119	127		
指数 2						100	112	118

（1）如果两个指数是根据不同的基期计算所得，请完成表中其余的数据。

（2）如果第 4 年的失业人数为 120 万，那么第 1 年和第 8 年有多少人失业?

5. 表 2.2.20 给出了 3 年内 4 类职员的年薪（单位：千美元）。2011 年某企业雇佣 A、B、C、D 等 4 类雇员数分别是 24、250、109、7。以 2011 年为基期，分别计算 2012 年与 2013 年总工资的拉氏指数，并简要评述。

表 2.2.20

年份	2011 年	2012 年	2013 年
A 类	12	13	13
B 类	26	28	29
C 类	56	56	64
D 类	240	340	560

6. 假设某地区经济在不同年份生产的商品品种、数量和价格见表 2.2.21，试计算各年的名义 GDP、真实 GDP 及 GDP 平减指数（以 2013 年为基期）。

表 2.2.21

	年份					
	2013		2014		2015	
品种	牛奶	咖啡	牛奶	咖啡	牛奶	咖啡
数量/份	8	12	10	14	13	18
单价/元	3	5	6	8	9	10

7. 假设某地区调查消费者确定了固定的一篮子物品：2 斤鸡蛋和 3 斤肉。它们在不同年份价格见表 2.2.22，试计算各年的 CPI（以 2012 年为基期）和通货膨胀率。

表 2.2.22

	年份					
	2012		2013		2014	
品种	鸡蛋	肉	鸡蛋	肉	鸡蛋	肉
单价/（元/斤）	8	23	9	26	12	32

8. 1914 年福特向工人支付一天 5 美元的工资。如果 1914 年、2005 年的物价指数分别是 10、195，求 2005 年福特支付给工人的工资是多少美元？

2.3 复利与连续复利

在经济社会里，企业和个人都会面对各种令人难以决策的信贷和投资机会。本节讨论在各种可行机会中做出明智决策时，如何进行相关的金融计算。

首先，考虑根据单利和复利进行的一次性结清总额的投资。

假设你在某银行存有 500 美元，存款年利率为 10%，一年后利息就是 500 美元的 10%，即

$$10\% \times 500 = 50 \text{ 美元}$$

如果按单利计算，你每年所获得的利息额都相同。那么，三年后的投资总额为

$$500 + 50 \times 3 = 650 \text{ 美元}$$

然而，实际上几乎所有的金融投资都是按照复利计算的，也就是，将每年年末所得的利息加总到当期投资总额之中，因为投资者并没有将每年末得到的利息取出来，这部分也应该获得利息。这就是人们常说的“利滚利”。

如果你初始的投资额是 500 美元，按 10% 年复利投资 3 年，结果会如何呢？那么一年后利息就是 500 美元的 10%，即

$$10\% \times 500 = 50 \text{ 美元}$$

因此，投资总额增加了 50 美元，变为 550 美元。

第二年年末所得的利息额，应该根据第二年年初的投资总额按复利计算，即

$$10\% \times 550 = 55 \text{ 美元}$$

于是，到第二年年末时，投资总额就增加到 550 + 55 = 605 美元。

第三年年末所得的利息额为

$$10\% \times 605 = 60.5 \text{ 美元}$$

因此，第三年年末的投资总额为 605 + 60.5 = 665.5 美元。表 2.3.1 对上述计算进行了归纳。

表 2.3.1

年末	利息额/美元	投资总额/美元
1	50	550
2	55	605
3	60.50	665.50

例 2.3.1 求将 10000 美元按 5% 年复利投资 4 年后的总值。

解：第 1 年年末利息为 $5\% \times 10000 = 500$ 美元，因此投资总额为 10500 美元；

第2年年末利息为 $5\% \times 10500 = 525$ 美元，因此投资总额为11025美元；

第3年年末利息为 $5\% \times 11025 = 551.25$ 美元，因此投资总额为11576.25美元；

第4年年末利息为 $5\% \times 11576.25 = 578.81$（保留两位小数）美元，因此，最终的投资总额为12155.06美元。

前面的计算过程是将年末利息加到每年年初的投资总额之中。这个过程相当烦琐，当投资期限较长时更是如此。下面寻找通用的计算方法。

假设最初的投资额（称为**本金**）是 P，投资期结束后的投资总额（称为**终值**）是 S，年利率是 r，那么

1年后的终值（投资总额）为

$$S = P + Pr = P(1 + r)$$

2年后的终值为

$$S = P(1 + r) + P(1 + r)r = P(1 + r)^2$$

3年后的终值为

$$S = P(1 + r)^2 + P(1 + r)^2 r = P(1 + r)^3$$

一般地，如果年复利率为 r，比例因子就为

$$1 + r$$

因此，n 年后的终值为

$$S = P(1 + r)^n$$

例如，当 $P = 500$，$r = 0.1$ 时，有

$$S = 500(1.1)^3 = 665.50 \text{ 美元}$$

此结果与前面所得到的完全相同。

例 2.3.2 将本金25000美元用于投资，年复利率为12%，经过多少年后投资总额可首次超过250000美元?

解：希望最初的25000美元投资增值为250000美元。这个问题就是在年复利为12%条件下计算投资年限。复利条件下投资总额计算公式为

$$S = P(1 + r)^n$$

当 $S = 250000$，$P = 25000$，$r = 12\% = 0.12$ 时，得

$$250000 = 25000(1 + 0.12)^n$$

$$10 = (1.12)^n$$

两边取对数有

$$\log(10) = \log(1.12)^n$$

即

$$\log(10) = n\log(1.12)$$

因此

$$n = \frac{\log(10)}{\log(1.12)} = \frac{1}{0.049218023} = 20.3$$

由于利息只在每年年末结算加总，因此 n 必须取整数，所以需要21年才能使终值超过250000美元。

事实上，$n = 20.3$ 说明，如果投资期仅为20年，终值将少于250000美元，也就是，

20年后

$$S = 25000\ (1.12)^{20} = 241157.33(\text{美元})$$

而21年后

$$S = 25000\ (1.21)^{21} = 270096.21(\text{美元})$$

本例求出了使25000美元增值10倍的投资期限。上述的求解过程说明，投资期限仅与利率有关，而与实际的本金值无关。事实上，设本金为P，增加到10倍后的终值为$10P$，如果年复利率为$r = 12\%$，则

$$10P = P\left(1 + \frac{12}{100}\right)^n$$

消去P得到方程

$$10 = (1.12)^n$$

正如我们所看到的，此方程与前面例题中得到的方程完全相同，解得$n = 20.3$。

前面假设利息按年复利计算，其实，利息有可能被更频繁地加总到前期投资额之中。例如，假设有500美元本金，按10%的季度复利投资，期限为三年。“**10%的季度复利**”意味着什么呢？它并不表示每3个月得到10%的利息，而是指10%的利率被平均分为4个季度，每个季度的利率为

$$\frac{10\%}{4} = 2.5\% = 0.025$$

因此，在第一个季度后，用1.025乘以投资本金500，得

$$500 \times 1.025$$

第二个季度后，再乘一个1.025，得

$$500 \times (1.025)^2$$

依次类推，以一个季度为1个阶段，3年共有12个这样的阶段，由此投资的终值为

$$S = 500 \times (1.025)^{12} = 672.44\ \text{美元}$$

注意，此时得到的终值要大于按年复利计算的终值。

这个例子说明，在年复利条件下推导出的复利公式

$$S = P\ (1 + r)^n$$

同样适用于计算其他类型的复利。此时只需要重新定义r和n。变量r表示每个时间段的利率，n表示一个总时间里所包含的阶段数。

例2.3.3　10美元本金按12%利率投资1年。若利息按以下复利计算，求这个投资终值。

（1）一年；（2）半年；（3）季度；（4）每月；（5）每周。

解：由复利公式得

$$S = 10\ (1 + r)^n$$

（1）若利息按年复利计算，则$r = 0.12$，$n = 1$，因此

$$S = 10 \times (1.12)^1 = 11.20\ \text{美元}$$

（2）若利息按半年复利计算，一年有2个半年，则$r = \frac{0.12}{2} = 0.06$，$n = 2$，因此

$$S = 10 \times (1.06)^2 = 11.24\ \text{美元}$$

（3）若利息按季度复利计算，一年有4个季度，则季度利率$r = \frac{0.12}{4} = 0.03$，$n = 4$，因此

$$S = 10 \times (1.03)^4 = 11.26 \text{ 美元}$$

（4）若利息按月计算，因为一年有 12 个月，则月利率 $r = \frac{0.12}{12} = 0.01$，$n = 12$，因此

$$S = 10 \times (1.01)^{12} = 11.27 \text{ 美元}$$

（5）若利息按周计算，因为一年有 52 周，则周利率 $r = \frac{0.12}{52} = 0.0023$，$n = 52$，因此

$$S = 10 \times (1.0023)^{52} = 11.27 \text{ 美元}$$

由此可以看到，终值会随着计算复利的频次增加而增加。正如所料，复利的基本特点就是“利滚利”。然而，虽然终值不断地增加，但这个值会逐渐接近于一个固定值（这个结论是可以证明的）。

事实上，如果本金为 P，年复利率为 r，一年分 n 次计息，计算复利的期限为 t 年，那么终值 S 就是

$$S = P\left(1 + \frac{r}{n}\right)^{nt}$$

特别地，当 n 无限增大时，利息会不断地增加到总额之中进行复利计算，这种复利就称为**连续复利**。

在上式中令 $n \to \infty$ 时，有

$$S = \lim_{n\to\infty} P\left(1 + \frac{r}{n}\right)^{nt} = P\lim_{n\to\infty}\left[\left(1 + \frac{r}{n}\right)^{\frac{n}{r}}\right]^{rt} = Pe^{rt}$$

这样就得到连续复利的终值公式

$$S = Pe^{rt}$$

其中，e = 2.718（保留 3 位小数）。

上面极限的计算过程需要运用 1.6 小节曾介绍过的结论：

$$\lim_{n\to\infty}\left(1 + \frac{1}{n}\right)^n = e$$

此处从略。

从理论上讲，可以根据公式计算例 2.3.3 在连续复利下的终值。例如，如果 $P = 10$，$r = 0.12$，$t = 1$，则

$$S = 10e^{0.12\times1} = 10e^{0.12} = 11.27 \text{ 美元}$$

该值与前面例子的结果基本相同，这说明虽然是连续复利，其终值也是一个有限值。

例 2.3.4 2000 美元本金用于投资，利息按 10% 连续复利计算。问经过少天后，投资额将超过 2100 美元？

解：希望最初的 2000 美元投资增值为 2100 美元，问题是要在连续复利为 10% 的条件下决定投资天数。连续复利公式为：

$$S = Pe^{rt}$$

将 $S = 2100$，$P = 2000$，$r = 0.1$ 代入上式，得

$$2100 = 2000e^{0.1t}$$

$$1.05 = e^{0.1t}$$

两边取自然对数，得

$$0.1t = \ln(1.05) = 0.0487902$$

结果保留 3 位小数，有

$$t = 0.488$$

由于连续复利公式中变量 t 以年来度量，所以 $t = 365 \times 0.488 = 178.1$ 天，那么使投资额首次超过 2100 美元的时间应为 179 天。

正是因为存在多种计算复利的方法，人们很难去评估不同的投资机会。于是需要一个标准化的基准，使人们能够在相同基础上比较不同的储蓄方式或信贷计划，经常使用的指标就是年复利。所有提供投资或贷款的机构都会给出有效的年利率，这个指标就是**年百分比利率（APR）**。而通常公布的、未根据通货膨胀的影响校正的利率称为**名义利率**，根据通货膨胀的影响校正过的利率称为**真实利率**。

真实利率与名义利率的关系是：

$$\text{真实利率} = \text{名义利率} - \text{通货膨胀率}$$

名义利率告诉我们，随着时间的推移，我们的银行账户中的货币数量增加有多快；真实利率告诉我们，随着时间的推移，我们的银行账户中的货币购买力提高有多快。例如，如果银行公布名义利率为 7%，通货膨胀率为 3%，那么存款的真实价值只能增加 4%。

例 2.3.5 某企业的账户借入 100 万元，约定的名义利率为 12%，分别按季度和连续复利计息，计算该账户 2 年后终值的年百分比利率（APR）。

解：（1）由于名义利率为 12%，则季度利率为

$$\frac{12\%}{4} = 3\%$$

那么

$$100\,(1+3\%)^8 = 100\,(1+r)^2$$

则年百分比利率为

$$r = 0.1255 = 12.55\%$$

（2）根据连续复利计算公式，得

$$100\mathrm{e}^{0.12\times 2} = 100\,(1+r)^2$$

则年百分比利率为

$$r = \mathrm{e}^{0.12} - 1 = 12.75\%$$

从本例的计算过程可知，账户初值并不影响年百分比利率的计算，因此可以直接用比例因子来计算。

例 2.3.6 当一个储蓄账户的名义利率为 8% 月复利时，计算该账户一年后终值的年百分比利率（APR）。

解：如果该账户按月复利 8% 提供回报，则每月利率为

$$\frac{8\%}{12} = 0.67\%$$

则月比例因子为

$$1 + \frac{0.67}{100} = 1.0067$$

则一年后终值为

$$S = (1.0067)^{12} = 1.0834$$

也就是说，终值增加的百分比为

$$1.0834 - 1 = 0.0834 = 8.34\%$$

因此，APR 为 8.34%。

从本例中可以发现，同样是 10000 万存入银行一年，按名义利率的月复利计算所得利息比用年复利计算所得利息会多一些。它们之间存在一个差距：

$$8.34\% - 8\% = 0.34\%$$

有时候这个差距是不可忽略的，这就是下面讨论的问题。

假设 r 为月利率，R 为年利率，按照复利计算方法，用月复利计算 12 次，最后得到的本息总额应该等于用年利率计算的一年本息总额，也就是

$$(1+r)^{12} = 1+R$$

即

$$r = (1+R)^{\frac{1}{12}} - 1$$

当 R 比较小时，根据二项式定理，得

$$(1+R)^{\frac{1}{12}} = 1 + \frac{R}{12} + \frac{\frac{1}{12}\left(\frac{1}{12}-1\right)}{2}R^2 + \cdots$$

忽略上式等号右边关于 R 的高次项，就得到近似等式

$$r \approx \frac{R}{12}$$

这就是月利率等于年利率的 $\frac{1}{12}$ 的理论根据。长期以来，银行都是这样用年利率除以 12 来计算月利率的。

实际上，由于

$$(1+R)^{\frac{1}{12}} - 1 = \frac{R}{12} + \frac{\frac{1}{12}\left(\frac{1}{12}-1\right)}{2}R^2 + \cdots$$

即

$$r = \frac{R}{12} + \frac{\frac{1}{12}\left(\frac{1}{12}-1\right)}{2}R^2 + \cdots$$

由于上式等号右边第二项是一个负数，所以当我们取

$$r = \frac{R}{12}$$

时，实际上是使 r 变大了一些，就相当于提高了月利率。当存贷款的年利率比较小时，如小于 2% 时，这种提高是微不足道的。但在通常情况下，银行存款的年利率都很小，而银行贷款的年利率为 4% ~ 8%，那么这个微小的提高对银行来说意味着什么呢？例如，表 2.3.2 是根据商业银行的贷款利率计算得到的数据。

表 2.3.2

	给定年利率 R	月利率 $r=R/12$	实际贷款年利率 $(1+r)^{12}-1$	年利率的增加量 $\{(1+r)^{12}-1\}-R$
商业贷款	4.95%	0.4125%	5.0639%	0.1139%
	5.31%	0.4425%	5.4412%	0.1312%

从表2.3.2可以看出，用年利率的$\frac{1}{12}$来计算月利率，实际上已经把原定的年利率5.31%提高到了5.4412%，年利率增加了0.1312%。这对数额较大的购房贷款来说并不是可以忽略的小数。用这种传统方法对贷款消费者来说实在不公平，在计算机技术时代是容易避免的。

例2.3.7　某国的年GNP（国民生产总值）目前为250亿美元，估计每年以3.5%的幅度增长。该国人口数量预计从当前4000万每年增加2%。问经过多少年后，该国人均GNP（每人平均GNP）可达到700美元？

解： 由GNP值除以人口总数便可得到人均GNP，当前人均GNP为

$$\frac{25000000000}{40000000}=625\text{ 美元}$$

因为GNP的增长速度比人口增长速度快，所以人均GNP的值将会增加。与年增长率3.5%相关的比例因子为1.035，因此，n年后GNP值（以百万计算）为

$$\text{GNP}=25000\times(1.035)^n$$

n年后的人口数（以百万计算）为

$$\text{人口数}=40\times(1.02)^n$$

因此，n年后人均GNP为

$$\frac{25000\times(1.035)^n}{40\times(1.02)^n}=\frac{25000}{40}\times\frac{(1.035)^n}{(1.02)^n}=625\times\left(\frac{1.035}{1.02}\right)^n$$

由于人均GNP要达到700美元，因此

$$625\times\left(\frac{1.035}{1.02}\right)^n=700$$

即

$$\left(\frac{1.035}{1.02}\right)^n=1.12$$

两边同时取对数，得

$$\log\left(\frac{1.035}{1.02}\right)^n=\log(1.12)$$

$$n\log\left(\frac{1.035}{1.02}\right)=\log(1.12)$$

因此

$$n=\frac{\log(1.12)}{\log(1.035/1.02)}=7.76$$

经过8年后人均GNP将达到700美元。

例2.3.8　某公司决定在未来5年以固定的增长率，将产量由目前的50000增加到60000。求实现这种增长的年增长率是多少？

解： 设增长率为r，则比例因子为$1+r$，因此5年后的产出为

$$50000\,(1+r)^5$$

为了达到最终的产量水平60000，r必须满足方程

$$50000\,(1+r)^5=60000$$

于是有

$$(1+r)^5=1.2$$

两边同时开5次方，得

$$1+r=(1.02)^{1/5}=1.037$$

即

$$r=3.7\%$$

习题 2.3

1. 某资产现值为10万美元，预计年增量为20%。

（1）求10年后终值；（2）多少年后该资产价值将达到100万美元？

2. 某公司预计其销售将以每年3%速度增长，为了获得利润，每年至少要出售10000件商品。假设该公司目前年销售额仅为9000件，问经过多少年后该公司才能不盈不亏？

3. 本金7000美元被用于投资8年，年复利为9%，若复利按以下方式计算，求这项投资的终值。

（1）每年　（2）半年　（3）每季度　（4）每月　（5）每周　（6）连续复利

4. 求使1000美元本金在10年内按连续复利方式增值为4000美元的利率。

5. 若一笔钱以3%连续年复利进行投资，问多少年后它变为本金的3倍？

6. 若一台机器每年折旧4%，问经过多少年后该机器的价值为原值的一半？

7. 当名义利率为7%的连续复利时，求APR。

8. 已知名义利率为12%的季度复利，求APR。

9. 目前能源的年消耗为780亿个单位，预计能源消耗量将以每年5.8%的幅度增加。假设当前能源供给产业的年供给量为1040亿个单位。

（1）如果能源的供给量是恒定的，问经过多少年后对能源的需求量将超过供给量？

（2）若要满足未来50年的能源需求，则能源产出的增长率是多少？

10. 某国当前人口数量是5600万，预计每年增长3.7%，该国每年生产食物25亿个单位，而每人每年至少需要65个单位食物。目前，超额的食物需求通过进口来满足。但是政府决定以固定比率增加每年的食物生产，其目标是在10年后达到食物的自给自足。求实现这一目标的食物生产年增长率。

11. 某大型超市A目前营业额为5.6亿美元，预计年营业额将以每年1.5%幅度持续增长。它的对手超市B营业额为4.8亿美元，并计划以3.4%的年增长率持续增加。问经过多少年后超市B营业额将超过超市A？

2.4　等比级数

如果一个数列从第2项起，每项与它的前一项之比都等于同一个常数，那么这个数列就称为**等比数列**，这个常数称为等比数列的**公比**。

例如，数列2，6，18，54，162，…就是一个等比数列，其公比是3。

又如，如果本金是500美元，以10%年复利进行投资，则连续若干年后的终值为

$$500\times1.1,\ 500\times1.1^2,\ 500\times1.1^3,\ \cdots$$

该数列是公比为1.1的等比数列。

例 2.4.1　下面哪些数列是等比数列？若是等比数列，求出其公比。

（1）1000，−100，10，−1，…

（2）2，4，6，8，…

（3）a，ar，ar^2，ar^3，…

解：

（1）1000，−100，10，−1，…是公比为 $-\frac{1}{10}$ 的等比数列。

（2）2，4，6，8，…不是等比数列，因为其中的后一项是由前一项加上 2 得到的，这个数列称为**等差数列**。它在经济数学中使用较少。

（3）a，ar，ar^2，ar^3，…是一个公比为 r 的等比数列。

2.3 节解决了关于一次性支付总额的投资问题：依据一定形式的复利计算，确定该项投资的终值。现在，我们将一次性支付总额延伸到多次支付，如个人或企业按期进行储蓄，或按年（月）分期偿付贷款等，其中需要对等比数列的连续项进行求和运算。为此引入如下定义。

定义　已知等比数列

$$a，ar，ar^2，ar^3\cdots$$

则其所有项相加

$$a + ar + ar^2 + \cdots + ar^3 + \cdots$$

称为**等比级数**。

例如，等比数列

$$2，6，18，54，162，\cdots$$

的前 6 项相加就是**有穷等比级数**

$$2 + 6 + 18 + 54 + 162 + 486$$

通过逐项相加，容易计算其和为 728。

下面介绍求等比级数的前 n 项之和。

假设 $S_n = a + ar + ar^2 + ar^3 + \cdots + ar^{n-1}$，在其两边同时乘以公比 r，得

$$rS_n = ar + ar^2 + ar^3 + \cdots + ar^{n-1} + ar^n$$

将两式相减，得

$$S_n - rS_n = a - ar^n$$

当 $r \neq 1$ 时

$$S_n = \frac{a - ar^n}{1 - r}$$

故

$$a + ar + ar^2 + ar^3 + \cdots + ar^{n-1} = a \cdot \frac{1 - r^n}{1 - r}，其中 r \neq 1$$

在前面例子中，第 1 项为 2，公比为 $r = 3$，总数项 $n = 6$，所以其和为

$$2 \times \frac{1 - 3^6}{1 - 3} = 3^6 - 1 = 728$$

这与前面所得结果一致。

在此，我们可以把等比级数的前 n 项相加的形式推广到无限项相加的形式。

对于**无穷等比级数**，如果 $|r| < 1$，那么

$$a+ar+ar^2+ar^3+\cdots+ar^{n-1}+\cdots=a\cdot\frac{1}{1-r}$$

接下来会发现，这两个公式在经济学中用处颇大。

例 2.4.2　求等比级数 $500\times(1.1)+500\times(1.1)^2+500\times(1.1)^3+\cdots+500\times(1.1)^{25}$ 之和。

解： $a=500\times(1.1)$，$r=1.1$，$n=25$，所以等比级数之和为

$$500\times(1.1)\times\frac{(1.1)^{25}-1}{1.1-1}=54090.88$$

等比级数在储蓄和借贷中有非常重要的应用。下面先讨论储蓄的简单情形。

某人决定在每年（月）的同一时间在银行账户存入等额的钱（也叫**偿债基金**），用于偿还将来的金融债务。假定银行利率不变，由于利率因市场冲击会上下波动，所以这个假定并不完全与实际相符。实际上，银行会根据政策要求与实际的储蓄量来调整利率。

例 2.4.3　某人在每个月的月初向银行存入 100 美元，银行提供的年复利率为 12%。

（1）求 12 月后的总储蓄。

（2）多少月后，储蓄总额首次超过 2000 美元?

解：（1）一年共有 12 次，每次 100 美元定期储蓄。每次存入钱的时期不同，例如，第一笔钱存足了 12 个月，而最后一笔钱仅存了一个月。于是需要单独计算每笔钱的终值，并将它们相加。

第 1 笔钱存入时间为 12 个月，月利率为 $\frac{12\%}{12}=1\%$，所以其终值为

$$100\times(1.01)^{12}$$

第 2 笔钱存入时间为 11 个月，其终值为

$$100\times(1.01)^{11}$$

同理，第 3 笔钱终值为

$$100\times(1.01)^{10}$$

依次类推，最后一笔钱存入时间 1 个月，其终值为

$$100\times(1.01)^{1}$$

于是，到第 12 个月的月末，所有储蓄的总终值就是

$$\begin{aligned}&100\times(1.01)^{12}+100\times(1.01)^{11}+\cdots+100\times(1.01)^{1}\\&=100\times(1.01)^{1}+100\times(1.01)^{2}+\cdots+100\times(1.01)^{12}\\&=100\times(1.01)\times\frac{(1.01)^{12}-1}{1.01-1}=1280.93\text{ 美元}\end{aligned}$$

（2）显然，经过 n 个月后的储蓄账户总额为

$$100\times(1.01)^{1}+100\times(1.01)^{2}+\cdots+100\times(1.01)^{n}$$

则等比级数前 n 项和为

$$100\times(1.01)\times\frac{1.01^n-1}{1.01-1}=10100\times(1.01^n-1)$$

要使总储蓄额达到 2000 美元，令

$$10100\times(1.01^n-1)=2000$$

$$1.01^n=1.198$$

两边取对数，得

$$n\log 1.01 = \log 1.198$$

$$n = \frac{\log 1.198}{\log 1.01} = 18.2$$

即18个月的总储蓄将少于2000美元，而19个月后的总储蓄则超过2000美元。所以，2000美元的储蓄目标将在第19个月的月末实现。

现在，我们将注意力转向贷款。很多企业通过向银行或其他金融机构贷款来筹集资金，而企业贷款通常是按月（或年）偿还，偿还的计算方法如下：假设利息按月计算，企业在第1个月月末要将这笔利息加到原始借款上，同时从应还款账户中扣除分期的还款额，这就是新的还款总额。第2个月银行根据新的还款总额来计算利息，这个过程不断重复。如果每月的还款额比每月利息多，那么应还款账户上的总额将逐渐减少，债务会最终消失。在现实中，偿还贷款的期限是事先确定的，并据此计算出每月的还款额。对于按年还款是类似的。

例 2.4.4　如果年复利为8%，10万美元贷款计划25年还清，求每年年末的还款额是多少?

解： 由于连续还款的时间间隔为1年，年复利为8%，所以第1年应还利息是原始借款的8%，即

$$\frac{8}{100} \times 100000 = 100000 \times 0.08$$

将这个数额加到第1年年末的未偿债务账户上。设每年年末的还款额为x美元，则第1年年末的应还款账户总额是

$$100000 + 100000 \times 0.08 - x = 100000 \times 1.08 - x$$

其中第一部分是原始贷款100000美元加上8%的利息。

在第2年年末，同上述计算，应还款账户增加了8%的利息，变成

$$[100000 \times 1.08 - x] \times 1.08 = 100000 \times 1.08^2 - x \times 1.08$$

减去每年年末的还款额x，得到

$$100000 \times 1.08^2 - x \times 1.08 - x$$

这是第2年年末的应还款账户总额。

每年应还款账户总额乘以1.08，再减去x，所以第3年年末的应还款账户总额为

$$[100000 \times 1.08^2 - x \times 1.08 - x] \times 1.08 - x$$
$$= 100000 \times 1.08^3 - x \times 1.08^2 - x \times 1.08 - x$$

将这些结果整理为表2.4.1。

表 2.4.1

第几年年末	未偿债务
1	$100000 \times 1.08^1 - x$
2	$100000 \times 1.08^2 - x \times 1.08^1 - x$
3	$100000 \times 1.08^3 - x \times 1.08^2 - x \times 1.08^1 - x$

如果继续这样，可以得到第25年年末的应还款账户总额

$$100000 \times 1.08^{25} - x \times 1.08^{24} - x \times 1.08^{23} - \cdots - x$$
$$= 100000 \times 1.08^{25} - x[1 + 1.08 + 1.08^2 + \cdots + 1.08^{24}]$$

前一项 $100000 \times 1.08^{25} = 684847.520$

后面的项

$$1+1.08+1.08^2+\cdots+1.08^{24}=\frac{1.08^{25}-1}{1.08-1}=73.106$$

所以第25年年末的应还款账户总额为

$$684847.520-x\times 73.106$$

在上式中，x是每年年末的还款额，使得25年后债务完全消除，所以x应该是方程

$$684847.520-x\times 73.106=0$$

的解。于是

$$x=\frac{684847.520}{73.106}=9367.87\text{ 美元}$$

所以期限为25年的100000美元贷款，如果25年内利率保持8%固定不变，那么每年的分期还款额为9367.87美元。

将x的值代入表2.4.1未偿债务的表达式中，计算结果在表2.4.2中列出。令人郁闷的是，尽管每年需偿还超过9000美元的贷款，但这些数据显示债务仅以大约1500美元数额开始下降，由此可见复利计算方法的效应。

表2.4.2

年末未偿债务/美元	
1	98632.13
2	97154.83
3	95559.35

在日常生活中，人们更多地采取按月还款方式，其计算过程与按年还款方式几乎是一样的。一般地，设x_0为**贷款总额**，r为**月利率**，y为**月还款额**，N为**贷款期限**或**还款月数**。令x_K为第K月月末的应还款总额，那么按月递推，可得到

$$x_1=x_0(1+r)-y$$
$$x_2=x_1(1+r)-y$$
$$\cdots$$
$$x_{N-1}=x_{N-2}(1+r)-y$$
$$x_N=x_{N-1}(1+r)-y=0$$

前面几个式子是用本月的本金（或应还款总额）x_K计算本利息和$x_K(1+r)$以后，减去还款额y就等于下月的本金（或应还款总额）x_{K+1}。而最后一个月已经把贷款全部还清，所以最后一个月的本金应该等于零。由此得到

$$\begin{aligned}y&=x_{N-1}(1+r)\\&=x_{N-2}(1+r)^2-y(1+r)\\&=x_{N-3}(1+r)^3-y(1+r)^2-y(1+r)\\&=x_0(1+r)^N-y[(1+r)^{N-1}+(1+r)^{N-2}+\cdots+(1+r)^2+(1+r)]\end{aligned}$$

从而

$$y[(1+r)^{N-1}+(1+r)^{N-2}+\cdots+(1+r)^2+(1+r)+1]=x_0(1+r)^N$$

$$y\frac{(1+r)^N-1}{(1+r)-1}=x_0(1+r)^N$$

$$y = x_0 r \frac{(1+r)^N}{(1+r)^N - 1}$$

这就是月还款额计算公式。

解决借贷问题的数学方法也可用于解决其他时间数列的问题。不可再生的商品，如矿物、石油、天然气等储备在不断下降，使用等比级数的方法能够估计这些储备用完的年份。

例 2.4.5　一种不可再生资源总储存量为 2.5 亿吨，现在年消耗量为 2000 万吨，估计每年增长 2%，多少年后，该储存量被耗尽？

解： 第一年的年消耗量为 2000 万吨。第二年将会上升 2%，所以其消耗量为 2000×1.02 万吨。第三年又将上升 2%，即 $2000 \times (1.02)^2$ 万吨。则接下来 n 年的总消耗量为（单位：100 万吨）

$$20 + 20 \times (1.02) + 20 \times (1.02)^2 + \cdots + 20 \times (1.02)^{n-1}$$

$$= 20 \times \frac{1.02^n - 1}{1.02 - 1} = 1000 \times (1.02^n - 1)$$

当该值超过 2.5 亿时，储量将耗尽。令

$$1000 \times (1.02^n - 1) = 250$$

$$1.02^n - 1 = 0.25$$

$$\log(1.02^n) = \log(1.25)$$

$$n\log(1.02) = \log(1.25)$$

$$n = \frac{\log(1.25)}{\log(1.02)} = 11.27$$

所以 12 年后储存量将被耗尽。

例 2.4.6　一种不可再生资源现在的年开采量为 400 亿个单位，并以 5% 趋势下降。如果这一资源被永远利用，求现有的最小储量。

解： 第一年开采量是 400 亿个单位。第二年下降 5%，开采量为 400×0.95 亿个单位。第三年再下降 5%，开采量为 $400 \times (0.95)^2$ 亿个单位。那么，n 年后总开采量（单位：10 亿个单位）为

$$40 + 40 \times (0.95) + 40 \times (0.95)^2 + \cdots + 40 \times (0.95)^{n-1}$$

$$= 40 \times \frac{1 - 0.95^n}{1 - 0.95} = 40 \times \frac{1 - 0.95^n}{0.05}$$

$$= 800(1 - 0.95^n)$$

若要永远利用该资源，需要考察当 n 趋于无穷大时 0.95^n 的值。由于 $0.95 < 1$，所以当 n 趋于无穷大时，0.95^n 越来越接近于 0，所以总储量为 8000 亿个单位。

在现代金融体系中，银行控制着经济活动中可以得到的货币量，这种货币量也称为**货币供给**。因为货币量包括公众手里的现金和活期存款，而活期存款放在了银行，银行就把活期存款（货币）分成两部分：一部分是为储户提取存款时而备有的现金，是银行不能贷出去的存款，也称为**准备金**；另一部分用于发放贷款，获得利息。这两部分的比例如何控制呢？通常由中央银行提出的准备金率来决定。所谓**准备金率**就是银行在总存款中作为准备金而持有的比例，也就是

$$准备金率 = \frac{准备金}{存款总额}$$

通过准备金率，银行可以影响和改变货币的供给。

例 2.4.7 假设你把枕头下的 100 美元现金存入某银行 A，银行 A 的 T 型账户见表 2.4.3。

表 2.4.3

银行 A			
资产		负债	
准备金	100 美元	存款	100 美元

如果银行保持 10% 的准备金率，请列出接下来的 3 个银行 T 型账户，并计算银行系统创造出的货币供给总量。

解： 假设所有银行的准备金率均为 10%，这意味着，银行只需要把存款的 10% 作为准备金，其余的存款都应该贷出去，以获得利润。这时，银行 A 的 T 型账户发生了变化，见表 2.4.4。

表 2.4.4

银行 A			
资产		负债	
准备金	10 美元	存款	100 美元
贷款	90 美元		

当银行 A 把这些贷款发放给债务人后，债务人持有 90 美元现金，货币供给增加了，货币供给（等于现金加活期存款）为 190 美元，经济更具流动性。债务人用 90 美元购买某人的物品，这个人又把钱存入银行 B。这时银行 B 的 T 型账户见表 2.4.5。

表 2.4.5

银行 B			
资产		负债	
准备金	9 美元	存款	90 美元
贷款	81 美元		

银行 B 把 9 美元作为准备金，继续发放 81 美元的贷款，银行 B 就创造了额外的 81 美元货币。如果这 81 美元货币最终又存入了银行 C，那么银行 C 的 T 型账户见表 2.4.6。

表 2.4.6

银行 C			
资产		负债	
准备金	8.1 美元	存款	81 美元
贷款	72.9 美元		

如此继续下去，货币每存入一次，银行就进行一次贷款，更多的货币就这样被创造出来了。这时货币供给的总量为

$$100 + 100 \times (0.9) + 100 \times (0.9)^2 + \cdots + 100 \times (0.9)^{n-1} + \cdots$$

$$= 100 \times \frac{1}{1-0.9} = 1000 \text{ 美元}$$

也就是说，100 美元现金存款经过银行之后就产生了 1000 美元的货币供给。上式之中 $\frac{1}{1-0.9}=\frac{1}{10\%}=10$，这个数意味着：银行体系用 1 美元的准备金产生了 10 美元的货币供给量，这个数就是**货币乘数**。

其实，**货币乘数是准备金率的倒数**。这个结论是很有意义的。如果一家银行持有 1000 美元存款，那么 10% 的准备金率就意味着银行必须持有 100 美元的准备金。准备金率越高，每个存款银行放出的贷款越少，货币乘数越小，货币供给就会减少。相反，降低准备金率，也就提高了货币乘数，增加了货币供给，所以银行系统经常利用准备金率调控市场的资金流动性。

习题 2.4

1. 判断下列数列是不是等比数列，若是求其公比。

（1）3，6，12，24，…　　（2）5，10，15，20，…

（3）8，4，2，1，$\frac{1}{2}$，…　　（4）500，500（1.07），500（1.07）^{2}，…

2. 求下列各等比级数的和。

（1）$100\times(1.07)+100\times(1.07)^2+\cdots+100\times(1.07)^{20}$

（2）$1000+1000\times(1.03)+1000\times(1.03)^2+\cdots+1000\times(1.03)^9$

（3）$100+100\times(0.8)+100\times(0.8)^2+\cdots+100\times(0.8)^9$

3. 某人于每年年初将 1000 美元存入银行，银行年复利为 8%。

（1）求 10 年后总储蓄；（2）多少年后，总储蓄额首次超过 20000 美元？

4. 某人须向银行即期透支 2000 美元，银行慷慨答应，但提出需将账款按 12 个月分期偿还，月利率为 1%，求每月的还款额。

5. 已知 1 月份销售额为 5600，预计接下来 9 个月的销售额以每月 2% 减少，后来又以每月 4% 增加，估计两年内的总销售额。

6. 根据利率与投资金额的关系，银行有 3 种不同账户。普通账户对所有顾客提供 6% 的回报；特级账户对投资达到或超过 5000 美元的客户提供 7% 的回报；超级账户对投资达到或超过 20000 美元的客户提供 8% 的回报。每种账户的利息按年复利计算，且于每年年末加到投资中。某人在 25 年里，每年年初存入 4000 美元。假定存入的钱能第一时间转入更高利息的账户，计算最后的总储蓄量。

7. 如果年复利为 9%，在 25 年里偿还 50000 美元贷款，计算每月的还款额；并根据年复利率上升到 10%，偿还期减少到 20 年，分别计算每月的还款额。

8. 一次性投入 5000 美元建立一项奖励基金，可用来提供每年 500 美元奖金。该基金通过赚取 7% 年复利进行投资。如果第一笔奖金在初始投资投入一年后授出，计算该基金总额下降到 500 美元之前能授奖的年数。

9. 某矿物现在的年开采量为 1200 万吨，并以每年 6% 比率下降。如果能够永久开采，计算所要求的最低储存量。

10. 据估计目前世界石油总储量为 26250 亿个单位，现在的石油年开采量为 455 亿个单位，并且以每年2.6%的趋势增加，问多少年后世界石油总储量将被耗尽？

11. 假设第一国民银行的T型账户见表2.4.7。

表2.4.7

第一国民银行			
资产		负债	
准备金	10万美元	存款	50万美元
贷款	40万美元		

（1）如果要求银行把7%的存款作为准备金，第一国民银行拥有的超额准备金是多少？

（2）假设所有其他银行都只持有所要求的准备金量，而且第一国民银行也决定把它的准备金减少到所要求的量，经济活动中货币供给会增加多少？

2.5　投资评估与决策

在2.3节中，我们已经知道下面两个公式

$$S = P(1+r)^t$$

$$S = Pe^{rt}$$

第一个公式用来计算在每个离散时间段末将利息加到投资中的复利问题，第二个公式用来处理连续地将利息加到投资中的复利问题。这两个公式都涉及以下变量：P(本金)、S(终值)、r(利率)、t(时间)。

在离散复利公式中，字母t表示离散的期数；在连续复利公式中，t表示年数。如果给定其中的任意三个变量，就可以计算剩下那个变量。

如果终值S、利率r和时间t是已知的，但本金P是未知的。在这种情况下，已知终值S，反过来计算初始的本金，这一过程称为**贴现**，本金P叫作**现值**，利率称为**贴现率**。

对离散和连续的复利，刚才两个公式经过重新整理后，可得到计算现值的公式

$$P = S(1+r)^{-t}$$

$$P = Se^{-rt}$$

例2.5.1　假设年贴现率为10%，根据下面复利情况，计算4年后1000美元的现值。

（1）半年计算一次复利　　（2）连续复利计算

解：（1）离散复利的贴现公式为

$$P = S(1+r)^{-t}$$

如果半年计算一次复利，那么$r = \frac{10\%}{2} = 0.05$，$t = 8$，终值为1000美元，所以

$$P = 1000 \times (1.05)^{-8} = 676.84 \text{ 美元}$$

（2）连续复利的贴现公式为

$$P = Se^{-rt}$$

在这个公式中，$r = 10\%$为年贴现率，并且t以年来衡量，$t = 4$，故现值为

$$P = 1000e^{-0.4} = 670.32 \text{ 美元}$$

可以看出（2）现值小于（1）现值。这是因为连续复利得到的收益通常要多一些，所以在连续复利情况下，只需投入一个较小的数额就能在4年后得到1000美元的终值。

计算现值是评估投资项目和做决策的常用方法。例如，设想有人今天给你 100 美元或者 10 年后给你 200 美元，若年利率为 5%，你将选择哪个方案呢？又如，假设你被邀对一个企业进行风险投资，投资 600 美元，在 4 年后确定可以得到 1000 美元回报。如果贴现率为 10%，并且半年计算一次复利，那么按照前面例 2.5.1 中（1）的计算，1000 美元的现值为 676.84 美元，超过了初始支出的 600 美元，所以这项风险投资是有利可图的，它的利润是

$$676.84 - 600 = 76.84 \text{ 美元}$$

未来收入的现值减去投资成本称为**净现值（NPV）**。一般地，当净现值为正时，该项目是值得投资的。如果需要在两个不同项目之间进行选择，净现值高的项目更为可取。

现在考虑有规则的连续等额支付，这种现金流常称为**年金**。在此，先一次性投资一笔金额，以后每隔一个固定时间取出等额的钱，假设每次取出的金额超过了两次取钱之间所产生的利息额，那么年金会减少并最终为零，取钱行为停止。实际上，人们关注的是初始的一次性投资金额，有了这笔投资才会保证在一段时期内得到一个有规律的收入。通过对每次取出钱的现值求和，就能得到所需要的投资金额。

例 2.5.2　已知一份年金，在未来 10 年内的每年年末可得到 10000 美元收入，假设利率为 7% 的年复利，求这份年金的现值。如果这份收入是无限支付的，那么年金的现值又是多少？

解：（1）第一次支付 10000 美元是在第一年年末，它的现值可用下式

$$P = S(1 + r)^{-t}$$

来计算，其中 $S = 10000$，$r = 0.07$，$t = 1$，故

$$P = 10000 \times (1.07)^{-1} = 9345.79 \text{ 美元}$$

这就意味着，如果一年后从该基金拿到 10000 美元，那么现在要投资 9345.779 美元。

第二年年末支付第二次 10000 美元，故它的现值为

$$10000 \times (1.07)^{-2} = 8734.79 \text{ 美元}$$

这是为了能从基金中得到第二次支付而需要现在投入的金额。

推广到一般情况，第 t 年年末 10000 美元的现值为

$$10000 \times (1.07)^{-t}$$

所以，总现值为

$$10000 \times (1.07)^{-1} + 10000 \times (1.07)^{-2} + \cdots + 10000 \times (1.07)^{-10}$$

$$= 10000 \times (1.07)^{-1} \times \frac{1.07^{-10} - 1}{1.07^{-1} - 1} = 70235.82 \text{ 美元}$$

这就是必须现在投入的总金额，只有如此才能保证在以后的 10 年中都能定期得到 10000 美元的收入。

（2）如果要永远得到这笔收入，就需要考查当 n 逐渐变大时，式子

$$a \cdot \frac{r^n - 1}{r - 1}$$

的变化情况。本例中 $r = 1.07^{-1} < 1$，故当 n 无限增大时，$r^n \to 0$。这种变化情况反映在表 2.5.1 之中。

表 2.5.1

n	1	10	100
$r^n = 1.07^{-n}$	0.9346	0.5083	0.0012

当 n 无限增大时，则等比级数的和为

$$\frac{a}{1-r}$$

所以永续年金的现值为

$$\frac{10000\times(1.07)^{-1}}{1-1.07^{-1}}=142857.14\text{ 美元}$$

本例提供了一种计算离散等额支付的现值方法。例如，假设某一企业要求初始投入60000美元，并保证在未来10年内每年年末给予10000美元的回报，若贴现率为7%的年复利，问这项投资是否值得？由例2.5.2结果可知，等额支付的现值为70235.82美元，所以这项投资的净现值为

$$70235.82-60000=10235.83\text{ 美元}$$

因此，这项投资是值得的。

例2.5.3 假设未来的每年年末收入相等的10000美元，无限收入，年利率为6%，试计算：

（1）全部收益的现值。

（2）在第50年之后开始收入的款项的现值。

（3）前50年收益的现值。

解：（1）根据离散复利的现值公式，得

$$\begin{aligned}&10000\times(1+0.06)^{-1}+10000\times(1+0.06)^{-2}+\cdots+10000\times(1+0.06)^{-n}+\cdots\\&=10000\times\left[\left(\frac{1}{1.06}\right)^{1}+\left(\frac{1}{1.06}\right)^{2}+\cdots+\left(\frac{1}{1.06}\right)^{n}+\cdots\right]\\&=10000\times\frac{\frac{1}{1.06}}{1-\frac{1}{1.06}}=\frac{10000}{0.06}=166666.67\text{ 美元}\end{aligned}$$

（2）第50年之后开始收入的款项现值，也就是计算从第51年开始所收款项的现值。即

$$\begin{aligned}&10000\times\left[\left(\frac{1}{1.06}\right)^{51}+\left(\frac{1}{1.06}\right)^{52}+\left(\frac{1}{1.06}\right)^{53}+\cdots+\left(\frac{1}{1.06}\right)^{n}+\cdots\right]\\&=10000\times\left(\frac{1}{1.06}\right)^{50}\times\left[\left(\frac{1}{1.06}\right)^{1}+\left(\frac{1}{1.06}\right)^{2}+\cdots+\left(\frac{1}{1.06}\right)^{n}+\cdots\right]\\&=\left(\frac{1}{1.06}\right)^{50}\times166666.67=9048.06\text{ 美元}\end{aligned}$$

（3）前50年收益的现值为

$$166666.67-9048.06=157618.61\text{ 美元}$$

例2.5.4 假设某企业的收益以20000美元开始，其后每年增长4%，而年利率为8%，求全部收益的现值。

解：该企业的最初收益为20000美元，其后每年的收益分别是：

$$20000\times(1+4\%),\ 20000\times(1+4\%)^2,\ \cdots,\ 20000\times(1+4\%)^n,\ \cdots$$

与之对应的每年收益的现值分别是：

$$\frac{20000\times(1+4\%)}{(1+8\%)},\ \frac{20000\times(1+4\%)^2}{(1+8\%)^2},\ \cdots,\ \frac{20000\times(1+4\%)^n}{(1+8\%)^n},\ \cdots$$

那么总收益的现值为

$$\frac{20000\times(1+4\%)}{(1+8\%)}+\frac{20000\times(1+4\%)^2}{(1+8\%)^2}+\cdots+\frac{20000\times(1+4\%)^n}{(1+8\%)^n}+\cdots$$

$$=20000\times\left[\frac{1.04}{1.08}+\left(\frac{1.04}{1.08}\right)^2+\cdots+\left(\frac{1.04}{1.08}\right)^n+\cdots\right]$$

因为$\frac{1.04}{1.08}<1$，所以

$$\frac{1.04}{1.08}+\left(\frac{1.04}{1.08}\right)^2+\cdots+\left(\frac{1.04}{1.08}\right)^n+\cdots=\frac{\frac{1.04}{1.08}}{1-\frac{1.04}{1.08}}=26$$

所以，总现值为

$$20000+20000\times 26=540000\text{ 美元}$$

例 2.5.5　某小型企业将在两个项目中选择一个投资 20000 美元，未来 4 年内，从两个项目中分别得到的收入列于表 2.5.2 中。如果市场利率为 11% 年复利，你会建议该企业选择哪个项目进行投资？

表 2.5.2

年末	收入/美元	
	项目 A	项目 B
1	6000	10000
2	3000	6000
3	10000	9000
4	8000	1000
总计	27000	26000

解： 假如对项目 A、B 的各期收入进行简单求和，那么项目 A 似乎更为可取，因为项目 A 的总收入比项目 B 的总收入多 1000 美元。但是，这种想法忽视了时间的分布。

由表 2.5.2 可发现，项目 A 和 B 都有一个 10000 美元的回报，项目 A 是在第三年年末回报 10000 美元，但项目 B 是在第一年年末回报 10000 美元。项目 B 的 10000 美元在项目中显得更值钱，因为它更早地回报给了投资人，并且投资人一旦收到这笔回报，就能以当前利率进行更长时间的投资。为了比较这两个项目，必须将这些回报进行贴现，得到现值。现值的大小取决于贴现率。表 2.5.3 列出了基于 11% 年复贴现率的现值。

表 2.5.3

年末	贴现值/美元	
	项目 A	项目 B
1	5405.41	9000.01
2	2434.87	4869.73
3	7311.91	6580.72
4	5269.85	658.73
总计	20422.04	21109.19

这些现值可以通过公式

$$P = S \times (1.11)^{-t}$$

进行计算。

例如，项目 A 中 10000 美元收益的现值为

$$10000 \times (1.11)^{-3} = 7311.91 \text{ 美元}$$

项目 A 和项目 B 的净现值分别为

$$20422.67 - 20000 = 422.67 \text{ 美元}$$

$$21109.19 - 20000 = 1109.19 \text{ 美元}$$

因此，如果只能投资项目 A 和 B 中之一，项目 B 更为可取。

例 2.5.6 假设一家关注利润的公用事业单位正在研究是否通过建造一个新大坝来扩充其水力发电能力，这个投资项目的成本与收益如下：

建设成本	200000000 美元，	即期
	100000000 美元，	接下来 3 年的每年末
运转成本	5000000 美元，	第 4 年年末开始及接下来的时间
收　　入	30000000 美元，	第 4 年年末开始及接下来的时间

如果年利率为 6%，这家公用事业单位是否采纳这个投资项目？

解： 建设成本的现值为

$$200000000 + \frac{100000000}{(1+6\%)} + \frac{100000000}{(1+6\%)^2} + \frac{100000000}{(1+6\%)^3} = 467301195 \text{ 美元}$$

运转成本与收入发生在同一时期，都是从第 4 年年末开始的，故净运转收入的现值是

$$\frac{25000000}{(1+6\%)^4} + \frac{25000000}{(1+6\%)^5} + \frac{25000000}{(1+6\%)^6} + \cdots + \frac{25000000}{(1+6\%)^n} + \cdots$$

$$= \frac{25000000}{1.06^4} \times \left(1 + \frac{1}{1.06} + \frac{1}{1.06^2} + \cdots\right) = 349846068 \text{ 美元}$$

因为建设成本的现值（467301195 美元）超过了净运转收入的现值（349846068 美元），所以这家单位不会采纳这个投资计划。

评价单个项目的另一种方法是计算**内部收益率（IRR）**。所谓内部收益率就是未来收益的现值等于初始成本时的利率，或者说是净现值等于 0 时的利率。如果内部收益率高于市场利率，那么投资是值得的，否则投资是不划算的。当然，在实际操作中，还需要考虑其他的因素和风险。

例 2.5.7 （1）某项目要求初始支出 20000 美元，在第一年年末回报 8000 美元，在第二年年末回报 15000 美元，求其内部收益率。

（2）某项目要求初始支出 5000 美元，在未来 3 年内，每年年末分别回报 1000 美元、2000 美元和 3000 美元，求其内部收益率。

解：（1）对于单一支付，内部收益率是年利率 r，该利率 r 对于初始支出 P 而言，可产生一个已知的未来收益 S。如果这笔收益发生在 t 年后，则

$$P = S(1+r)^{-t}$$

所以，内部收益率也就是使初始支出 P 等于 S 的现值时的利率。

第一年年末得到 8000 美元的现值为

$$8000(1+r)^{-1}$$

第二年年末得到 15000 美元的现值为

$$15000\,(1+r)^{-2}$$

如果 r 为内部收益率，那么 r 会使得这些现值之和等于初始投资 20000 美元。也就是，内部收益率 r 满足下面方程：

$$20000 = 8000\,(1+r)^{-1} + 15000\,(1+r)^{-2}$$

即

$$20000\,(1+r)^2 = 8000(1+r) + 15000$$

化简得

$$20r^2 + 32r - 3 = 0$$

$$r \approx 8.9\%$$

（2）如果初始投资 5000 美元，未来 3 年的每年年末分别得到回报 1000 美元、2000 美元和 3000 美元，则内部收益率 r 满足方程

$$5000 = 1000\,(1+r)^{-1} + 2000\,(1+r)^{-2} + 3000\,(1+r)^{-3}$$

解这个方程会比较困难，可求得近似解

$$r \approx 0.085 = 8.5\%$$

在此需要指出，当某项投资在一段时间内有连续收益时，内部收益率是比较难以计算的，只能求得相应的近似值，如下例所述。

例 2.5.8　假设某项目的初始成本为 100000 美元，自第 1 年年末开始，每年要增加后期成本 50000 美元，项目从第 5 年年末开始产生收益，每年收益为 70000 美元，求该项目的内部收益率。

解：设内部收益率为 r，那么，自第 1 年年末开始，每年增加的后期成本 50000 美元的现值（单位：万美元）为

$$5[(1+r)^{-1} + (1+r)^{-2} + \cdots + (1+r)^{-n} + \cdots]$$

从第 5 年年末开始产生收益，每年收益 70000 美元的现值（单位：万美元）为

$$7[(1+r)^{-5} + (1+r)^{-6} + \cdots + (1+r)^{-n} + \cdots]$$

因为内部收益率是收益的现值与成本的现值相等时的利率，所以有

$$\begin{aligned}&10 + 5[(1+r)^{-1} + (1+r)^{-2} + \cdots + (1+r)^{-n} + \cdots]\\&= 7[(1+r)^{-5} + (1+r)^{-6} + \cdots + (1+r)^{-n} + \cdots]\end{aligned}$$

化简整理，得

$$10 + \frac{5}{r} = \frac{7}{r}\,\frac{1}{(1+r)^4}$$

用试错法可求得，$r \approx 6\%$，所以该项目的内部收益率为 6%。

例 2.5.9　某项目的初始支出为 15000 美元，要保证 3 年后有 20000 美元回报。如果当前市场利率为 5% 的年复利，利用净现值、内部收益率方法来决定投资是否可行？如果市场利率为 12%，你的决定是否受影响？

解：（1）已知 $S=20000$，$t=3$，$r=5\%=0.05$，3 年后 20000 美元的现值为

$$P = S\,(1+r)^{-t} = 20000 \times (1.05)^{-3} = 17276.75 \text{ 美元}$$

净现值为

$$17276.75 - 15000 = 2276.75 \text{ 美元}$$

因此，该项目值得投资。

（2）用公式 $P = S\,(1+r)^{-t}$ 计算内部收益率。给定 $S = 20000$，$P = 15000$ 及 $t = 3$，所以

$$20000(1+r)^{-3}=15000$$

$$\frac{4}{3}=(1+r)^3$$

得到

$$1+r=\left(\frac{4}{3}\right)^{1/3}=1.1$$

因此

$$r=1.1-1=0.1$$

所以，内部收益率为10%，因为它大于市场利率5%，故该项目值得推荐。

（3）如果市场利率 $r=12\%$，计算未来收益的现值及净现值为

$$20000\times(1.12)^{-3}-15000=-764.40 \text{ 美元}$$

此时净现值为负，所以该项目会导致损失，不值得推荐。因为市场利率12%大于内部收益率10%，因此，按照市场利率12%来投资这15000美元将会带来更高收益：

$$15000\times(1+12\%)^3=21073.92 \text{ 美元}$$

例 2.5.10 假设只能在两个不同项目中选择一个进行投资。项目A要求初始支出1000美元，4年后有1200美元回报。项目B要求初始支出30000美元，4年后有35000美元回报。当市场利率为3%年复利时，你会选择哪个项目进行投资呢？

解：（1）先用内部收益率方法。

对于项目A，内部收益率 r_A 满足

$$1200=1000(1+r_A)^4$$

两边同时除以1000，得到

$$(1+r_A)^4=1.2$$

$$1+r_A=1.2^{1/4}=1.047$$

所以 $r_A=4.7\%$

对于项目B，内部收益率 r_B 满足

$$35000=30000(1+r_B)^4$$

$$1+r_B=\left(\frac{35}{30}\right)^{1/4}=1.039$$

所以 $r_B=3.9\%$。

可见，这两个项目的内部收益率都高于市场利率，值得投资。但项目A的内部收益率更高，是一个更优的选择。

（2）再用净现值方法。

对项目A：

$$\text{净现值}=1200\times(1.03)^{-4}-1000=66.18 \text{ 美元}$$

对项目B：

$$\text{净现值}=35000\times(1.03)^{-4}-30000=1097.05 \text{ 美元}$$

由于净现值均为正，两个项目都是可行的。虽然项目B的净现值更高，但其投资额相对于项目A来说是比较大的，此时不宜用净现值来衡量。事实上，

项目A的净现值率为

$$\frac{66.18}{1000}=6.62\%$$

项目 B 的净现值率为

$$\frac{1097.05}{30000}=3.66\%$$

所以相对来说，项目 A 是一个更有效率的投资。

本例结果表明，对于两个投资金额相差较大的项目，应该利用内部收益率进行比较。对于单个项目的不同投资方案来说，比较现值是一个可靠的方法。

例 2.5.11　一份 10 年期政府债券的价格是 5000 美元，年回报率为 9%。假定债券赎回之前还剩下 4 年到期，对于当前的下述利率，计算它的现值。

（1）5%　　（2）7%　　（3）9%　　（4）11%　　（5）13%

解：政府对 5000 美元债券每年支付 9% 的利息，即连续 10 年每年支付给债券持有人 450 美元。10 年后债券被政府买回，购买人得到 5000 美元的回报。如果现在离到期日只有 4 年，未来该债券支付出的现金流列于表 2.5.4 的第二列。这与年金类似，但债券除了每年利息收入，到期后政府赎回债券时还要支付原始的投资金额 5000 美元。计算出这些收入在不同贴现率（5%，7%，9%，11%，13%）下的现值列入表 2.5.4。每种贴现率下总现值被列入表 2.5.4 最后一行。

表 2.5.4

年末	现　值					
	现金流	5%	7%	9%	11%	13%
1	450	429	421	413	405	398
2	450	408	393	379	365	352
3	450	389	367	347	329	312
4	5450	4484	4158	3861	3590	3343
总现值		5710	5339	5000	4689	4405

从表格中可发现，随着贴现率的上升，债券的现值会下降，因为离散现值的计算公式为

$$P=S(1+r)^{-t}$$

当 r 值越大时，P 值就越小。

如果利率高达 13%，从表 2.5.4 中可看出，债券的价格（也就是现值）会相对较低，此时我们可以合理地预期未来的利率会下降，从而使债券的现值增加。在这种情况下，投资者会倾向于买债券，投资者不仅期待每次的利息收入，还期望在现值上有更好的资本收益。因此，高利率会使资金流向债券，这将导致投机需求减少。相反，当利率很低时，会导致投机需求增加，这是因为此时相对应的现值较高，并且投资者预期利率会上涨，从而产生资本损失，不愿意投资债券，最终导致投机需求增加。

习题 2.5

1. 假设年贴现率为 8%，根据下面复利情况，计算第 2 年年末 7000 美元的现值。

（1）按季度复利　　（2）按连续复利

2. 如果市场利率为 10% 年复利，当一份年金在 5 年内的或者永久地在每年年末支付 100

美元时，分别计算这份年金的现值。

3. 某投资项目要求初始支出8000美元，并能在5年后一次性回报17000美元，分别利用净现值和内部收益率来决定该项目是否值得投资，假定当前市场利率为15%年复利。

4. 某企业现在可选择两个项目中的一个投资10000美元，表2.5.5列出了两个项目的回报，假定贴现率为15%年复利，你会建议该企业选择哪个项目投资？

表2.5.5

年末	回报/美元	
	项目1	项目2
1	2000	1000
2	2000	1000
3	3000	2000
4	3000	6000
5	3000	4000

5. 假设你有权在项目A、B、C中选一个进行投资。项目A、B、C分别要求初始投入20000美元、30000美元及100000美元，并承诺在3年后分别返还25000美元、37000美元和117000美元。当市场利率为5%年复利时，你会投资哪个项目？

6. 某公司决定对一件新型机器进行投资，该机器预期在10年内的每年年末给公司带来8000美元的附加收入。10年后，公司计划把机器作为非金属卖出，预期得到5000美元收入。在投资不会带来净损失条件下，公司为购买机器所支付的最大金额是多少？假定贴现率为6%年复利。

7. 某企业计划在未来3年的每年年初投资10000美元。每年年末预期得到的相关收入见表2.5.6。当贴现率为4%的年复利时，计算总收益的净现值。

表2.5.6

年末	收入/美元
1	5000
2	20000
3	50000

8. 某项目要求初始投入50000美元，并分别在第一年年末和第二年年末回报40000美元和30000美元，求内部收益率。

9. 有一份还剩5年到期的政府债券，其初始成本为500美元，每年都有6%的利息收入。当现行利率为15%时，求这份债券的现值。

10. 一份永续年金每年的回报为20000美元。当利率为5%的年复利时，计算

（1）整份年金的现值。

（2）从第13年年末开始收到回报的现值。

（3）前30年年金的现值。

11. 某工程公司须购买一台新挖土机。型号A预期在第一年年末的损失为60000美元，但同时预期通过经营，可在第二年和第三年收入24000美元和72000美元。型号B相应的数据分别为96000美元、12000美元和120000美元。假设年复贴现率为8%。求每种型号产品的净现值。你会建议该公司购买哪种型号的挖土机？如果是8%的连续复贴现率，结果又会有何不同？

第 3 章　导数及其应用

导数是本书的核心内容之一，它揭示了一个变量的改变如何影响另一个变量的改变。这为经济学理论提供了必要的方法和工具。本章主要介绍导数与微分的概念、求导公式与法则、边际分析、弹性理论、函数的最优化和再优化等。

3.1　导数与微分

在高中数学里，我们已经学习了如何求一条直线的斜率。比如，给定两点 A_1（1，4）、A_2（3，2），经过这两点可以确定唯一的一条直线 A_1A_2，并且这条直线的斜率为

$$k=\frac{y_2-y_1}{x_2-x_1}=\frac{2-4}{3-1}=-1$$

一般地，**直线的斜率** k 等于该直线上任意两点的纵坐标 y 的**改变量** $\boldsymbol{\Delta y}$ 除以横坐标 x 的**改变量** $\boldsymbol{\Delta x}$，即

$$k=\frac{\Delta y}{\Delta x}=\frac{y_2-y_1}{x_2-x_1}(x_2\neq x_1)$$

如图 3.1.1 所示。

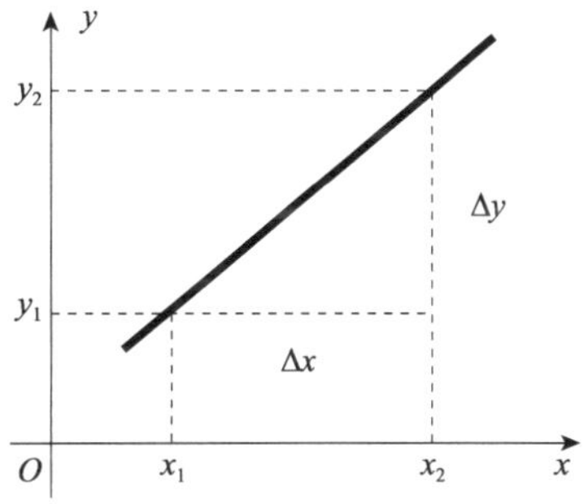

图 3.1.1

例 3.1.1　求经过以下两点的直线的斜率

(1) $A(-1,3)$ 与 $B(3,13)$

(2) $C(-1,3)$ 与 $D(4,-2)$

解：(1) $\Delta y=y_2-y_1=13-3=10$，$\Delta x=x_2-x_1=3-(-1)=4$

所以，直线 AB 的斜率为

$$k=\frac{\Delta y}{\Delta x}=\frac{10}{4}=\frac{5}{2}$$

(2) $\Delta y=y_2-y_1=-2-3=-5$，$\Delta x=x_2-x_1=4-(-1)=5$

所以，直线 CD 的斜率为

$$k=\frac{\Delta y}{\Delta x}=\frac{-5}{5}=-1$$

对于给定的直线，其斜率 k 表示直线倾斜的方向与程度。当 $k>0$ 时，该直线倾斜向上，其对应的函数是递增的；当 $k=0$ 时，直线是水平的；当 $k<0$ 时，该直线倾斜向下，其对应的函数是递减的。一般地，$|k|$ 越大，直线就越陡；$|k|$ 越小，直线就越平坦。如图 3.1.2 所

示，直线 $y=\frac{1}{2}x+\frac{1}{2}$ 的图形比较平坦，直线 $y=2x-1$ 的图形比较陡峭。

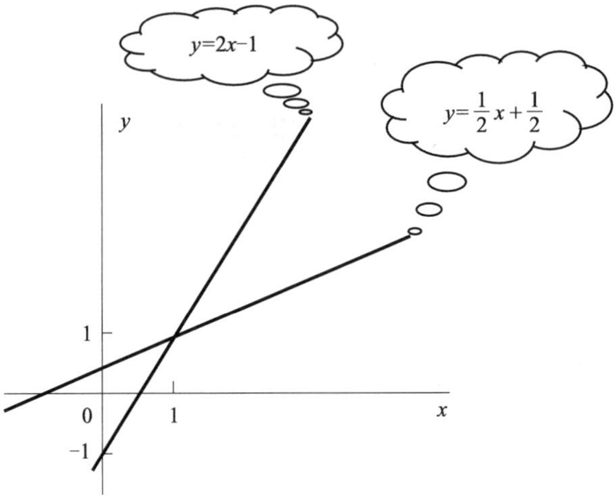

图 3.1.2

同时，直线的斜率 k 也刻画两个变量之间的相对变化，即变化率。所谓**变化率**，就是 x 的变化引起 y 变化的程度，表示为

$$\boldsymbol{y}\text{ 对 }\boldsymbol{x}\text{ 的变化率}=\frac{\Delta y}{\Delta x}$$

由表 3.1.1 可看出，当 x 从 1 变化到 2 时，x 的变化量是 $\Delta x=1$，相应 y_1 的变化量是 $\Delta y_1=0.5$，相应 y_2 的变化量是 $\Delta y_2=2$，于是，对应的变化率分别为

$$\frac{\Delta y_1}{\Delta x}=\frac{1}{2}\qquad\frac{\Delta y_2}{\Delta x}=2$$

它们也是这两条直线的斜率。一般地，$|k|$ 越大，由 x 变化所引起的 y 的变化就越大。由此可以看到，直线的斜率与变化率在本质上是相同的。

表 3.1.1

对象	数值				
x	1	2	3	4	5
$y_1=\frac{1}{2}x+\frac{1}{2}$	1	1.5	2	2.5	3
相邻两点的 Δy_1		0.5	0.5	0.5	0.5
$y_2=2x-1$	1	3	5	7	9
相邻两点的 Δy_2		2	2	2	2

然而，经济学中的函数并非都是直线型的或线性的。于是，我们有必要把直线斜率的概念扩展到一般曲线，讨论一般曲线的斜率。

我们知道，每条直线只有一个斜率或倾斜程度，直线上每个点都按照同一个方向或倾斜程度排成一个笔直的队列，因而直线上每个点的斜率都是相同的。如图 3.1.3 所示，直线上 P_1、P_2、P_3、P_4 点的斜率都是相同的。

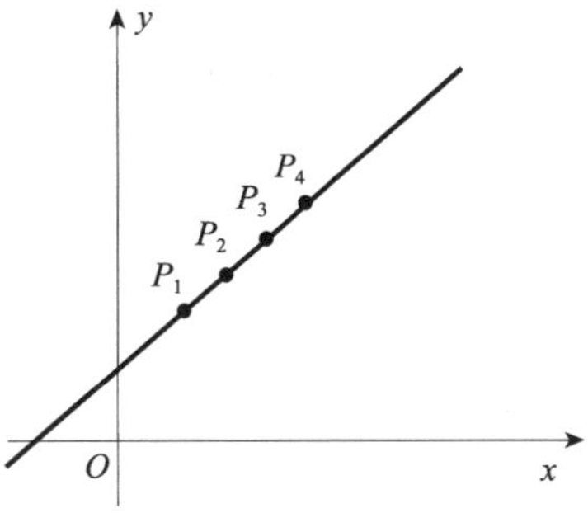

图 3.1.3

但是，曲线的变化要复杂得多，其上任意两个不同点的倾斜程度可能是不一样的。如图 3.1.4 所示，A、B 两点所处位置的倾斜程度就是不同的。从图 3.1.5 中可以看到，A 点所处位置比较陡峭，它的斜率比较大；B 点所处位置比较平缓，它的斜率比较小。

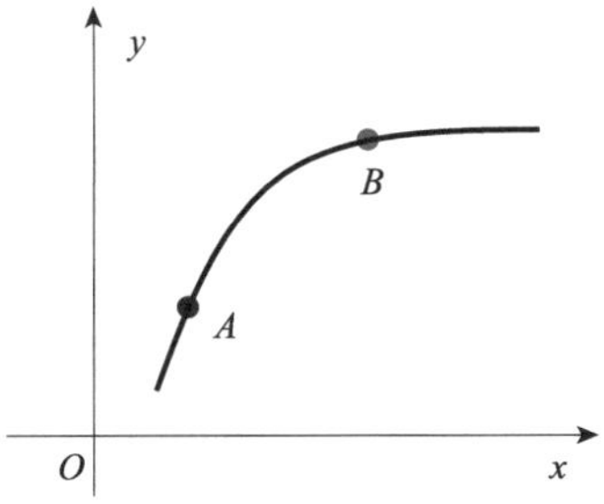

图 3.1.4

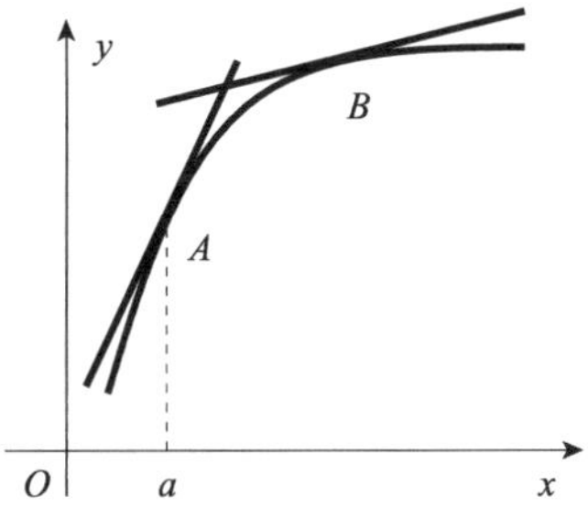

图 3.1.5

为此，我们引入如下定义。

定义 3.1.1　如果 A 是曲线 $y=f(x)$ 上任意一点，曲线在**点 A 处的切线斜率**就称为**曲线上 A 点的斜率**，如图 3.1.5 所示。

显然，曲线 $y=f(x)$ 上点所处的位置不同，经过此点的切线就不同，切线的斜率也可能不相同。也就是说，**曲线上点的斜率**与这个点所处的位置是密切相关的。如图 3.1.6 所示，当点 A 沿着曲线移动时，曲线上该点的切线斜率是不断变化的。显然，曲线上 A、B、C 三点的斜率是不同的，而且是在逐渐地增大。

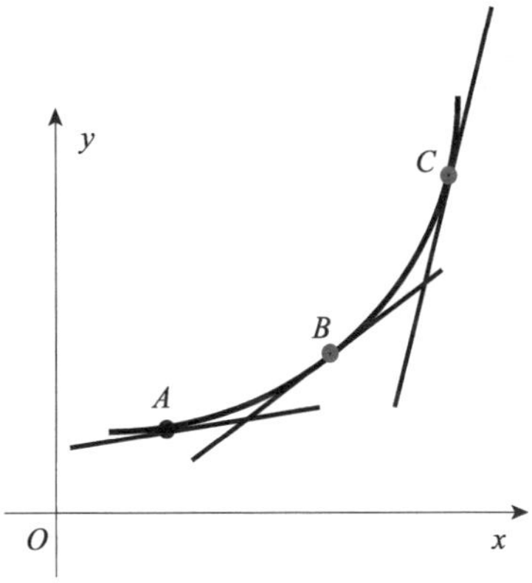

图 3.1.6

如何求曲线上任意一点 A 处（此时 $x=a$）的切线斜率呢？可以从相应的割线斜率出发。

如图3.1.7所示，在点 $x=a$ 附近另取一点 $x=a+\Delta x$（其中 $\Delta x\neq 0$），它们分别对应曲线上两点 A 和 B，连接这两点得到一条割线 AB，此割线的斜率为

$$k_{AB}=\frac{\Delta y}{\Delta x}=\frac{f(a+\Delta x)-f(a)}{\Delta x} \tag{3.1.1}$$

式（3.1.1）也称为**函数 $y=f(x)$ 在区间 $[a, a+\Delta x]$ 上平均变化率**。它是函数的增量

$$\Delta y=f(a+\Delta x)-f(a)$$

与自变量 x 的增量 Δx 之比值。

现在固定点 A，令 Δx 趋近于0，这时点 B 会沿曲线向下移动，并逐渐接近于点 A，割线 AB 会逐渐变为曲线上点 A 的切线，割线的斜率 k_{AB} 也逐渐变为切线的斜率 k_A。

上述过程用极限符号表示就是

$$\lim_{\Delta x\to 0}k_{AB}=\lim_{\Delta x\to 0}\frac{\Delta y}{\Delta x}=\lim_{\Delta x\to 0}\frac{f(a+\Delta x)-f(a)}{\Delta x}=k_A \tag{3.1.2}$$

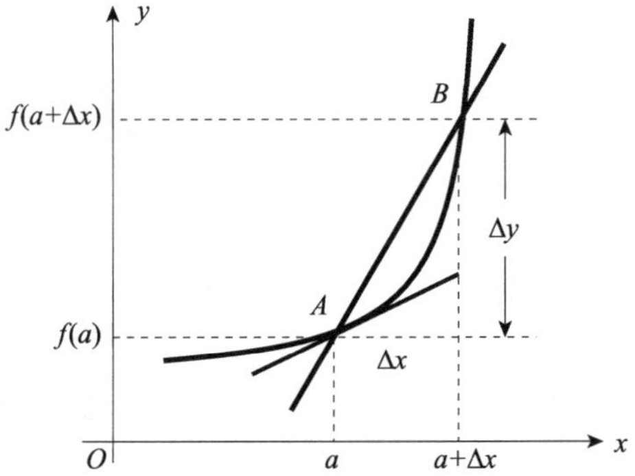

图3.1.7

式（3.1.2）的含义是：当 Δx 无限接近于0时，割线 AB 的斜率 k_{AB} 无限接近于一个确定的常数，这个常数就称为**函数 $y=f(x)$ 在点 A 处切线的斜率**，记为 k_A。

例3.1.2 求函数 $f(x)=x^2$ 在 $x=3$ 处切线的斜率。

解：由式（3.1.1），计算割线的斜率

$$k_{割线}=\frac{f(3+\Delta x)-f(3)}{\Delta x}=\frac{(3+\Delta x)^2-3^2}{\Delta x}=6+\Delta x$$

在上式中，令 Δx 无限接近于0时，$6+\Delta x$ 无限接近于6。割线逐渐变为切线，割线的斜率也逐渐变为切线的斜率，所以函数 $f(x)=x^2$ 在 $x=3$ 处切线的斜率为

$$k_{切线}=\lim_{\Delta x\to 0}(6+\Delta x)=6$$

一般地，可以定义如下。

定义3.1.2 当 Δx 无限接近于0时，如果函数 $y=f(x)$ 在区间 $[x_0, x_0+\Delta x]$ 上的平均变化率

$$\frac{\Delta y}{\Delta x}=\frac{f(x_0+\Delta x)-f(x_0)}{\Delta x}$$

无限接近于一个确定的常数，这个常数就称为**函数 $y=f(x)$ 在点 x_0 处导数**。记为

$$y'\Big|_{x=x_0},\ f'(x_0),\ \frac{\mathrm{d}y}{\mathrm{d}x}\Big|_{x=x_0},\ \frac{\mathrm{d}f(x)}{\mathrm{d}x}\Big|_{x=x_0}$$

此时也说函数 $y=f(x)$ **在点 x_0 处可导**，用极限符号记为

$$\lim_{\Delta x\to 0}\frac{\Delta y}{\Delta x}=\lim_{\Delta x\to 0}\frac{f(x_0+\Delta x)-f(x_0)}{\Delta x}=f'(x_0) \qquad (3.1.3)$$

例 3.1.3　设函数 $f(x)=x^2$，求它在下列各点处的导数。

（1）$x=3$；（2）$x=x_0$；（3）$x=-1$。

解：（1）先计算函数的平均变化率

$$\frac{f(3+\Delta x)-f(3)}{\Delta x}=\frac{(3+\Delta x)^2-3^2}{\Delta x}=6+\Delta x$$

在上式中，令 Δx 无限接近于 0 时，$6+\Delta x$ 无限接近于常数 6，所以函数 $f(x)=x^2$ 在 $x=3$ 处的导数为

$$f'(3)=\lim_{\Delta x\to 0}(6+\Delta x)=6$$

（2）类似上述过程，先计算函数的平均变化率

$$\frac{f(x_0+\Delta x)-f(x_0)}{\Delta x}=\frac{(x_0+\Delta x)^2-x_0{}^2}{\Delta x}$$

$$=\frac{x_0{}^2+2x_0\Delta x+\Delta x^2-x_0{}^2}{\Delta x}=2x_0+\Delta x$$

在上式中，当 Δx 无限接近于 0 时，$2x_0+\Delta x$ 无限接近于 $2x_0$，也就是

$$f'(x_0)=\lim_{\Delta x\to 0}(2x_0+\Delta x)=2x_0$$

（3）把 $x=-1$ 代入（2）的结果中，得

$$f'(-1)=2\times(-1)=-2$$

由此例可以看出，对于每个 x，$y=f(x)$ 都有一个对应的导数 $f'(x)$。也就是说，导数 $f'(x)$ 是随着 x 变化而变化的，这时的导数 $f'(x)$ 也称为**导函数**，记为

$$y',\ \frac{dy}{dx},\ \frac{df(x)}{dx}$$

由于导数是当 Δx 无限接近于 0 时，函数 $y=f(x)$ 在区间 $[x_0,\ x_0+\Delta x]$ 上平均变化率的变化趋势，所以导数也称为**函数 $y=f(x)$ 在 $x=x_0$ 处的瞬时变化率**。

比较例 3.1.2 和例 3.1.3 可以发现，函数 $y=f(x)$ 在点 $x=x_0$ 处的导数也是曲线 $y=f(x)$ 在该点处切线的斜率。从定义上看，两者本质上是相同的。今后可根据需要选择其中一种说法。

另外，根据例 3.1.3 中（2）的结果，我们得到了一个重要结论：

若

$$f(x)=x^2$$

则

$$f'(x)=2x$$

也可以写成

$$[x^2]'=2x$$

一般地，当 $f(x)$ 是幂函数时，有如下简单而实用的求导公式，就是

若 $f(x)=x^\alpha$，则 $f'(x)=\alpha\cdot x^{\alpha-1}$（$\alpha$ 是常数）

或者写成

$$[x^\alpha]'=\alpha\cdot x^{\alpha-1}$$

例 3.1.4 求下列函数的导数。

(1) $y=x^3$；(2) $y=\sqrt{x}$；(3) $y=\frac{1}{x}$。

解：根据幂函数的求导公式，得

(1) $y'=[x^3]'=3x^{3-1}=3x^2$

(2) $y'=[x^{\frac{1}{2}}]'=\frac{1}{2}\cdot x^{\frac{1}{2}-1}=\frac{1}{2}x^{-\frac{1}{2}}$

(3) $y'=\left[\frac{1}{x}\right]'=[x^{-1}]'=(-1)\cdot x^{-1-1}=-x^{-2}=-\frac{1}{x^2}$

在此，再用式(3.1.3)求此例中函数 $y=\frac{1}{x}$ 的导数：

第一步，求此函数在区间 $[x, x+\Delta x]$ 上平均变化率

$$\frac{\Delta y}{\Delta x}=\frac{f(x+\Delta x)-f(x)}{\Delta x}=\frac{\frac{1}{x+\Delta x}-\frac{1}{x}}{\Delta x}$$

$$=-\frac{1}{x(x+\Delta x)}$$

第二步，令 Δx 无限接近于0时，$x(x+\Delta x)$ 也就无限接近于 x^2，也就是 $-\frac{1}{x(x+\Delta x)}$ 无限接近于 $-\frac{1}{x^2}$，所以

$$\lim_{\Delta x\to 0}\frac{\Delta y}{\Delta x}=\lim_{\Delta x\to 0}\frac{-1}{x(x+\Delta x)}=-\frac{1}{x^2}$$

可简记为

$$\left[\frac{1}{x}\right]'=-\frac{1}{x^2}$$

再回到式(3.1.3)中，把式子中 x_0 换为 x，可以写出如下式子：

$$\lim_{\Delta x\to 0}\frac{\Delta y}{\Delta x}=\lim_{\Delta x\to 0}\frac{f(x+\Delta x)-f(x)}{\Delta x}=f'(x)$$

这个式子也意味着，当 $|\Delta x|$ 无限接近于0时，有

$$\frac{\Delta y}{\Delta x}\approx f'(x)$$

即有

$$\Delta y\approx f'(x)\cdot\Delta x \tag{3.1.4}$$

或写成，当 $|\Delta x|$ 很小时，有

$$\Delta y\approx\frac{\mathrm{d}y}{\mathrm{d}x}\cdot\Delta x$$

在此强调，当 $|\Delta x|$ 越来越接近于0时，上式的近似程度就越高。在经济学中，人们根据实际问题的需要通常取 $|\Delta x|=1$。

定义 3.1.3 式(3.1.4)右边 $f'(x)\cdot\Delta x$ 称为**函数** $y=f(x)$ **在点** x **处的微分**，记为 $\mathrm{d}y$。亦即

$$\mathrm{d}y=f'(x)\cdot\Delta x$$

由于 $\Delta x = dx$，所以上式也可以写成

$$dy = f'(x) \cdot dx \tag{3.1.5}$$

根据式（3.1.4）和(3.1.5)，可得

$$\Delta y \approx dy$$

这表明，函数的微分是函数增量的一个近似值。微分提供了估计函数增量的一种方法。这个近似估计的相对误差为

$$\delta = \frac{|\Delta y - dy|}{\Delta y}$$

例 3.1.5　求函数 $y = x^3 + 5$ 在 $x = 2$ 处的微分。

解： 因为 $y' = 3x^2$，所以函数在 $x = 2$ 处的微分为

$$dy\Big|_{x=2} = 3x^2\Big|_{x=2} \cdot dx = 12dx$$

例 3.1.6　求函数 $f(x) = x^2$，当 $x = 4$、$\Delta x = 0.1$ 时的增量 Δy 与微分 dy。

解： 函数的增量

$$\Delta y = f(x + \Delta x) - f(x) = (4 + 0.1)^2 - 4^2 = 0.81$$

因为 $f'(x) = 2x$，根据微分的定义，由式(3.1.5)得

$$dy = 2x \cdot \Delta x$$

即

$$dy\Big|_{\substack{x=4 \\ \Delta x=0.1}} = 2 \times 4 \times 0.1 = 0.8$$

显然 $\Delta y \approx dy$，此时相对误差为

$$\delta = \frac{|\Delta y - dy|}{\Delta y} = \frac{0.01}{0.81} = 1.2\%$$

进一步，如果 $\Delta x = 0.01$，类似地通过计算可得

$$\Delta y = 0.0801$$

$$dy\Big|_{\substack{x=4 \\ \Delta x=0.01}} = 2 \times 4 \times 0.01 = 0.08$$

$$\delta = \frac{|\Delta y - dy|}{\Delta y} = \frac{0.0001}{0.0801} = 0.12\%$$

由此可以看出，当 $|\Delta x|$ 越来越小时，$dy = f'(x) \cdot \Delta x$ 对 Δy 的近似程度会越高。

在本节最后，介绍用导数 $f'(x)$ 的正负来判断函数 $f(x)$ 的单调性。观察图 3.1.6 可知，当曲线上点的切线斜率大于 0 时，曲线是单调上升的；观察图 3.1.8 可知，当曲线上点的切线斜率小于 0 时，曲线是单调下降的。一般有如下结论：

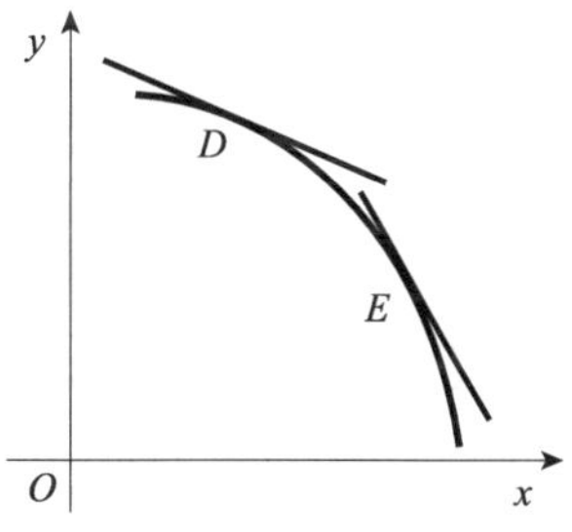

图 3.1.8

如果在区间 I 上 $f'(x)>0$，则 $f(x)$ 在此区间上是单调递增的；

如果在区间 I 上 $f'(x)<0$，则 $f(x)$ 在此区间上是单调递减的。

这个结论经常用来分析经济问题。例 3.1.7 中各函数的导数也能验证上述结论。

例 3.1.7　求函数 $y = x^3 - 3x^2$ 的单调区间。

解： 函数 y 定义域为 $(-\infty, +\infty)$，求函数的导数，得

$$y' = 3x^2 - 6x = 3x(x - 2)$$

令 $y' = 0$，即

$$3x(x-2)=0$$

所以

$$x=0,\ x=2$$

于是，

当 $x<0$ 时，导数 $y'>0$，所以函数 y 在区间（$-\infty$，0）上是单调递增的。

当 $0<x<2$ 时，导数 $y'<0$，所以函数 y 在区间（0，2）上是单调递减的。

当 $x>2$ 时，导数 $y'>0$，所以函数 y 在区间（2，$+\infty$）上是单调递增的。

习题 3.1

1. 求经过以下各点的直线的斜率。

（1）$A(2,5)$ 与 $B(3,9)$　（2）$C(3,-1)$ 与 $D(7,-3)$

2. 分别求 $f(x)=4x^2$ 在区间 $[-1,3]$ 与 $[1,3]$ 上的平均变化率，并通过比较说明平均变化率在什么情况下会相对准确些。

3. 求下列函数的导数。

（1）$y=x^{50}$　（2）$y=x^{21}$　（3）$y=\frac{1}{x^2}$　（4）$y=\frac{1}{x}$

4. 对于曲线 $y=\sqrt{x}$，

（1）计算曲线上分别对应于 $x_1=4$，$x_2=4.1$ 的两点 A、B 的坐标。

（2）求弦 AB 的斜率。

（3）求此曲线在点 A 处的导数。

5. 求曲线上相应点的坐标，使曲线在该点处的斜率等于所给的数值 k。

（1）$y=x^3$，$k=3$　（2）$y=\frac{1}{x^2}$，$k=16$　（3）$y=\frac{1}{x}$，$k=-\frac{1}{25}$

6. 已知 $f(x)=x\sqrt{x}$，求 $f(x)$ 在下列各点处的导数。

（1）$x=4$　（2）$x=9$　（3）$x=16$

7. 求 $f(x)=x^2+x$，当 $x=2$、$\Delta x=0.01$ 时的增量与微分。

8. 求下列函数的单调区间。

（1）$y=x^5$　（2）$y=x^{-3}$　（3）$y=x^4$

3.2　求导公式与法则

除幂函数外，经济学中还常用到常数函数、指数函数、对数函数等，它们的求导公式是基础性的，也非常重要。在此直接列出它们的求导公式，便于读者记忆与运用。其实，它们都可以根据前面的导数定义推导出来，此处略。

（1）常数函数的导数

$$[c]'=0\quad（常数的导数等于0）$$

（2）幂函数的导数

$$[x^{\alpha}]'=\alpha\cdot x^{\alpha-1}\quad（\alpha 为常数）$$

（3）指数函数的导数

$$[e^x]' = e^x$$

（4）对数函数的导数

$$[\ln x]' = \frac{1}{x} \quad (x \neq 0)$$

下面的求导法则也会经常用到。

1. 常数与函数之积的导数

$$[K \cdot f(x)]' = K \cdot f'(x)$$

也就是说，常数可以提到求导运算的外面。

2. 两个函数和差的导数

$$[f(x) \pm g(x)]' = f'(x) \pm g'(x)$$

例 3.2.1　求下列函数的导数。

（1）$y = 7x^2 - \sqrt{x}$；（2）$y = 5x^3 + 2x$；（3）$y = 9x^7 + \dfrac{3}{x}$。

解：（1）$y' = [7x^2 - \sqrt{x}]' = [7x^2]' - [\sqrt{x}]'$

$$= 7 \times 2x^{2-1} - \frac{1}{2}x^{\frac{1}{2}-1}$$

$$= 14x - \frac{1}{2\sqrt{x}}$$

（2）$y' = [5x^3 + 2x]' = [5x^3]' + [2x]'$

$$= 5 \times 3x^{3-1} + 2x^{1-1}$$

$$= 15x^2 + 2$$

（3）$y' = \left[9x^7 + \dfrac{3}{x}\right]' = [9x^7]' + \left[\dfrac{3}{x}\right]'$

$$= 9 \times 7x^{7-1} + 3(-1)x^{-1-1}$$

$$= 63x^6 - \frac{3}{x^2}$$

3. 两个函数乘积的导数

$$[f(x) \cdot g(x)]' = f'(x) \cdot g(x) + f(x) \cdot g'(x)$$

4. 两个函数商的导数

$$\left[\frac{f(x)}{g(x)}\right]' = \frac{f'(x) \cdot g(x) - f(x) \cdot g'(x)}{g^2(x)}$$

例 3.2.2　求下列函数的导数。

（1）$y = (x^4 - 5x)\ln x$；　（2）$y = (x^2 + \ln x)e^x$；

（3）$y = \dfrac{x^2 + 2}{x + 1}$；　（4）$y = \dfrac{4}{3x^2 + 2}$。

解：（1）$y' = [x^4 - 5x]' \cdot \ln x + (x^4 - 5x) \cdot [\ln x]'$

$$= (4x^3 - 5)\ln x + (x^4 - 5x) \cdot \frac{1}{x}$$

$$= (4x^3 - 5)\ln x + x^3 - 5$$

（2）$y' = [x^2 + \ln x]' \cdot e^x + (x^2 + \ln x) \cdot [e^x]'$

$$= \left[2x + \frac{1}{x}\right]e^x + (x^2 + \ln x)e^x$$

$$= \left(x^2 + \ln x + 2x + \frac{1}{x}\right) e^x$$

（3）令$f(x) = x^2 + 2$，$g(x) = x + 1$，则$f'(x) = 2x$，$g'(x) = 1$，所以

$$\begin{aligned}\frac{dy}{dx} &= \frac{f'(x)g(x) - f(x)g'(x)}{[g(x)]^2} \\ &= \frac{2x(x+1) - (x^2+2) \times 1}{(x+1)^2} \\ &= \frac{2x^2 + 2x - x^2 - 2}{(x+1)^2} = \frac{x^2 + 2x - 2}{(x+1)^2}\end{aligned}$$

（4）令$f(x) = 4$，$g(x) = 3x^2 + 2$，则$f'(x) = 0$，$g'(x) = 3 \times 2x = 6x$

所以

$$\begin{aligned}\frac{dy}{dx} &= \frac{f'(x)g(x) - f(x)g'(x)}{[g(x)]^2} \\ &= \frac{0 \times (3x^2+2) - 4 \times 6x}{(3x^2+2)^2} = -\frac{24x}{(3x^2+2)^2}\end{aligned}$$

并不是所有函数都能直接用前面的公式与法则求导数。比如，求下面函数

$$y = \ln(x^4 + 3x^2) \text{ 和 } y = e^{x^2+5}$$

的导数就需使用新的方法。

比如，对于函数

$$y = \ln(x^4 + 3x^2)$$

而言，需要引入一个**中间变量u**，将其分解为

$$y = \ln u, \quad u = x^4 + 3x^2$$

前者称为**外层函数**，后者称为**内层函数**，而这两个函数的导数都可以用前面公式与法则来求解，由此再去解决比较复杂函数的导数。这就是下面的复合函数求导法则。

5. 复合函数的导数

若$y = f(u)$，$u = g(x)$，则$y = f[g(x)]$，那么

$$y'_x = f'(u) \cdot g'(x)$$

或者

$$\frac{dy}{dx} = \frac{dy}{du} \cdot \frac{du}{dx}$$

这个方法也称为**链式法则**，因为变量x的变动会影响变量u，变量u的变动会影响变量y。这样，x对y就有一个链式影响，可以简单描述为$x \to u \to y$。

当面对直接求导比较烦琐的函数时，运用链式法则就会相当简便。例如，求下面函数的导数：

$$y = \sqrt{e^x + x^2}$$

如果能看出此函数可以分解为

$$y = \sqrt{u}, \quad u = e^x + x^2$$

那么，容易求出

$$\frac{dy}{du} = [\sqrt{u}]' = \frac{1}{2\sqrt{u}}$$

和

$$\frac{\mathrm{d}u}{\mathrm{d}x}=[\mathrm{e}^x+x^2]'=\mathrm{e}^x+2x$$

再由链式法则，得

$$\frac{\mathrm{d}y}{\mathrm{d}x}=\frac{\mathrm{d}y}{\mathrm{d}u}\cdot\frac{\mathrm{d}u}{\mathrm{d}x}=\frac{1}{2\sqrt{u}}(\mathrm{e}^x+2x)$$
$$=\frac{\mathrm{e}^x+2x}{2\sqrt{u}}=\frac{\mathrm{e}^x+2x}{2\sqrt{\mathrm{e}^x+x^2}}$$

例 3.2.3　求下列函数的导数。

(1) $y=\mathrm{e}^{x^3+x}$；(2) $y=\ln(x^4+3x^2)$。

解：(1) 令 $y=\mathrm{e}^u$，$u=x^3+x$，由链式法则得

$$\frac{\mathrm{d}y}{\mathrm{d}x}=\frac{\mathrm{d}y}{\mathrm{d}u}\cdot\frac{\mathrm{d}u}{\mathrm{d}x}=[\mathrm{e}^u]'\cdot[x^3+x]'$$
$$=\mathrm{e}^u(3x^2+1)=\mathrm{e}^{x^3+x}(3x^2+1)$$

(2) 令 $y=\ln u$，$u=x^4+3x^2$，由链式法则得

$$\frac{\mathrm{d}y}{\mathrm{d}x}=\frac{\mathrm{d}y}{\mathrm{d}u}\cdot\frac{\mathrm{d}u}{\mathrm{d}x}=[\ln u]'\cdot[x^4+3x^2]'$$
$$=\frac{1}{u}(4x^3+6x)=\frac{4x^3+6x}{u}=\frac{4x^3+6x}{x^4+3x^2}$$

对于复合函数的求导，在解题熟练情况下，可以将过程简写为

$$y'=\frac{1}{x^4+3x^2}\cdot[x^4+3x^2]'=\frac{4x^3+6x}{x^4+3x^2}$$

此处要注意过程的写法。

6. 反函数的导数

设函数 $y=f(x)$ 的反函数为 $x=g(y)$，则

$$\frac{\mathrm{d}y}{\mathrm{d}x}=\frac{1}{\frac{\mathrm{d}x}{\mathrm{d}y}}$$

或者

$$f'(x)=\frac{1}{g'(y)}$$

反函数的求导法则对于很难找出显性反函数的问题非常有用。比如，对函数 $y=x^3+5x$ 来说，其反函数难以求出来。若要求其反函数的导数，可以先求出

$$\frac{\mathrm{d}y}{\mathrm{d}x}=3x^2+5$$

然后根据上述法则，有

$$\frac{\mathrm{d}x}{\mathrm{d}y}=\frac{1}{\frac{\mathrm{d}y}{\mathrm{d}x}}=\frac{1}{3x^2+5}$$

这样就求出了反函数的导数。

例 3.2.4　求下列函数反函数的导数。

(1) $y=\mathrm{e}^x+x$；(2) $y=\sqrt{x}+\ln x$。

解：(1) 先求函数 $y=\mathrm{e}^x+x$ 的导数，得

$$\frac{dy}{dx}=e^x+1$$

再根据反函数的求导法则，有

$$\frac{dx}{dy}=\frac{1}{\frac{dy}{dx}}=\frac{1}{e^x+1}$$

（2）先求函数 $y=\sqrt{x}+\ln x$ 的导数，得

$$\frac{dy}{dx}=\frac{1}{2\sqrt{x}}+\frac{1}{x}$$

再根据反函数的求导法则，有

$$\frac{dx}{dy}=\frac{1}{\frac{dy}{dx}}=\frac{1}{\frac{1}{2\sqrt{x}}+\frac{1}{x}}=\frac{2x}{\sqrt{x}+2}$$

例 3.2.5 求下列函数的微分。

(1) $y=e^{2x}$；(2) $y=6\sqrt{x}+x^3$；(3) $y=x^2\ln x$。

解：(1) 先求 $y=e^{2x}$ 的导数

$$y'=2e^{2x}$$

根据微分的定义，得

$$dy=2e^{2x}dx$$

（2）先求 $y=6\sqrt{x}+x^3$ 的导数

$$y'=6\times\frac{1}{2\sqrt{x}}+3x^2=\frac{3}{\sqrt{x}}+3x^2$$

根据微分的定义，得

$$dy=\left(\frac{3}{\sqrt{x}}+3x^2\right)dx$$

(3) 先求 $y=x^2\ln x$ 的导数

$$y'=2x\cdot\ln x+x^2\cdot\frac{1}{x}=2x\ln x+x$$

根据微分的定义，得

$$dy=x(2\ln x+1)dx$$

前面已经知道，$y=f(x)$ 的导数 $f'(x)$ 仍然是 x 的函数，对它还可以继续求导数。也就是，对 $f'(x)$ 可以再求一次导数，称其为函数 $y=f(x)$ 的**二阶导数**，记为 $f''(x)$，用式子表示为

$$f''(x)=[f'(x)]'$$

或者

$$\frac{d^2y}{dx^2}=y''=[y']'$$

例 3.2.6 求下列函数的二阶导数。

(1) $y=3x^5-4x$；(2) $y=x^9+7x^2$；(3) $y=e^x+5x^3$。

解：(1) 先求一阶导数，得

$$y'=15x^4-4$$

然后，对 y' 再求一次导数，得

$$y''=[y']'=[15x^4-4]'=60x^3$$

（2）先求一阶导数，得

$$y'=9x^8+14x$$

然后，对 y' 再求一次导数，得

$$y''=[y']'=[9x^8+14x]'=72x^7+14$$

（3）首先

$$y'=e^x+15x^2$$

然后，对 y' 再求一次导数，得

$$y''=[y']'=[e^x+15x^2]'=e^x+30x$$

对函数 $y=f(x)$ 来说，通过一阶导数 $f'(x)$ 的正负可以判断它在哪个区间上是单调递增的或是单调递减的。那么，二阶导数 $f''(x)$ 又有什么作用呢?

观察图3.2.1，我们发现，函数在 A 点的导数（或斜率）小于0，在点 B 导数（或斜率）等于0，在点 C 的导数（或斜率）大于0。这说明，当某个动点从 A 经过 B 再到 C 时（也就是 x 在逐渐增加)，函数的导数 $f'(x)$ 是由负(－)变为0，再变正(＋)。这就是说，一阶导数 $f'(x)$ 是单调递增的，所以 $f'(x)$ 的导数大于0，即 $f''(x)>0$。因此，对U形函数或曲线来说，$f''(x)>0$。

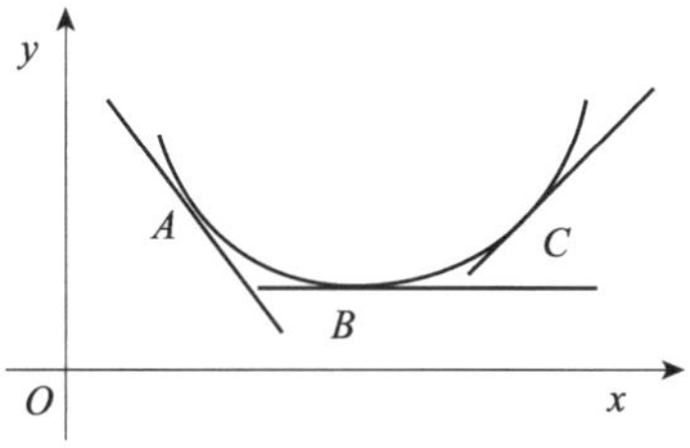

图3.2.1

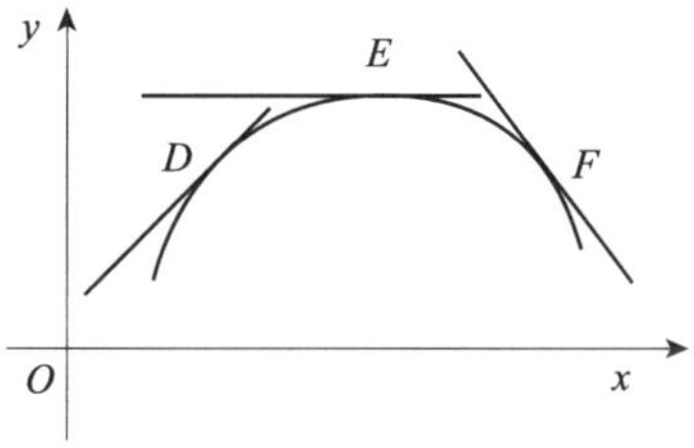

图3.2.2

同理，观察图3.2.2可以发现，函数在 D 点的导数大于0，在点 E 导数等于0，在点 F 的导数小于0。这说明，当某个动点从 D 经过 E 再到 F 时（也就是 x 在逐渐地增加)，函数的导数 $f'(x)$ 是由正(＋)变为0，再变为负(－)。这就是说，一阶导数 $f'(x)$ 是单调递减的，所以 $f'(x)$ 的导数小于0，即 $f''(x)<0$。因此，对倒U形函数或曲线来说，$f''(x)<0$。

一般地，有如下结论：对于函数 $y=f(x)$，

如果在区间（a，b）上有 $f''(x)>0$，那么曲线 $y=f(x)$ 是U形的。

如果在区间（a，b）上有 $f''(x)<0$，那么曲线 $y=f(x)$ 是倒U形的。

例3.2.7　判断下列曲线是U形的还是倒U形的。

（1）$y=e^x$　　（2）$y=x^3$　　（3）$y=2x^3-3x^2$

解：（1）因为 $y'=e^x$，$y''=[y']'=[e^x]'=e^x>0$，所以，函数 $y=e^x$ 在其定义域（$-\infty$，$+\infty$）上是U形的，如图3.2.3所示。

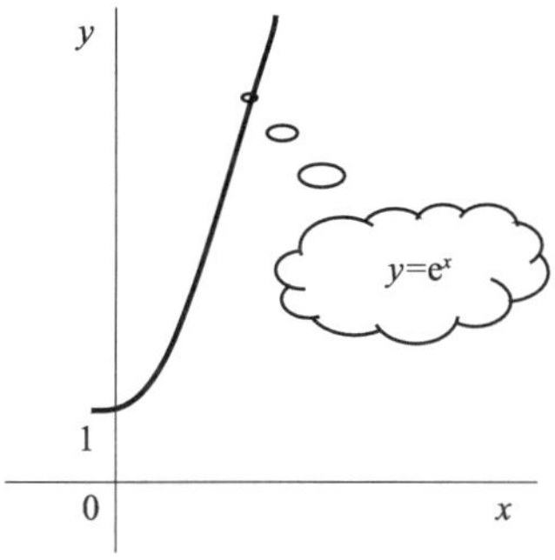

图3.2.3

（2）由于 $y'=3x^2$，$y''=[y']'=[3x^2]'=6x$，所以，当 $x>0$ 时，$y''=6x>0$，函数 $y=x^3$ 在（0，$+\infty$）上是U形的。

当 $x<0$ 时，$y''=6x<0$，函数 $y=x^3$ 在（$-\infty$，0）上是倒U

形的。

读者可以画出此函数的图形，验证这个结论。

（3）由于 $y' = 6x^2 - 6x$，$y'' = [y']' = [6x^2 - 6x]' = 12x - 6$，所以，

当 $x > \dfrac{1}{2}$ 时，$y'' > 0$，函数 $y = 2x^3 - 3x^2$ 在区间 $\left(\dfrac{1}{2}, +\infty\right)$ 上是U形的；

当 $x < \dfrac{1}{2}$ 时，$y'' < 0$，函数 $y = 2x^3 - 3x^2$ 在区间 $\left(-\infty, \dfrac{1}{2}\right)$ 上是倒U形的。

习题 3.2

1. 求下列函数的导数。

（1）$y = 4x^3 - \sqrt[3]{x} - 3$　　（2）$y = 5x^{-2} - \dfrac{3}{x}$

（3）$y = 7x^{-2} + \ln x + \sqrt{x}$　　（4）$y = 3x^4 + \dfrac{3}{2x^2}$

（5）$y = 2\ln x + 4e^x$　　（6）$y = 10e^x - 2x^2 + 7$

2. 利用乘法法则求下列函数的导数。

（1）$y = x^4 e^x$　　（2）$y = x\ln x$

（3）$y = (x^4 + 3x)\ln x$　　（4）$y = e^x \ln x$

3. 利用商的法则求下列函数的导数。

（1）$y = \dfrac{x^2 + 2}{x - 1}$　　（2）$y = \dfrac{3 + x}{\ln x}$

（3）$y = \dfrac{-7}{3x^2 + 6}$　　（4）$y = \dfrac{6x^2}{1 - x}$

（5）$y = \dfrac{e^x}{x^2 + 2}$　　（6）$y = \dfrac{\ln x}{e^x}$

4. 利用链式法则求下列函数的导数。

（1）$y = \sqrt{x^3 + x}$　　（2）$y = \sqrt{x^4 + 3x^2}$

（3）$y = e^{6x+5}$　　（4）$y = 3e^{-3x+8}$

（5）$y = \ln(3x^4 + 5)$　　（6）$y = \ln(10x + 3)$

5. 求下列函数的反函数的导数。

（1）$y = x + \ln x$　　（2）$y = 3x + \sqrt{x}$

（3）$y = 6x + 5$　　（4）$y = x + e^x$

6. 求下列函数的微分。

（1）$y = 3x^3 + \sqrt[3]{x}$　　（2）$y = x^4 \ln x + \dfrac{3}{x}$

（3）$y = \ln x + x^2 e^x$　　（4）$y = \sqrt{x} + \dfrac{1}{2x^2}$

7. 求下列函数的二阶导数，并判断函数的曲线是U形的还是倒U形的。

（1）$y = 4x^2 + 3x$　　（2）$y = \sqrt{x}$

(3) $y = 5\ln x + 1$　　(4) $y = x^3 - 6x^2$

(5) $y = -2x^2$　　(6) $y = 10e^x$

8. 利用二阶导数证明生产函数

$$Q = -\frac{2}{3}L^3 + 10L^2 + 5L$$

既有 U 形的部分又有倒 U 形的部分。

9. 在括号内填入适当的函数，使下列等式成立。

(1) $4x^3\mathrm{d}x = \mathrm{d}(\quad)$　　(2) $\sqrt{x}\,\mathrm{d}x = \mathrm{d}(\quad)$

(3) $\frac{1}{x}\mathrm{d}x = \mathrm{d}(\quad)$　　(4) $e^x\mathrm{d}x = \mathrm{d}(\quad)$

(5) $e^{-x}\mathrm{d}x = \mathrm{d}(\quad)$　　(6) $(x^2 + 1)\mathrm{d}x = \mathrm{d}(\quad)$

(7) $\mathrm{d}(\quad) = (x^5 - x)\mathrm{d}x$　　(8) $\mathrm{d}(\quad) = \frac{1}{x+1}\mathrm{d}x$

(9) $\mathrm{d}(\quad) = \frac{1}{3}e^{x+1}\mathrm{d}x$　　(10) $\mathrm{d}(\quad) = e^{-3x+2}\mathrm{d}x$

3.3 边际分析

导数在经济学中有非常重要的应用。事实上，不借助导数（或微分），我们不可能清晰地理解经济学的相关概念。本节讨论收益函数、成本函数、生产函数、消费函数和储蓄函数等的边际问题。

一、边际收益与边际成本

在第 1 章里，我们研究了总收益函数 $\mathrm{TR} = P \cdot Q$ 的基本特征，其中 P 表示商品价格，Q 表示商品的需求量。如果需求函数为

$$P = 100 - 2Q$$

那么

$$\begin{aligned}\mathrm{TR} &= P \cdot Q = (100 - 2Q)Q \\ &= 100Q - 2Q^2\end{aligned}$$

对于任意给定的 Q 值，通过上式可计算相应的总收益 TR。不仅如此，人们还关心 Q 值的变化对 TR 所产生的影响。为此，引入**边际收益 MR**，其函数为

$$\mathrm{MR}(Q) = \frac{\mathrm{d}(\mathrm{TR})}{\mathrm{d}Q}$$

也就是说，边际收益是总收益对需求量的导数。

边际收益 $\mathrm{MR}(Q)$ 的经济学意义是：当销售量达到 Q 时，如果再增加（或减少）1 个单位的销售量，总收益将会增加（或减少）$\mathrm{MR}(Q)$ 个单位。比如，$\mathrm{TR} = 100Q - 2Q^2$ 对应的边际收益为

$$\mathrm{MR}(Q) = \frac{\mathrm{d}(\mathrm{TR})}{\mathrm{d}Q} = 100 - 4Q$$

当 $Q = 15$ 时，有

$$\mathrm{MR}(15) = 100 - 4 \times 15 = 40$$

这表示当需求量达到 15 时，如果再多销售 1 个单位的商品，总收益将会增加 40 个单位。

如果当前需求量 $Q=22$，则

$$\mathrm{MR}(22)=100-4\times 22=12$$

这表示当需求量达到 22 时，再多销售 1 个单位的商品，总收益将会增加 12 个单位。

当然，我们可以利用初等方法来计算边际收益，即当 Q 增加 1 个单位时 TR 的改变量。比如，当 $Q=15$ 时，总收益

$$\mathrm{TR}=100(15)-2\times(15)^2=1050$$

当 Q 增加 1 个单位时，$Q=16$，此时总收益

$$\mathrm{TR}=100(16)-2\times(16)^2=1088$$

这时，TR 的改变量为

$$\Delta(\mathrm{TR})=\mathrm{TR}(16)-\mathrm{TR}(15)=1088-1050=38$$

当 Q 减少 1 个单位时，$Q=14$，此时总收益

$$\mathrm{TR}=100\times 14-2\times(14)^2=1008$$

这时，TR 的改变量为

$$\Delta(\mathrm{TR})=\mathrm{TR}(14)-\mathrm{TR}(15)=1008-1050=-42$$

可以看出，虽然两个改变量的准确值（一个是增加 38，一个是减少 42）与边际收益值 MR=40 是不完全相同的，但边际收益值是准确相对值的一个可以接受的近似值。

为什么边际收益有这样的经济学意义呢？为此，回到本章 3.1 小节的式（3.1.4），亦即

$$\Delta y\approx f'(x)\cdot\Delta x$$

现在我们用总收益函数 TR 对应地改写上式，就是

$$\Delta(\mathrm{TR})\approx\mathrm{MR}(Q)\cdot\Delta Q$$

特别地，当 $|\Delta Q|=1$ 时，上式变为

$$\Delta(\mathrm{TR})\approx\pm\mathrm{MR}(Q)$$

也就是，当 $|\Delta Q|=1$ 时，总收益函数的改变量近似地等于边际收益，而且边际收益 MR 的计算要简便很多。接下来将要讨论的边际成本、边际产出等具有类似的意义。

下面用图形来描述这两种方法的差别。如图 3.3.1 所示，TR 曲线上的点 A 对应着需求量 Q_0，此点处的边际收益 MR 等于

$$\left.\frac{\mathrm{d(TR)}}{\mathrm{d}Q}\right|_{Q_0}$$

就是点 A 的切线斜率。曲线上点 B 对应着需求量（Q_0+1）。A 到 B 的垂直距离就是 Q_0 增加 1 个单位时 TR 的改变量，即

$$\Delta(\mathrm{TR})=\mathrm{TR}(Q_0+1)-\mathrm{TR}(Q_0)$$

于是，线段 AB 的斜率为

$$\frac{\Delta(\mathrm{TR})}{\Delta Q}=\frac{\Delta(\mathrm{TR})}{1}=\Delta(\mathrm{TR})$$

由图形可以看出，当 ΔQ 非常小时，点 A 的切线斜率大致等于线段 AB 的斜率。这说明，通过使用需求量 Q_0 增加 1 个单位的方法来计算增量 $\Delta(\mathrm{TR})$，能够得到边际收益 $\mathrm{MR}=\left.\frac{\mathrm{d(TR)}}{\mathrm{d}Q}\right|_{Q_0}$ 的一个合理近似值。

其实，图 3.3.1 所示的这种近似对于任意 ΔQ 值都是成立的。由于点 A 切线的斜率是边

际收益 MR，线段 AB 的斜率是 $\frac{\Delta(\mathrm{TR})}{\Delta Q}$，从而

$$\mathrm{MR} \approx \frac{\Delta(\mathrm{TR})}{\Delta Q}$$

这个等式可以转化为

$$\Delta(\mathrm{TR}) \approx \mathrm{MR} \cdot \Delta Q$$

即

$$\text{总收益的改变量} \approx \text{边际收益} \times \text{需求的改变量}$$

而且当增量 ΔQ 越小时，上式中的近似值的精度会越高。

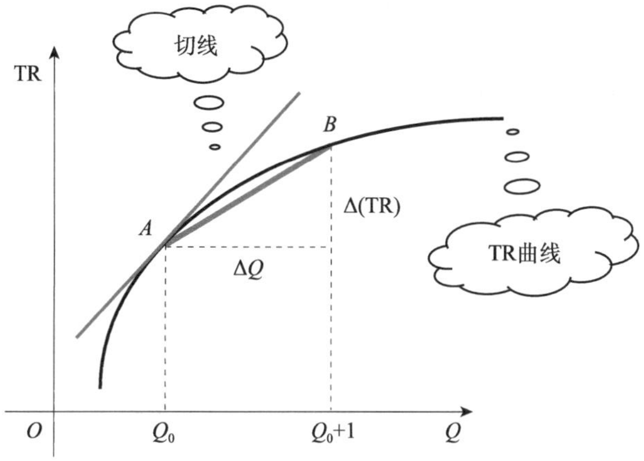

图 3.3.1

例 3.3.1　如果需求函数是

$$P = 120 - 3Q$$

写出 TR 关于 Q 表达式，并分别通过导数和使用 Q 增加 1 个单位的方法，求出 MR 在 $Q = 10$ 处的值。

解： 写出总收益函数

$$\mathrm{TR} = P \cdot Q = (120 - 3Q)Q = 120Q - 3Q^2$$

（1）

$$\mathrm{MR} = \frac{\mathrm{d}(\mathrm{TR})}{\mathrm{d}Q} = 120 - 6Q$$

当 $Q = 10$ 时

$$\mathrm{MR} = 120 - 6 \times 10 = 60$$

（2）当 Q 从 10 增加到 11 时，求 TR 变化量 $\Delta(\mathrm{TR})$

$$\mathrm{TR}(10) = 120 \times 10 - 3 \times 10^2 = 900$$

$$\mathrm{TR}(11) = 120 \times 11 - 3 \times 11^2 = 957$$

则

$$\Delta(\mathrm{TR}) = \mathrm{TR}(11) - \mathrm{TR}(10) = 957 - 900 = 57$$

例 3.3.2　如果总收益函数为

$$\mathrm{TR} = 100Q - Q^2$$

写出边际收益的表达式。如果当前需求量为 60，估计 Q 增加 2 个单位时 TR 的改变量。

解：

$$MR=\frac{d(TR)}{dQ}=100-2Q$$

当 $Q=60$ 时

$$MR=100-2(60)=-20$$

如果 Q 增加 2 个单位，即 $\Delta Q=2$，使用公式得

$$\Delta(TR)\approx MR\cdot\Delta Q=(-20)\times 2=-40$$

这说明，当 Q 增加 2 个单位时，TR 将减少大约 40 个单位。

一般地，需求模型表示为

$$P=aQ+b$$

这个模型说明价格 P、需求量 Q 是线性相关的，其中斜率 $a<0$，$b>0$。这种向下倾斜的需求曲线对应着垄断情况：一个单独公司，或者一组以卡特尔（是生产同类产品的企业联合体）形式存在的公司，它们是某种特殊商品的唯一供给者，并控制着市场价格。其总收益函数为

$$\begin{aligned}TR&=P\cdot Q=(aQ+b)Q\\&=aQ^2+bQ\end{aligned}$$

求 TR 关于 Q 的导数，得到边际收益

$$MR=2aQ+b$$

也就是说，在线性需求的假设下，边际收益曲线也是线性的，并且有相同的截距 b，但斜率是 $2a$。即边际收益曲线的斜率恰好以需求曲线斜率 2 倍的速度向下倾斜，如图 3.3.2 所示。

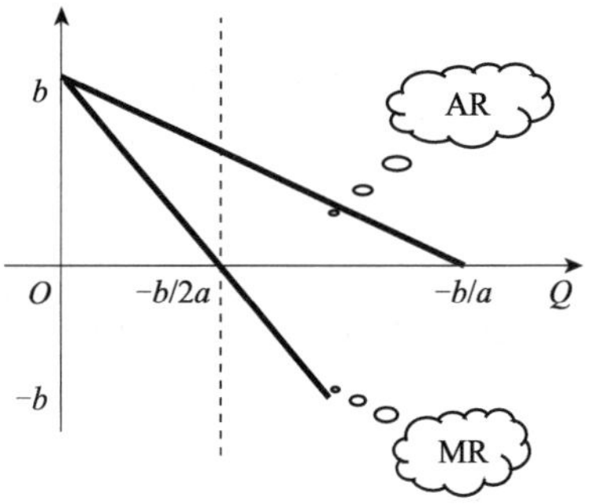

图 3.3.2

平均收益 AR 定义为

$$AR=\frac{TR}{Q}$$

由于 $TR=P\cdot Q$，于是

$$AR=\frac{P\cdot Q}{Q}=P=aQ+b$$

因此，在图 3.3.2 中需求曲线也称为平均收益曲线。而且 $AR=P$ 这个结论并不依赖于特殊的需求函数。所以，平均收益曲线和需求曲线是同义的。

图 3.3.2 表明，边际收益可以取正值，也可以取负值。因为总收益函数是二次函数，其

图形如图3.3.3所示。在点 $Q=-\dfrac{b}{2a}$ 的左边，总收益函数的图形是上升的，边际收益为正值；在此点的右边，总收益函数的图形是下降的，边际收益为负值。在TR曲线的最高点处，切线是水平的，其斜率为0，因而 MR = 0。

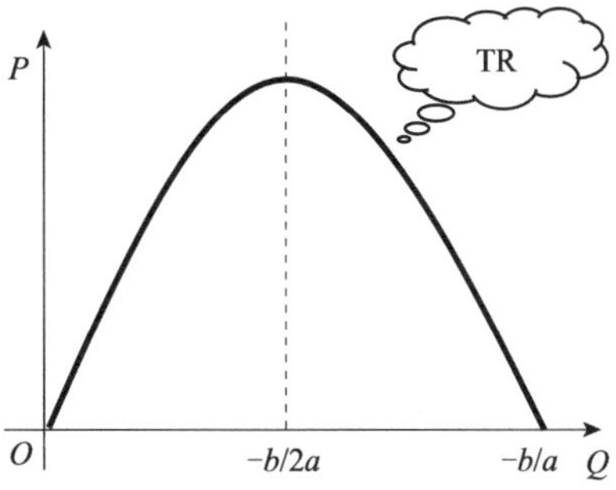

图3.3.3

与垄断相对应的另一个极端情况是**完全竞争**。这个模型假设有很多公司销售同质产品，并且进入这个行业没有任何壁垒。任何一家公司都只生产总需求的一小部分，所以无法控制商品的价格，单个公司只能按照已定的市场价格销售任意数量的产品。假设固定价格为 b，则需求函数为

$$P=b$$

相应的总收益和平均收益为

$$\mathrm{TR}=P\cdot Q=bQ$$

$$\mathrm{AR}=\frac{\mathrm{TR}}{Q}=\frac{bQ}{Q}=b$$

求TR关于 Q 的导数，得到边际收益为

$$\mathrm{MR}=b$$

所以，在完全竞争条件下，平均收益和边际收益曲线是相同的，它们都是水平直线，距离 Q 轴为 b 个单位，如图3.3.4所示。

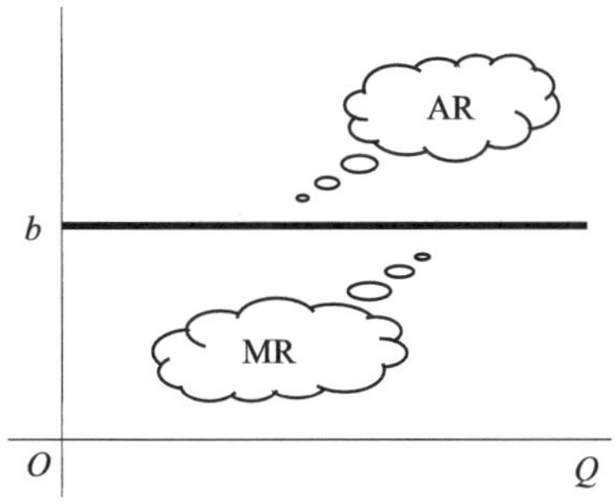

图3.3.4

类似地，**边际成本** MC 定义为

$$\mathrm{MC}=\frac{\mathrm{d(TC)}}{\mathrm{d}Q}$$

也就是说，边际成本是总成本函数对产量的导数。

$MC(Q_0)$ 的经济学意义是：当产量达到 Q_0 时，如果再增加（或减少）1个单位商品的产量，总成本将增加（或减少）$MR(Q_0)$ 个单位。

与边际收益的讨论类似，我们可以得到：如果 Q 改变一个微小量 ΔQ，则对应的 TC 改变量为

$$\Delta(TC) \approx MC \times \Delta Q$$

即

$$\text{总成本的改变量} \approx \text{边际成本} \times \text{产量的改变量}$$

特别地，令 $\Delta Q = 1$，得到

$$\Delta(TC) \approx MC$$

所以边际成本 MC 给出了当 Q 改变1个单位时，对应的总成本 TC 的近似改变量。

例 3.3.3 如果某商品的平均成本函数是

$$AC = 2Q + 6 + \frac{13}{Q}$$

求 MC 表达式。若当前 $Q = 15$，估计 Q 增加3个单位对 TC 的影响。

解：因为

$$AC = \frac{TC}{Q}$$

所以

$$TC = (AC)Q = \left(2Q + 6 + \frac{13}{Q}\right)Q$$

得到

$$TC = 2Q^2 + 6Q + 13$$

上式中的最后一项13不依赖于 Q，可以作为固定成本；剩余部分 $2Q^2 + 6Q$ 依赖于 Q，可以作为总的可变成本。对 TC 求导得

$$MC = \frac{d(TC)}{dQ} = 4Q + 6$$

注意，固定成本是不变的，其导数为0，所以它对边际成本没有影响。

当 $Q = 15$ 时

$$MC = 4 \times 15 + 6 = 66$$

如果 Q 增加3个单位，即 $\Delta Q = 3$，则 TC 的改变量为

$$\Delta(TC) \approx MC \times \Delta Q = 66 \times 3 = 198$$

所以 TC 大约增加了198个单位。

例 3.3.4 给定平均成本函数

$$AC = \frac{100}{Q} + 2$$

写出边际成本，并说明 Q 增加1个单位时将导致 TC 增加2个单位，而与当前产出水平无关。

解：因为

$$TC = (AC)Q = \left(\frac{100}{Q} + 2\right)Q = 100 + 2Q$$

所以

$$MC = 2$$

由于边际成本是常数2，所以当 Q 每增加 1 个单位时，将会使得 TC 增加 2 个单位，这个增量是一个常数，与当前产出水平无关。

上述例 3.3.3 和例 3.3.4 给出的边际成本函数都比较简单。一般地，边际成本函数并不如此简单，其曲线的形状呈现 U 形特征，它表示在产量水平较低时，边际成本随产量的增加而减少，但到达一个最低点后，则随着产量的增加而增加。这是由边际报酬递减规律决定的。

二、边际产出

我们曾在第 1 章 1.5 节讨论过生产函数。在简单情况下，产量 Q 被假定为劳动 L、资本 K 的函数。进一步地，短期内的资本投入 K 也可以看作是固定不变的，那么 Q 就只是劳动投入 L 的函数。变量 L 通常用劳动者的人数或劳动时间来度量。

劳动的**边际产出**定义为

$$\mathrm{MP_L} = \frac{\mathrm{d}Q}{\mathrm{d}L}$$

也就是，劳动的边际产出是生产函数对劳动的导数。

与边际收益和边际成本一样，劳动的边际产出表示了劳动 L 增加 1 个单位时所引起 Q 的改变量。

例 3.3.5　已知生产函数为

$$Q = 300\sqrt{L} - 4L$$

分别计算当 $L = 1$、$L = 9$、$L = 100$、$L = 2500$ 时 $\mathrm{MP_L}$ 的值，并讨论这些结果的含义。

解： 因为

$$Q = 300\sqrt{L} - 4L = 300L^{\frac{1}{2}} - 4L$$

则

$$\begin{aligned}\mathrm{MP_L} &= \frac{\mathrm{d}Q}{\mathrm{d}L} = 300\left(\frac{1}{2}L^{\frac{1}{2}-1}\right) - 4 \\ &= 150L^{-\frac{1}{2}} - 4 \\ &= \frac{150}{\sqrt{L}} - 4\end{aligned}$$

（1）当 $L = 1$ 时

$$\mathrm{MP_L} = \frac{150}{\sqrt{1}} - 4 = 146$$

（2）当 $L = 9$ 时

$$\mathrm{MP_L} = \frac{150}{\sqrt{9}} - 4 = 46$$

（3）当 $L = 100$ 时

$$\mathrm{MP_L} = \frac{150}{\sqrt{100}} - 4 = 11$$

（4）当 $L = 2500$ 时

$$\mathrm{MP_L} = \frac{150}{\sqrt{2500}} - 4 = -1$$

显然，MP_L 值随着 L 的增加而下降。（1）说明，如果劳动仅有一个人，则再增加一个劳动将会使产出增加约146；（2）表明，当劳动由9增加到10时，产出将会增加46；（3）表明，当劳动由100再增加1个单位时，此时的产出仅会增加11；（4）说明，当 $L=2500$ 时，再增加一个劳动将导致产出的增量为负值，这是因为在实际的生产过程中，劳动人数增多需要增加管理部门的人员数量，从而使劳动的边际产出出现负值。

本例表明，劳动的边际产出呈现着逐渐递减的规律。也就是说，单位劳动的增加将会使产出的增加量递减。换句话说，一旦劳动投入的规模达到了某一个限定水平，劳动的边际产出将会变成负值。当然，当 L 值比较小时，劳动的边际产出保持不变或上升也是有可能的。一般地，为了满足边际产出递减的规律，则必存在某个 L_0，当 $L>L_0$ 时，MP_L 是递减的。

一个典型的生产函数的曲线如图3.3.5所示，其斜率为

$$\frac{dQ}{dL}=MP_L$$

在0与 L_0 之间曲线向上弯曲，渐渐变得陡峭，函数 MP_L 是增函数，从而边际产出 MP_L 的导数大于0，即

$$\frac{d(MP_L)}{dQ}>0$$

所以

$$\frac{d^2Q}{dL^2}=\frac{d(MP_L)}{dQ}>0$$

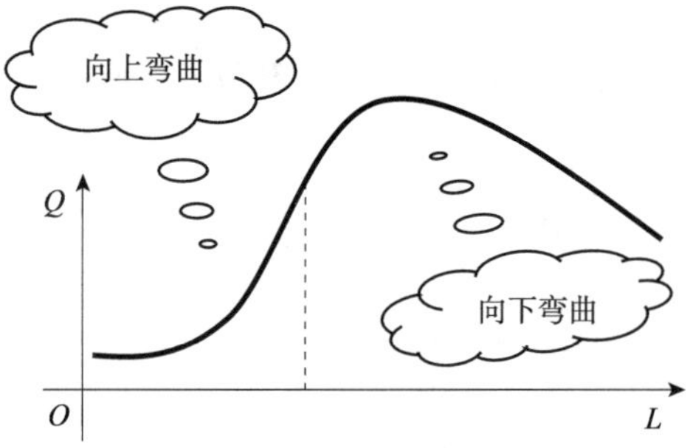

图3.3.5

类似地，如果 L 超过阈限值 L_0，如图3.3.5所示，生产函数曲线会向下弯曲，曲线的斜率由正变为0，再变为负，这时的函数 MP_L 是减函数，MP_L 的导数会小于0，即

$$\frac{d^2Q}{dL^2}=\frac{d(MP_L)}{dQ}<0$$

这表明，对于足够大的劳动投入 L 来说，总会有

$$\frac{d^2Q}{dL^2}<0$$

即劳动的边际产出递减规律总是会发生的。

三、边际消费和边际储蓄

在第1章1.3节中，曾经假设消费函数是线性的，比如

$$C(Y)=aY+b$$

其中，$a>0$，$b>0$。对消费函数求导数，得到**边际消费** MPC：

$$\text{MPC}=\frac{\mathrm{d}C}{\mathrm{d}Y}=a$$

在这种情况下，无论收入水平多高，消费者的额外消费增量与额外收入增量的比都是一个常数。进一步地，所有收入之中用于消费的份额称为**消费的平均倾向**，即

$$\text{APC}(Y)=\frac{C(Y)}{Y}=a+\frac{b}{Y}$$

对其求导数，得

$$\frac{\mathrm{d}(\text{APC})}{\mathrm{d}Y}=-\frac{b}{Y^2}<0$$

这说明，APC(Y) 是减函数。也就是说，随着收入的提高，平均消费将会下降，而且平均消费的变化率也会越来越小。

同时，在讨论消费 C、储蓄 S 和国民收入 Y 的关系时，假设国民收入全部用于消费和储蓄，则

$$Y=C(Y)+S(Y)$$

人们感兴趣的是，Y 的变化对 C 和 S 的影响。比如说，如果国民收入增加一定数量，人们更倾向于把额外收入用于消费，还是用于储蓄呢？为了分析这种行为，还需要引入**边际储蓄 MPS**：

$$\text{MPS}=\frac{\mathrm{d}S}{\mathrm{d}Y}$$

也就是，边际储蓄是储蓄函数对收入的导数。

为此，等式

$$Y=C(Y)+S(Y)$$

对 Y 求导数，有

$$\frac{\mathrm{d}Y}{\mathrm{d}Y}=\frac{\mathrm{d}C}{\mathrm{d}Y}+\frac{\mathrm{d}S}{\mathrm{d}Y}=\text{MPC}+\text{MPS}$$

而$\frac{\mathrm{d}Y}{\mathrm{d}Y}=1$，所以

$$1=\text{MPC}+\text{MPS}$$

这个公式与第1章第1.3小节线性消费函数和储蓄函数所得到的结果一致。其意义参见下面例3.3.6的解释。

例3.3.6　如果消费函数是

$$C=0.01Y^2+0.2Y+50$$

计算当 $Y=30$ 时的 MPC 和 MPS。

解：在消费函数中，求 C 关于 Y 的导数，则

$$\frac{\mathrm{d}C}{\mathrm{d}Y}=0.02Y+0.2$$

当 $Y=30$ 时，有

$$\text{MPC}=0.02\times30+0.2=0.8$$

由于

$$\mathrm{MPC} + \mathrm{MPS} = 1$$

所以

$$\mathrm{MPS} = 1 - \mathrm{MPC} = 1 - 0.8 = 0.2$$

这个结果表明：当目前收入水平为 30 时，国民收入 Y 再增加 1 个单位，消费会增加大约 0.8 个单位，储蓄会增加大约 0.2 个单位。也就是说，在这个收入水平上，人们的消费倾向大于储蓄倾向。

习题 3.3

1. 已知需求函数是

$$P = 60 - Q$$

（1）写出 TR 关于 Q 的表达式；（2）求 MR 在 $Q = 50$ 处的精确值；（3）通过使用 Q 增加 1 个单位的方法，求 MR 在 $Q = 50$ 处的近似值。

2. 如果产品的总收益函数是

$$\mathrm{TR} = 1000Q - 4Q^2$$

写出边际收益表达式。当 $Q = 30$ 时，分别求 Q 增加 2 个单位或 Q 增加 3 个单位所引起的 TR 的改变量。

3. 生产某种商品的固定成本为 100，单位产品的可变成本为 $2 + \dfrac{Q}{10}$。

（1）写出 TC 和 MC 的表达式。

（2）求当 $Q = 30$ 时的 MC 值，并估计产出在当前 30 个单位水平上增加 2 个单位时所导致的 TC 的改变量。

（3）当 $\mathrm{MC} = 22$ 时求对应的产出水平。

4. 如果商品的平均成本是

$$\mathrm{AC} = \frac{15}{Q} + 2Q + 9$$

写出 TC 和 MC 的表达式。

5. 竞争市场中的某个厂商发现了一种新的生产工艺使得它的总成本函数变为

$$C = 10\ln Q$$

其中，Q 是产量，请从数学和经济学角度解释为什么在这个市场中完全竞争会瓦解。

6. 一个厂商的生产函数是

$$Q = 50L - 0.01L^2$$

求当 $L=1$、$L=10$、$L=100$、$L=1000$ 时的 $\mathrm{MP_L}$ 值，边际产出递减规律对这个函数成立吗？

7. 柯布–道格拉斯生产函数为

$$Q = 5L^{\frac{1}{2}}K^{\frac{1}{2}}$$

假设资本 $K=100$，计算当 $L=1$、$L=9$、$L=100$、$L=10000$ 时劳动的边际产出，并说明这种情况下边际产出递减规律是成立的。

8. 如果消费函数是

$$C = 50 + 2\sqrt{Y}$$

计算当 $Y = 36$ 时的 MPC 和 MPS 值，并对结果予以解释。

9. 已知消费函数是

$$C = 0.01Y^2 + 0.8Y + 100$$

（1）如果 $C + S = Y$，求储蓄函数的表达式；（2）计算当 $Y = 8$ 时的 MPC 和 MPS 值。

10. 若储蓄函数为

$$S = 0.02Y^2 - Y + 100$$

计算当 $Y = 40$ 时的 MPS 和 MPC 值，并对这些结果给出简要的解释。

3.4　弹性理论

我们知道，商品的需求量与供给量会随着它们价格的变化而变化。但是，不同商品对其价格变化的反应程度是不一样的。为了准确地分析这种现象，经济学中运用“弹性”概念进行定量计算，说明商品的需求量随其价格及其他影响因素变化的程度。

一般地，只要两个经济变量之间存在函数关系，就可用弹性来表示因变量对自变量变化的敏感程度。如果因变量对自变量的变化敏感，即自变量的微小变化会引起因变量的大幅度变化，就表示弹性大，或富有弹性；反之，就是弹性小，或缺乏弹性。弹性用字母 E 表示，它等于因变量变化的百分比与自变量变化的百分比的比值。

对于函数 $Y = f(X)$，弹性可以表示为

$$E = \frac{\frac{\Delta Y}{Y}}{\frac{\Delta X}{X}} = \frac{X}{Y} \cdot \frac{\Delta Y}{\Delta X}$$

式中，Y 和 ΔY 分别表示因变量和其改变量；X 和 ΔX 分别表示自变量和其改变量；E 的值表示自变量每变化一个百分点，因变量会变化几个百分点。

在经济学中可以根据研究问题的不同，建立不同的弹性概念。本小节主要讨论需求价格弹性、供给价格弹性。

需求价格弹性表示一种商品的需求量对该商品价格变化的敏感程度。需求价格弹性 E_d 等于商品需求量变化的百分比与其价格变化的百分比的比值，用式子表示为

$$E_d = -\frac{\text{需求量变化的百分比}}{\text{价格变化的百分比}}$$

由于商品价格的上升会使其需求量减少，反之亦然。所以，需求量变化的百分比与价格变化的百分比的符号总是相反的。因此，式子中负号“-”是为了使弹性 E_d 保持正值。E_d 的值表示价格每变化一个百分点，需求量会变化几个百分点。

例如，假定冰淇凌的价格上升了 10%，导致人们购买的冰淇凌数量减少了 20%，这时的需求价格弹性为

$$E_d = -\frac{-20\%}{10\%} = 2$$

这表明，需求量变动的百分比是价格变动百分比的两倍。

其实，价格变化的百分比是

$$\frac{\Delta P}{P}$$

需求量变化的百分比是

$$\frac{\Delta Q}{Q}$$

从而

$$E_{\mathrm{d}} = -\left(\frac{\Delta Q}{Q}\right)\Big/\left(\frac{\Delta P}{P}\right) = -\frac{P}{Q}\cdot\frac{\Delta Q}{\Delta P}$$

这是**需求价格弹性公式**。式中，Q、ΔQ 表示需求量和需求量的变化量，P、ΔP 表示价格和价格的变化量。

注意，根据上述公式，从点 P_1 到点 P_2 与从点 P_2 到点 P_1 虽然是同一段弧线，但计算出来的弹性值是不相同的，因为不同方向选取的基点不同，所对应的 P 和 Q 的基数值不同。为了克服这种不一致，计算时一般采用“中点法”来避免两个不同的结果，取它们的平均值 $P=\frac{1}{2}(P_1+P_2)$，$Q=\frac{1}{2}(Q_1+Q_2)$。这时所得到的弹性通常称为**弧弹性**。于是，弧弹性的计算公式变为

$$E_{\mathrm{d}} = -\frac{\frac{1}{2}(P_1+P_2)}{\frac{1}{2}(Q_1+Q_2)}\times\frac{\Delta Q}{\Delta P} = -\frac{P_1+P_2}{Q_1+Q_2}\cdot\frac{\Delta Q}{\Delta P}$$

例 3.4.1 给定需求函数

$$P = 200 - Q^2$$

计算价格由 $P_1 = 136$ 下降到 $P_2 = 119$ 时的需求价格弹性。

解： 给定 $P_1 = 136$ 和 $P_2 = 119$ 时，对应的需求量 $Q_1 = 8$，$Q_2 = 9$。

$$\Delta P = 119 - 136 = -17$$

$$\Delta Q = 9 - 8 = 1$$

将它们代入弹性公式，得

$$E_{\mathrm{d}} = -\frac{P_1+P_2}{Q_1+Q_2}\cdot\frac{\Delta Q}{\Delta P} = -\frac{136+119}{8+9}\times\left(\frac{1}{-17}\right) = 0.88$$

上例计算所得的弧弹性其实是一段弧线的平均弹性。为了计算需求函数在一个点的弹性值，可以在式子

$$E_{\mathrm{d}} = -\frac{P}{Q}\cdot\frac{\Delta Q}{\Delta P}$$

中令 $\Delta Q\to 0$ 或 $\Delta P\to 0$，此时这段弧线将收缩为一点，比率 $\Delta Q/\Delta P$ 就变为导数 $\mathrm{d}Q/\mathrm{d}P$。于是

$$E_{\mathrm{d}} = -\frac{P}{Q}\cdot\frac{\mathrm{d}Q}{\mathrm{d}P}$$

这是**在某点处的需求价格弹性**。

其实，需求价格弧弹性和点弹性的本质是一样的。其区别仅在于：前者表示价格变化量较大时，需求曲线上两点之间的弹性；后者表示价格变化量无穷小时，需求曲线上某点的弹性。

例 3.4.2 给定需求函数

$$P = 50 - 2Q$$

计算当 $P=30$ 时的需求价格弹性。

解： 由

$$P=50-2Q$$

得

$$Q=25-\frac{1}{2}P$$

从而

$$\frac{\mathrm{d}Q}{\mathrm{d}P}=-\frac{1}{2}$$

当 $P=30$ 时，$Q=25-\frac{1}{2}\times 30=10$。所以

$$E_{\mathrm{d}}=-\frac{P}{Q}\cdot\frac{\mathrm{d}Q}{\mathrm{d}P}=-\frac{30}{10}\times\left(-\frac{1}{2}\right)=1.5$$

在经济学中，需求函数经常表示为

$$P=f(Q)$$

根据反函数的求导法则，有

$$\frac{\mathrm{d}Q}{\mathrm{d}P}=\frac{1}{\mathrm{d}P/\mathrm{d}Q}$$

这个式子为弹性计算提供了方便。

例 3.4.3　给定需求函数

$$P=-Q^2-4Q+96$$

计算当 $P=51$ 时的需求价格弹性。如果价格上升了 2%，计算相应的需求量变化的百分数。

解： 当 $P=51$ 时，通过解二次方程

$$-Q^2-4Q+96=51$$

得

$$Q=5,\ Q=-9\ (\text{忽略})$$

而

$$\frac{\mathrm{d}P}{\mathrm{d}Q}=-2Q-4$$

所以

$$\frac{\mathrm{d}Q}{\mathrm{d}P}=\frac{1}{\mathrm{d}P/\mathrm{d}Q}=\frac{1}{-2Q-4}$$

将 $Q=5$ 代入上式，得到

$$\frac{\mathrm{d}Q}{\mathrm{d}P}=-\frac{1}{14}$$

得到需求价格弹性为

$$E_{\mathrm{d}}=-\frac{P}{Q}\cdot\frac{\mathrm{d}Q}{\mathrm{d}P}=-\frac{51}{5}\times\left(-\frac{1}{14}\right)=0.73$$

为求出 P 上升 2% 对 Q 的影响，根据

$$E_{\mathrm{d}}=-\frac{\text{需求量变化的百分比}}{\text{价格变化的百分比}}$$

得

$$需求量变化的百分比 = -0.73 \times 2\% = -1.46\%$$

这说明，价格上升 2%，会导致需求下降 1.46%。

根据需求价格弹性 E_d 的取值，可以将其划分为 5 种类型：

(1) $E_d > 1$，表示商品的需求富有弹性，意味着需求量的变化率大于价格的变化率，需求对价格变化的反应比较敏感。奢侈品大多属于这种情况。比如当游艇价格上升时，游艇的需求量会大幅减少。

(2) $0 < E_d < 1$，表示商品的需求缺乏弹性，意味着需求量的变化率小于价格的变化率，需求对价格变化的反应不太敏感。食盐等生活必需品属于这种情况。

(3) $E_d = 1$，表示商品的需求是单位弹性的，意味着需求量的变化率等于价格的变化率。

(4) $E_d = 0$，表示商品的需求完全无弹性，意味着价格发生变化时，需求量完全没有变化，即需求量与价格无关。

(5) $E_d \to \infty$，表示商品的需求完全有弹性，意味着价格发生任何微小的变化都可以导致需求量发生无穷大的变化。

根据弹性公式

$$E_d = -\frac{P}{Q} \cdot \frac{1}{\mathrm{d}P/\mathrm{d}Q}$$

可知，需求价格弹性与需求曲线的斜率 $\mathrm{d}P/\mathrm{d}Q$ 密切相关：经过某点的需求曲线越平坦（即 $|\mathrm{d}P/\mathrm{d}Q|$ 越小），该点的需求价格弹性 E_d 就越大；经过某点的需求曲线越陡峭（即 $|\mathrm{d}P/\mathrm{d}Q|$ 越大），该点的需求价格弹性 E_d 就越小。这是一个普遍存在的规律。

比如，观察图 3.4.1 和图 3.4.2，当 $Q = 90$ 时，两个需求函数对应的商品价格 P 都等于 5，当 P 由 5 变到 4 时，两图中价格变化的百分比是相同的，但图 3.4.1 中需求量变化的百分比较大，因此，图 3.4.1 中的需求弹性会更大。也就是，曲线越平坦，需求价格弹性 E_d 越大；曲线越陡峭，需求价格弹性 E_d 越小。

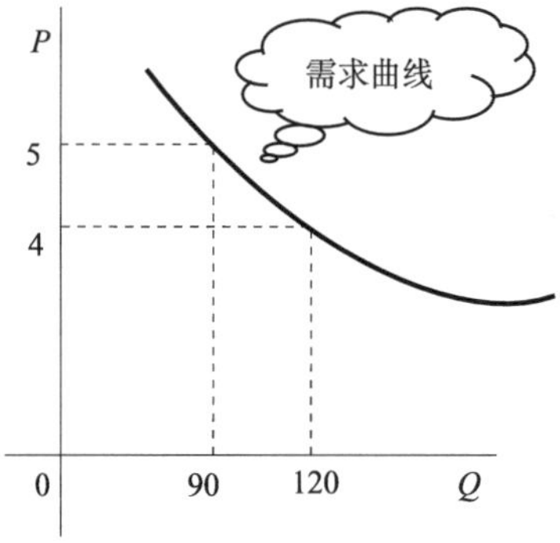

图 3.4.1

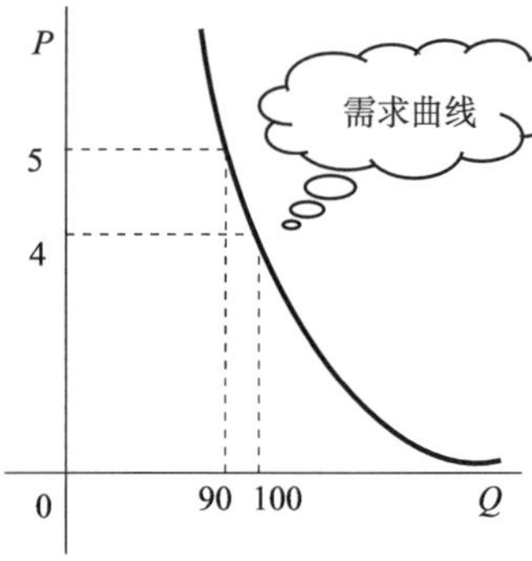

图 3.4.2

类似地，**供给价格弹性**反映商品的供给量对其价格变动的敏感程度，用式子表示为

$$E_s = \frac{供给量变化的百分比}{价格变化的百分比}$$

注意，这里不需要添加负号，因为商品的供给量和价格是同方向变化的，比如价格上涨会导致供给量的增加，所以 E_s 总是为正。其公式为

$$E_s = \frac{P}{Q} \times \frac{\Delta Q}{\Delta P}$$

如果（Q_1，P_1）和（Q_2，P_2）表示供给曲线上的两点，令

$$\Delta P = P_2 - P_1 \quad \Delta Q = Q_2 - Q_1$$

$$P = \frac{1}{2}(P_1 + P_2)$$

$$Q = \frac{1}{2}(Q_1 + Q_2)$$

则

$$E_s = \frac{P}{Q} \cdot \frac{\Delta Q}{\Delta P} = \frac{P_1 + P_2}{Q_1 + Q_2} \cdot \frac{\Delta Q}{\Delta P}$$

相应地，供给价格的点弹性为

$$E_s = \frac{P}{Q} \cdot \frac{\mathrm{d}Q}{\mathrm{d}P}$$

供给价格弹性 E_s 的大小也分为五种类型，此处不赘。读者可以参见需求价格弹性的表述。

例 3.4.4　给定供给函数

$$P = 10 + \sqrt{Q}$$

求：（1）在 $Q = 100$ 和 $Q = 105$ 之间的弧弹性；（2）在 $Q = 100$ 处的点弹性。

解：（1）给定 $Q_1 = 100$，$Q_2 = 105$，可求得

$$P_1 = 10 + \sqrt{100} = 20, \quad P_2 = 10 + \sqrt{105} = 20.247$$

从而

$$\Delta P = 20.247 - 20 = 0.247, \quad \Delta Q = 105 - 100 = 5$$

$$P = \frac{1}{2}(20 + 20.247) = 20.123, \quad Q = \frac{1}{2}(100 + 105) = 102.5$$

供给价格的弧弹性为

$$E_s = \frac{P}{Q} \cdot \frac{\Delta Q}{\Delta P} = \frac{20.123}{102.5} \times \frac{5}{0.247} = 3.97$$

（2）由

$$P = 10 + Q^{\frac{1}{2}}$$

得

$$\frac{\mathrm{d}P}{\mathrm{d}Q} = \frac{1}{2}Q^{-\frac{1}{2}} = \frac{1}{2\sqrt{Q}}$$

所以

$$\frac{\mathrm{d}Q}{\mathrm{d}P} = 2\sqrt{Q}$$

当 $Q = 100$ 时，有

$$\frac{\mathrm{d}Q}{\mathrm{d}P} = 2\sqrt{100} = 20$$

供给价格的点弹性为

$$E_s = \frac{P}{Q} \cdot \frac{\mathrm{d}Q}{\mathrm{d}P} = \frac{20}{100} \times 20 = 4$$

比较（1）和（2）的计算结果，我们发现弧弹性和点弹性是近似相等的。

在经济活动中，一个重要问题是判断商品的价格变化会对厂商的收益产生什么影响。下面运用需求价格弹性讨论两者之间的关系，从而揭示市场营销中的普遍规律。

由于 $TR = P \cdot Q$，对 Q 求导数，得

$$MR = \frac{d(P \cdot Q)}{dQ} = P + Q \times \frac{dP}{dQ} = P\left(1 + \frac{Q}{P} \cdot \frac{dP}{dQ}\right)$$

而

$$E_d = -\frac{P}{Q} \cdot \frac{dQ}{dP}$$

所以

$$\frac{Q}{P} \cdot \frac{dP}{dQ} = -\frac{1}{E_d}$$

因此

$$MR = P\left(1 - \frac{1}{E_d}\right)$$

从上式可以看出，商品的需求价格弹性与边际收益之间存在着密切关系。这个关系可归纳为如下五种情况：

（1）如果 $E_d < 1$，则 $\frac{1}{E_d} > 1$，对于任意 P 值，$MR < 0$。这说明在需求缺乏弹性的区间内，收益函数是递减的，亦即此时随着 Q 的增加，总收益 TR 会减少。由于需求函数是减函数，即当 Q 增加时，P 是减少的。这说明，在需求缺乏弹性的区间内，厂商的收益与价格是同方向变化的。即涨价会增加收益，降价反而会减少收益。厂商对这种缺乏弹性的商品，要想增加销售收入，应该实施涨价策略。

（2）如果 $E_d > 1$，则 $\frac{1}{E_d} < 1$，对于任意 P 值，$MR > 0$。这说明在需求富有弹性的区间内，收益函数是递增的。亦即当 Q 增加时，总收益 TR 会增加。这说明，在需求富有弹性的区间内，厂商收益与价格是反方向变化的。即降价可以增加收益，涨价会减少收益。厂商对这种富有弹性的商品，应该通过降价实现薄利多销。

（3）如果 $E_d = 1$，则 $MR = 0$，这说明单位弹性的商品，厂商无论涨价还是降价，其销售收入始终不变。因为这种商品价格变动的幅度等于需求量变动的幅度，由价格变动造成的收益增加量（或减少量）刚好等于由需求量变动所带来的收益减少量（或增加量），所以总收益不变。

（4）如果 $E_d \to \infty$，则说明这种商品在即定价格之下的收益可以随需求量无限增加，因此，厂商如果降价只会使收益减少，如果涨价又会使需求量无限减少，收益变为零。可见，完全有弹性的商品不适合降价也不适合涨价。

（5）如果 $E_d = 0$，则说明这种商品的价格的任何变化都不会引起需求量的变化，即在 $TR = P \cdot Q$ 中，不管 P 如何任意变化，Q 都固定不变，因此，收益将与价格同方向、同比例地变化。

我们再讨论线性需求函数的弹性。比如，假设需求函数为

$$P = aQ + b$$

其中，$a < 0$ 且 $b > 0$。这是垄断厂商面临的需求函数。此时

$$Q = \frac{1}{a}(P - b)$$

从而

$$\frac{dQ}{dP} = \frac{1}{a}$$

需求价格弹性为

$$E_d = -\frac{P}{Q} \times \frac{dQ}{dP} = \frac{-P}{\frac{1}{a}(P - b)} \times \frac{1}{a}$$

$$= \frac{-P}{P - b} = \frac{P}{b - P}$$

上述式子有如下三个方面的意义：

第一，它只包含 P 和 b，不含 a。这表明线性需求函数的弹性与斜率无关，只与 P 和 b 有关。也就是说，对线性需求函数而言，只要 P 和 b 相同，两个点处的弹性就相同。图 3.4.3 中给出了具有相同截距、不同斜率的两个线性需求函数，对于相同的 P，点 A 与点 B 处的需求弹性是相同的，即 $E_d|_A = E_d|_B$。

第二，式子

$$E_d = \frac{P}{b - P}$$

的另一个有趣特征是 b 出现在分式的分母中，所以，对于相同的价格 P，截距 b 越大，弹性就越小。也就是说，在图 3.4.4 中，因为点 C 位于截距更大的曲线上，点 C 处的弹性就小于点 D 处的弹性。

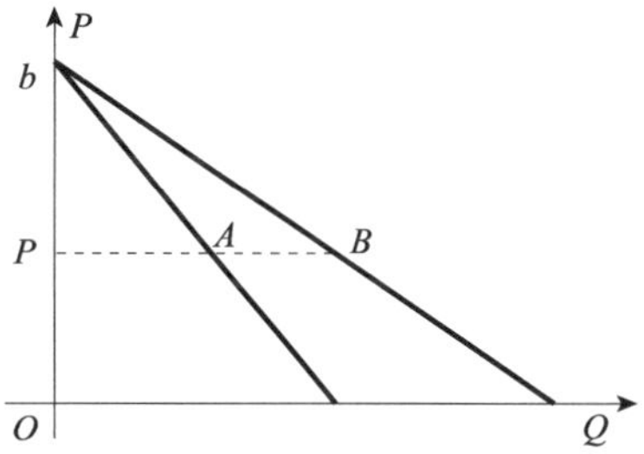

图 3.4.3

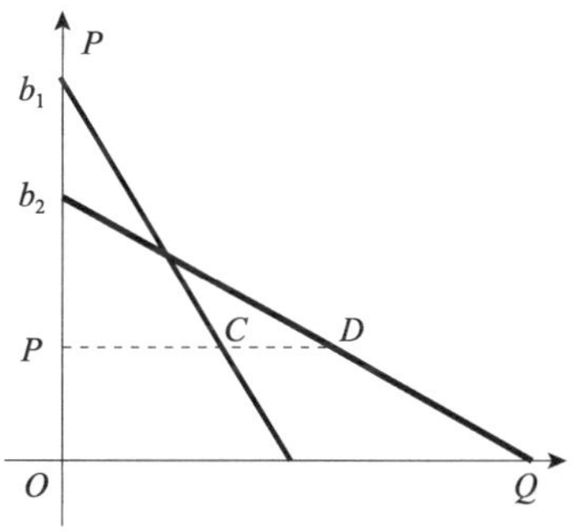

图 3.4.4

在同一坐标系中，两条斜率不同的需求曲线在交点处的弹性是否相等呢？从式子可以看出它们是不相等的，因为交点处的价格 P 是相等的，截距 b 比较小的、平坦的需求曲线在交点处的弹性就较大，而截距 b 比较大的、陡峭的需求曲线在交点处的弹性就较小。

第三，需求弹性依赖价格 P 的值。也就是说，当点沿着线性需求曲线移动时，需求弹性是不断变化的，如图 3.4.5 所示。

当 $P = b$ 时，有

$$E_d = \frac{b}{b - b} = \frac{b}{0} = \infty$$

当 $P = 0$ 时，有

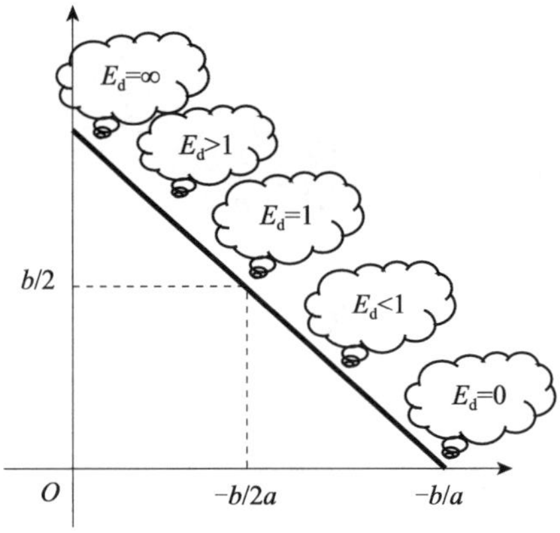

图 3.4.5

$$E_d = \frac{0}{b-0} = \frac{0}{b} = 0$$

当点沿着需求曲线从左向右移动时，需求弹性将由 ∞ 逐渐减小到1，最后为0，而且取尽中间所有的值。当 $E_d = 1$ 时，需求弹性是单位的。此时

$$P = \frac{b}{2}$$

其对应的需求量为

$$Q = \frac{1}{a}\left(\frac{b}{2} - b\right) = -\frac{b}{2a}$$

在单位弹性的点处，需求量恰好位于曲线的正中间。在此点的左边，$E_d > 1$，需求是富有弹性的；在此点的右边，$E_d < 1$，需求是缺乏弹性的。

这说明，在价格 P 偏高时，需求量较小，需求弹性较大；在价格 P 偏低时，需求量较大，需求弹性较小。也就是，在价格与需求量始终按同一比例变动（线性需求函数满足这个条件）的情况下，价格越高越富有弹性，价格越低越缺乏弹性。

除了需求价格弹性和供给价格弹性之外，经济学家还用其他的弹性（比如需求的交叉价格弹性、需求的收入弹性等）来描述市场上的消费行为。

习题 3.4

1. 给定需求函数

$$P = 1000 - 2Q$$

计算价格 P 由 210 下降到 200 时的弧弹性。

2. 给定需求函数

（1）$P = 90 - 12Q$　　　　（2）$P = \sqrt{100 - 2Q}$

分别计算由价格 $P = 6$ 增加到 $P = 10$ 时的需求价格弹性，并判断属于哪一种弹性类型。

3. 给定需求函数

$$P = -Q^2 - 10Q + 150$$

求当 $Q = 4$ 时的需求弹性，并估计需求上升 10% 时的价格变化。

4. 如果需求函数为

$$Q + 4P = 60$$

写出需求价格弹性关于 P 的表达式；当 P 取何值时，需求是单位弹性的？

5. 供给函数为

$$Q = 150 + 5P + 0.1P^2$$

分别计算在 $P=9$ 和 $P=11$ 之间弧的平均处、在 $P=10$ 处的供给价格弹性。

6. 如果供给函数为

$$Q = 7 + 0.1P + 0.004P^2$$

求当 $P = 80$ 时的供给价格弹性，并说明它的弹性类型，估计价格上升 5% 时供给变化的百分比。

7. 写出供给函数

$$Q = aP + b \qquad (a > 0)$$

点弹性的一般表达式，并说明当 $b = 0$ 时供给函数是单位弹性的，当 $b > 0$ 时供给函数是缺乏弹性的。最后对这些结果给出简要的代数解释。

8. 已知某商品的需求函数为

$$P = 100e^{-0.1Q}$$

证明当 $Q = 10$ 时，需求是单位弹性的。

3.5　函数的最优化

求函数的最大值或最小值被称为**最优化**，它是经济学中的一个重要主题。本节运用导数方法求解经济函数的最大值或最小值。

定义　对于函数 $y = f(x)$，使得 $f'(x) = 0$ 的点称为函数 $y = f(x)$ 的**驻点**。

比如，对于函数 $f(x) = x^2 - 3x$，容易求得其导数

$$f'(x) = 2x - 3$$

当 $x = \frac{3}{2}$ 时，$f'(x) = 0$，即 $f'\left(\frac{3}{2}\right) = 0$，因此，$x = \frac{3}{2}$ 是函数 $f(x) = x^2 - 3x$ 的一个驻点。

根据 3.2 小节的讨论，如果 $f'(x_0) = 0$，那么函数 $y = f(x)$ 在点 $x = x_0$ 处有水平的切线。如图 3.5.1 所示，曲线 $y = f(x)$ 在点 B、C、D、E 处都有水平的切线，这些点的 x 坐标都能使得 $f'(x) = 0$，因而也是函数 $y = f(x)$ 的驻点。

一般地，驻点可分为三类：局部最大驻点、局部最小驻点和拐点型驻点。

局部最大驻点是其左边图形上升、右边图形下降的点。在图 3.5.1 中，点 x_1 和 x_3 就是局部最大驻点，这两点的函数值与其两边邻近点的函数值比较是最大的，但它们不一定是全局最大的。

局部最小驻点是其左边图形下降、右边图形上升的点。在图 3.5.1 中，点 x_2 和 x_4 就是局部最小驻点，这两点的函数值与其两边邻近点的函数值比较是最小的，但它们不一定是全局最小的。

拐点型驻点的两边图形都是上升的或都是下降的。在图 3.5.2 中，点 x_1 是函数 $y = f(x)$ 的驻点，与 x_1 相对应的曲线上的点 H 就是一个拐点。尽管拐点有助于描绘经济函数的图形，但它在经济学中价值并不大。

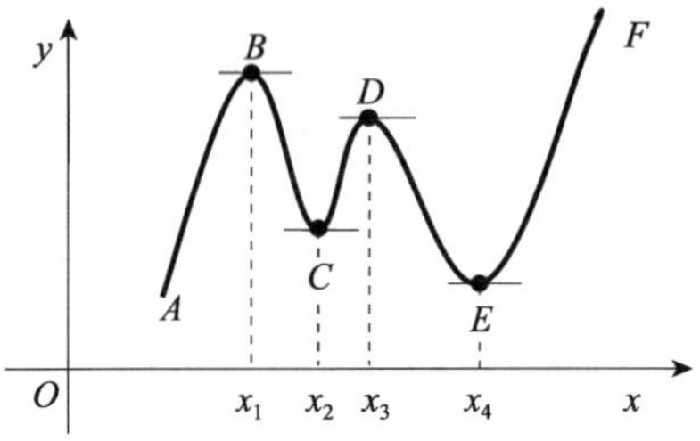

图 3.5.1

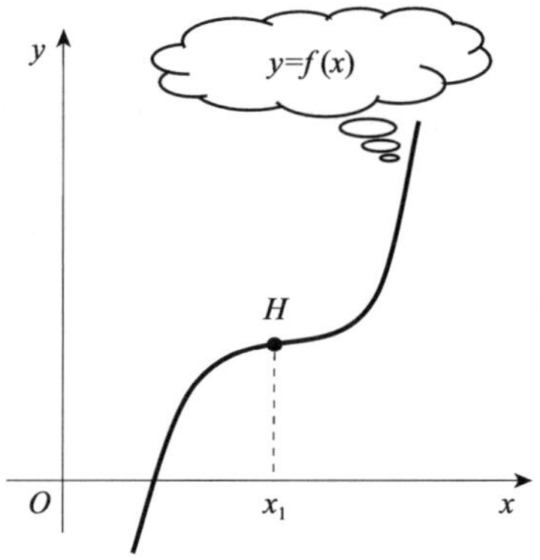

图 3.5.2

特别地，在经济学中，局部最大（或最小）驻点和全局最大（或最小）驻点是一致的，因此在多数情况下，我们会省略“局部”这个词。但是从数学上看，全局最大（或最小）是需要进一步检验的。

对于任意函数，如何找出它们的驻点并区分在哪一点处取得最大值或最小值呢？通常根据下面两个步骤就可以做出判断。

第一，求函数的一阶导数，并令其等于0，即令

$$f'(x)=0$$

通过解方程求出函数的所有驻点。

第二，若 $x=a$ 是函数的驻点，则

（1）如果$f''(a)>0$，则$f(x)$在 $x=a$ 处取得最小值。

（2）如果$f''(a)<0$，则$f(x)$在 $x=a$ 处取得最大值。

（3）如果$f''(a)=0$，需要使用其他方法来判断。

事实上，如果$f''(a)>0$，根据第3.2小节的分析可知，函数的图形在 $x=a$ 附近是U形的（如图3.5.1的点 C 和点 E），所以函数在 $x=a$ 处有最小值；如果$f''(a)<0$，则函数的图形在 $x=a$ 附近是倒U形的（如图3.5.1的点 B 和点 D），所以函数在 $x=a$ 处有最大值。

例 3.5.1 求下列函数的驻点。

(1) $y=3x^2+12x-35$ (2) $y=-2x^3+15x^2-36x+27$

解：(1) 求函数的一阶导数，得

$$y'=6x+12$$

令 $y'=0$，得驻点为

$$x=-2$$

(2) 求函数的一阶导数，得

$$y'=-6x^2+30x-36$$

令 $y'=0$

即

$$-6x^2+30x-36=0$$

解之，得驻点为

$$x=2,\ x=3$$

例 3.5.2 求下列函数的最大值或最小值。

(1) $f(x)=x^2-4x+5$　　　　(2) $f(x)=2x^3+3x^2-12x+4$

解：（1）求函数$f(x)$的一阶导数，得

$$f'(x)=2x-4$$

令$f'(x)=0$，得驻点为

$$x=2$$

求二阶导数，得

$$f''(x)=2$$

显然

$$f''(2)=2>0$$

所以函数在$x=2$处有最小值，最小值为

$$y=(2)^2-4(2)+5=1$$

（2）求函数$f(x)$的一阶导数，得

$$f'(x)=6x^2+6x-12$$

令$f'(x)=0$，即

$$6x^2+6x-12=0$$

解之，得驻点为

$$x=-2,\ x=1$$

求二阶导数，得

$$f''(x)=12x+6$$

则

$$f''(-2)=12(-2)+6=-18<0$$
$$f''(1)=12(1)+6=18>0$$

所以函数$f(x)$在$x=-2$处有最大值，最大值为

$$y=2(-2)^3+3(-2)^2-12(-2)+4=24$$

在$x=1$处有最小值，最小值为

$$y=2(1)^3+3(1)^2-12(1)+4=-3$$

例 3.5.3　一个厂商的短期生产函数为

$$Q=6L^2-0.2L^3$$

其中，L表示劳动投入量。

（1）求产出最大时的劳动投入量，并据此描绘产出函数的图形。

（2）求平均产出最大时的劳动投入量L，计算并比较此时的MP_L和AP_L，能发现什么？

解：（1）求函数的一阶导数，并令

$$\frac{dQ}{dL}=12L-0.6L^2=0$$

即

$$L(12-0.6L)=0$$

得

$$L=0\quad 或\quad L=20$$

求二阶导数

$$\frac{d^2Q}{dL^2}=12-1.2L$$

当 $L=0$ 时

$$\frac{d^2Q}{dL^2}=12>0$$

所以，当 $L=0$ 时，函数有最小值，最小值为

$$Q=6(0)^2-0.2(0)^3=0$$

当 $L=20$ 时

$$\frac{d^2Q}{dL^2}=-12<0$$

所以，当 $L=20$ 时，函数有最大值，最大值为

$$Q=6\times 20^2-0.2\times 20^3=800$$

故产出最大时的劳动投入量为20。

再令 $Q=6L^2-0.2L^3=0$，得函数图形与横轴的交点为

$$L=0,\ L=30$$

根据函数的最小值坐标（0，0），最大值坐标（20，800），可得生产函数的图形，如图3.5.3所示。

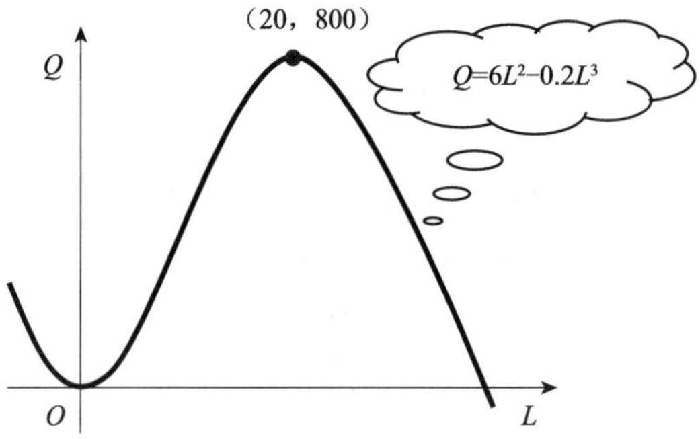

图3.5.3

（2）劳动的平均产出 AP_L 等于生产函数除以劳动投入量，即

$$AP_L=\frac{Q}{L}$$

这也称为**劳动生产率**，因为它反映了单位劳动的产出量。于是

$$AP_L=\frac{6L^2-0.2L^3}{L}=6L-0.2L^2$$

令

$$\frac{d(AP_L)}{dL}=6-0.4L=0$$

所以

$$L=\frac{6}{0.4}=15$$

求二阶导数

$$\frac{d^2(AP_L)}{dL^2}=-0.4<0$$

所以，当雇用 15 个工人时，劳动生产率最高，其最大值为

$$AP_L=6(15)-0.2(15)^2=45$$

换句话说，单位劳动的最大产出是 45。

最后，计算此点的边际产出 MP_L

$$MP_L=\frac{dQ}{dL}=12L-0.6L^2$$

$$=12\times15-0.6\times15^2=45$$

显然，当 $L=15$ 时，$MP_L=AP_L$。

本例说明，在劳动的平均产出达到最大值时，**劳动的边际产出=劳动的平均产出**。其实，这个结果对任何生产函数都成立。

例 3.5.4　商品的需求函数为

$$P+Q=30$$

并且总成本函数为

$$TC=\frac{1}{2}Q^2+6Q+7$$

（1）求总收益最大化时的产出水平；（2）求利润最大化时的产出水平，计算并比较在 Q 处的 MR 和 MC。

解：（1）总收益函数为

$$TR=P\cdot Q=(30-Q)Q$$

$$=30Q-Q^2$$

令

$$\frac{d(TR)}{dQ}=30-2Q=0$$

得驻点

$$Q=15$$

求二阶导数，得

$$\frac{d^2(TR)}{dQ^2}=-2<0$$

所以总收益函数 TR 在 $Q=15$ 处达到最大值。

（2）利润函数为

$$\pi=TR-TC=(30Q-Q^2)-\left(\frac{1}{2}Q^2+6Q+7\right)$$

$$=30Q-Q^2-\frac{1}{2}Q^2-6Q-7$$

$$=-\frac{3}{2}Q^2+24Q-7$$

令

$$\frac{d\pi}{dQ}=-3Q+24=0$$

得驻点

$$Q=8$$

求二阶导数，得

$$\frac{d^2\pi}{dQ^2}=-3<0$$

所以，利润函数 π 在 $Q=8$ 处达到最大值，相应的最大利润为

$$\pi=-\frac{3}{2}\times 8^2+24\times 8-7=89$$

因为 $TR=30Q-Q^2$，则

$$MR=\frac{d(TR)}{dQ}=30-2Q$$

当 $Q=8$ 时

$$MR=30-2(8)=14$$

因为

$$TC=\frac{1}{2}Q^2+6Q+7$$

则

$$MC=\frac{d(TC)}{dQ}=Q+6$$

当 $Q=8$ 时，$MC=8+6=14$。

由此可以得到，当 $Q=8$ 时，$MR=MC$。

由本例可以发现，在利润取得最大值的点处，**边际收益 = 边际成本**。事实上，这个结果对任何利润函数都成立。

例 3.5.5 建一座有 x 层的办公大楼，其成本由以下三部分组成：（1）土地成本 1000 万元；（2）每层楼的成本为 25 万元；（3）每层楼的专门化成本 x 万元。问每层楼的平均成本达到最小时，此大楼应包含多少层？

解： 土地成本 1000 万元是固定成本，因为它与层数无关。每层的成本是 25 万元，如果楼房有 x 层，则成本为 $25x$ 万元。

另外，每层楼的专门化成本 x 万元，那么 x 层的专门化成本是

$$x\cdot x=x^2$$

此处的平方项意味着专门化成本会随 x 增加而增加，因为楼层越高，设计会更复杂或需要使用更昂贵的材料。

总成本 TC 是上述三项成本的总和，即

$$TC=1000+25x+x^2$$

每层楼的平均成本 AC 为总成本除以层数 x，即

$$\begin{aligned}AC=\frac{TC}{x}&=\frac{1000+25x+x^2}{x}\\&=\frac{1000}{x}+25+x\\&=1000x^{-1}+25+x\end{aligned}$$

令 $\frac{d(AC)}{dx}=0$，即

$$\frac{d(AC)}{dx}=-1000x^{-2}+1=\frac{-1000}{x^2}+1=0$$

$$x=\sqrt{1000}=31.6 \quad x=-31.6(\text{负值舍去})$$

求二阶导数，得

$$\frac{d^2(AC)}{dx^2}=-2(-1000)x^{-3}=\frac{2000}{x^3}$$

当 $x=31.6$ 时

$$\frac{d^2(AC)}{dx^2}=\frac{2000}{31.6^3}=0.06338>0$$

所以，当 $x=31.6$ 时 AC 有最小值。因为 x 必须为整数，为此要计算当 $x=31$ 或 $x=32$ 时 AC 的值，再选择平均成本较低的那个值。

当 $x=31$ 时

$$AC=\frac{1000}{31}+25+31=88.2581 \text{ 万元}$$

当 $x=32$ 时

$$AC=\frac{1000}{32}+25+32=88.25 \text{ 万元}$$

可见，建造一栋 32 层的办公大楼将使得每层楼的平均成本最低。

例 3.5.6 商品的供给函数和需求函数分别为

$$P=Q_S+8$$

和

$$P=-3Q_D+80$$

政府决定对单位商品征税，税额为 t。假设市场达到均衡，求政府税收最大化时的 t 值。

解： 由于引入税收，需要在供给函数中用 $P-t$ 替代 P，这是因为供给者实际收到的价格是消费者支付的价格 P 减去政府税收 t。所以新的供给函数为

$$P-t=Q_S+8$$

即

$$P=Q_S+8+t$$

在达到均衡时，有

$$Q_S=Q_D=Q$$

则供求关系式为

$$P=Q+8+t$$

$$P=-3Q+80$$

从而

$$Q+8+t=-3Q+80$$

$$Q=18-\frac{1}{4}t$$

如果商品的销售量为 Q，政府对单位商品的征税额为 t，则总的税收 T 为

$$T=tQ=t\left(18-\frac{1}{4}t\right)$$

$$=18t-\frac{1}{4}t^2$$

令

$$\frac{dT}{dt} = 18 - \frac{1}{2}t = 0$$

得驻点

$$t = 36$$

求二阶导数得

$$\frac{d^2T}{dt^2} = -\frac{1}{2} < 0$$

这说明，当 $t=36$ 时，总税收 T 达到最大值，因而政府应对每单位商品征收 36 美元的税收。

例 3.5.7 一个出版商生产的图书产品，假设图书线性需求函数为

$$P = 100 - Q$$

成本函数为 $C=25Q$。图书的作者可以得到每本书销售价格的 10% 作为版权费率。讨论作者的收入与出版商的利润最大化时的销量。

解：出版商的收入函数为

$$R(Q) = P \cdot Q = (100 - Q)Q = 100Q - Q^2$$

作者的收入为

$$\begin{aligned} Y(Q) &= 10\% R(Q) \\ &= 0.1(100Q - Q^2) \\ &= 10Q - 0.1Q^2 \end{aligned}$$

而出版商的利润为

$$\begin{aligned} \pi &= P \cdot Q - C - Y(Q) \\ &= (100 - Q)Q - 25Q - 0.1(100Q - Q^2) \\ &= 65Q - 0.9Q^2 \end{aligned}$$

如果作者希望自己的收入最大化，那应该有

$$\frac{dY}{dQ} = 10 - 0.2Q = 0$$

即 $Q=50$ 是作者收入最大化的销售量，$P=100-50=50$ 是作者期望的销售价格。然而，出版商的利润最大化所选择的销售量必须满足

$$\frac{d\pi}{dQ} = 65 - 1.8Q = 0$$

于是得到

$$Q = 36.1 \quad P = 63.9$$

这说明作者和出版商在最大化自己的利益时会产生一定冲突。

其实，这是必然存在的。令 r 表示版权费率，且 $0 < r < 1$，则作者的收入为

$$Y(Q) = rR(Q)$$

那么，作者的收入 $Y(Q)$ 最大化时，销售量 Q_A 必须满足条件

$$R'(Q_A) = 0$$

其中，Q_A 也是作者所期望的销售量。

出版商的利润为

$$\begin{aligned} \pi &= R(Q) - C(Q) - rR(Q) \\ &= (1 - r)R(Q) - C(Q) \end{aligned}$$

在出版商的利润 $\pi(Q)$ 最大化时，可以得到

$$\pi'(Q)=(1-r)R'(Q)-C'(Q)=0$$

即

$$R'(Q_B)=\frac{C'(Q_B)}{1-r}$$

其中，Q_B 是出版商利润最大化时的销售量。

由于边际成本总是大于零，即 $C'(Q_B)>0$，得 $R'(Q_B)>0$，从而 $Q_B\neq Q_A$。因为在通常情况下，边际收入随着销量的增加而减少，边际收入 $R'(Q)$ 是减函数，从而有 $R''(Q)<0$。也就是说，$R(Q)$ 是倒U形曲线，如图3.5.4所示，所以点 Q_B 必定在点 Q_A 的左边，从而

$$Q_B<Q_A$$

也就是说，出版商利润最大化时的销售量 Q_B 小于作者利润最大化时的销售量 Q_A。

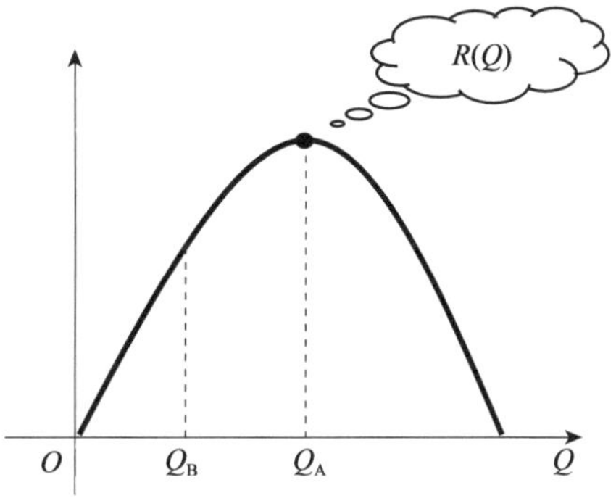

图3.5.4

习题3.5

1. 求下列函数的驻点。

(1) $y=-x^2+x+1$　　(2) $y=x^2+4x+17$

(3) $y=x^2-20x+105$　　(4) $y=-x^3+3x$

2. 一个厂商的短期生产函数为

$$Q=30L^2-0.5L^3$$

求使劳动的平均产出最大时的劳动投入量，并证明在此处 $MP_L=AP_L$。

3. 商品的需求函数为

$$P=\sqrt{1000-4Q}$$

求收益最大化时的 Q 值。

4. 如果固定成本是32，单位产品的可变成本是 $2Q$，写出TC、AC、MC的表达式。求AC最小化时的 Q 值，并证明在此处AC=MC。

5. 给定总成本和总收益函数分别为

$$TC=2Q+13,\quad TR=100\ln(Q+1)$$

求利润最大化时所需要的产出水平。

6. 商品的需求函数为

$$P + 2Q = 20$$

总成本函数为

$$\mathrm{TC} = Q^3 - 8Q^2 + 20Q + 2$$

（1）求最大化收益时的产出水平；（2）求利润最大化时的 Q 值与最大利润，并证明在此 Q 处 MR = MC。

7. 商品的总成本函数为

$$\mathrm{TC} = Q^2 + 3Q + 36$$

试求平均成本最小化时的产出水平，以及此 Q 处的 AC 和 MC，由此能得到什么结论？

8. 某电子厂在 1 月份推出一种新产品，此后一年内在新产品推出市场后的第 t 天所收到的订单数量 S 为

$$S = t^2 - 0.002t^3$$

（1）求这一年中任意一天可以收到的最大订单数量？（2）多少天后厂商收到的订单增长最快。

9. 某商品的供给和需求函数分别为

$$3P - Q_{\mathrm{S}} = 3$$

和

$$2P + Q_{\mathrm{D}} = 14$$

政府决定对单位商品征税 t 美元。假设市场是均衡的，求政府总税收最大化时的 t 值。

10. 假设一个出版商付给作者的版权费率为 15%。图书的需求函数为

$$Q = 200 - 5P$$

成本函数为 $C = 10 + 2Q + Q^2$，求作者和出版商各自利益最大化时的销售量。

3.6 再优化

在 3.5 小节中，我们得到了两个重要结论。

结论 1：如果厂商的利润最大化，则 MR = MC；

结论 2：如果厂商最大化其劳动的平均产出，则 $\mathrm{AP_L} = \mathrm{MP_L}$。

在本小节中，我们将证明以上两个结论。

首先证明结论 1。

因为利润 π 等于总收益 TR 与总成本 TC 之差，即

$$\pi = \mathrm{TR} - \mathrm{TC}$$

要使利润 π 达到最大，必须求 π 关于 Q 的导数，并令其等于 0，找到 π 的驻点。于是

$$\frac{\mathrm{d}\pi}{\mathrm{d}Q} = \frac{\mathrm{d(TR)}}{\mathrm{d}Q} - \frac{\mathrm{d(TC)}}{\mathrm{d}Q} = 0$$

即

$$\frac{\mathrm{d(TR)}}{\mathrm{d}Q} = \frac{\mathrm{d(TC)}}{\mathrm{d}Q}$$

而

$$MR=\frac{d(TR)}{dQ},\ MC=\frac{d(TC)}{dQ}$$

所以

$$MR=MC$$

也就是说，使利润 π 最大化的点 Q，必须要满足上面这个等式。

当然，满足上述等式的 Q 值可能不止一个，这就需要更多的信息才能确定最大化利润对应的点。此时可以通过求二阶导数来判断。

例 3.6.1 一个垄断者的需求函数是

$$P=25-0.5Q$$

其固定成本是7，单位可变成本为 $Q+1$。求 MR 和 MC，以及利润最大化时的 Q 值。

解： 由 $TR=Q\cdot P$，得

$$\begin{aligned}TR&=Q(25-0.5Q)\\&=25Q-0.5Q^2\\TC&=Q(Q+1)+7\\&=Q^2+Q+7\end{aligned}$$

所以

$$MR=\frac{d(TR)}{dQ}=25-Q$$

$$MC=\frac{d(TC)}{dQ}=2Q+1$$

令 MR = MC 得

$$25-Q=2Q+1$$

即

$$Q=8$$

所以，当 $Q=8$ 时，利润达到最大化。

一般情况下，厂商会进入几个不同的市场销售其商品。比如，厂商可能向几个需求条件完全不同的国家出口商品，并对每个国家确定不同的价格，以实现总收益的最大化。此时就可用“边际收益等于边际成本”来确定每个市场的最优定价。

例 3.6.2 允许厂商对家庭消费者和工业消费者确定不同的价格。如果 P_1 和 Q_1 代表家庭消费市场的价格和需求，需求函数为

$$P_1+Q_1=500$$

如果 P_2 和 Q_2 代表工业消费市场的价格和需求，需求函数为

$$2P_2+3Q_2=720$$

总成本函数为

$$TC=50000+20Q$$

其中，$Q=Q_1+Q_2$。分别在（1）存在价格歧视、（2）不存在价格歧视的条件下，求厂商为达到利润最大化所需确定的价格，并比较（1）和（2）的利润。

解：（1）假设总成本函数与市场的类型无关，并且边际成本在两种情况下是相等的。

事实上，因为

$$TC=50000+20Q$$

所以 MC=20。利润最大化时必须有：每种市场上的边际收益等于不变的边际成本。

对于家庭消费市场，需求函数为

$$P_1 + Q_1 = 500$$

即

$$P_1 = 500 - Q_1$$

所以，市场的总收益函数为

$$\mathrm{TR}_1 = (500 - Q_1)Q_1 = 500Q_1 - Q_1^2$$

从而

$$\mathrm{MR}_1 = \frac{\mathrm{d}(\mathrm{TR}_1)}{\mathrm{d}Q_1} = 500 - 2Q_1$$

为了最大化利润，必须

$$\mathrm{MR}_1 = \mathrm{MC}$$

即

$$500 - 2Q_1 = 20$$
$$Q_1 = 240$$

相应的价格为

$$P_1 = 500 - 240 = 260 \text{ 美元}$$

也就是说，为了最大化利润，厂商对家庭消费者的定价为单位商品 260 美元。

对于工业消费市场，需求函数为

$$2P_2 + 3Q_2 = 720$$

即

$$P_2 = 360 - \frac{3}{2}Q_2$$

所以市场的总收益函数为

$$\mathrm{TR}_2 = \left(360 - \frac{3}{2}Q_2\right)Q_2 = 360Q_2 - \frac{3}{2}Q_2^2$$

从而

$$\mathrm{MR}_2 = \frac{\mathrm{d}(\mathrm{TR}_2)}{\mathrm{d}Q_2} = 360 - 3Q_2$$

为了最大化利润，必须有

$$\mathrm{MR}_2 = \mathrm{MC}$$

即

$$360 - 3Q_2 = 20$$
$$Q_2 = \frac{340}{3}$$

相应的价格为

$$P_2 = 360 - \frac{3}{2} \times \frac{340}{3} = 190 \text{ 美元}$$

也就是说，为了最大化利润，厂商要对工业消费者的定价为单位商品 190 美元，此值低于向家庭消费者所制定的价格。

（2）如果不存在价格歧视，则 $P_1 = P_2 = P$，家庭消费和工业消费的需求函数分别为

$$P + Q_1 = 500$$

和

$$2P + 3Q_2 = 720$$

则家庭消费市场

$$Q_1 = 500 - P$$

工业消费市场

$$Q_2 = 240 - \frac{2}{3}P$$

混合的总需求函数为

$$Q = Q_1 + Q_2 = 740 - \frac{5}{3}P$$

即

$$P = 444 - \frac{3}{5}Q$$

厂商的收益函数可以写成

$$\mathrm{TR} = \left(444 - \frac{3}{5}Q\right)Q = 444Q - \frac{3Q^2}{5}$$

从而

$$\mathrm{MR} = \frac{\mathrm{d}(\mathrm{TR})}{\mathrm{d}Q} = 444 - \frac{6}{5}Q$$

为了使利润最大化，令

$$\mathrm{MR} = \mathrm{MC}$$

即

$$444 - \frac{6}{5}Q = 20$$

$$Q = \frac{1060}{3}$$

相应的价格为

$$P = 444 - \frac{3}{5} \times \frac{1060}{3} = 232\text{ 美元}$$

在不存在价格歧视情况下，厂商收益最大化时采取的统一定价为单位商品 232 美元。注意，这个价格处于没有价格歧视条件下的家庭消费市场和工业消费市场的价格之间。

（3）下面计算每种策略下的利润。

在条件（1）下，厂商以 260 美元的单价在家庭消费市场销售 240 个单位商品，并以 190 美元的单价在工业消费市场销售 $\frac{340}{3}$ 个单位商品，所以总收益为

$$240 \times 260 + \frac{340}{3} \times 190 = 83933.33\text{ 美元}$$

总产出数量为

$$240 + \frac{340}{3} = \frac{1060}{3}$$

所以总成本为

$$50000 + 20 \times \frac{1060}{3} = 57066.67 \text{ 美元}$$

因此，存在价格歧视条件下的利润为

$$83933.33 - 57066.67 = 26866.66 \text{ 美元}$$

在条件（2）下，厂商以232美元的单价销售$\frac{1060}{3}$个单位商品，故总收益为

$$\frac{1060}{3} \times 323 = 81973.33 \text{ 美元}$$

由于两种定价策略下的总产出相等，均为$\frac{1060}{3}$。因此，条件（2）的总成本等于条件（1）的总成本。即

$$TC = 57066.67 \text{ 美元}$$

不存在价格歧视条件下的利润为

$$81973.33 - 57066.67 = 24906.66 \text{ 美元}$$

正如所想象的那样，价格歧视下的利润应该高于不存在价格歧视时的利润。

在例3.6.2中，假设每个市场的边际成本都相等，通过边际收益等于这个共同的边际成本，从而得到价格歧视条件下利润最大化的产出水平。这意味着，每个市场的边际收益也应该是相等的。也就是说，如果

$$MR_1 = MC \qquad MR_2 = MC$$

则

$$MR_1 = MR_2$$

这个结果的经济学背景是显然的。因为如果每个市场的边际收益不相等，那么厂商必定会调整策略，以增加边际收益较高的那个市场的销售量，同时在边际收益较低的那个市场减少相同的销售量，从而在保证成本不变的前提下增加总收益，提高利润水平。

这个特征引出了关于价格P和需求弹性E的有趣结果。上文3.4小节中推导出公式

$$MR = P\left(1 - \frac{1}{E}\right)$$

令两个市场相对于价格P_1和P_2的需求弹性分别为E_1和E_2，等式

$$MR_1 = MR_2$$

则变为

$$P_1\left(1 - \frac{1}{E_1}\right) = P_2\left(1 - \frac{1}{E_2}\right)$$

也就是说，只要厂商选择其价格P_1和P_2来最大化每个市场的利润时，这个等式都是成立的。于是

$$\frac{P_1}{P_2} = \frac{1 - \frac{1}{E_2}}{1 - \frac{1}{E_1}}$$

（1）当$E_1 < E_2 < 1$时，$\frac{1}{E_1} > \frac{1}{E_2}$，$1 - \frac{1}{E_1} < 1 - \frac{1}{E_2} < 0$，有

$$\frac{1-\frac{1}{E_2}}{1-\frac{1}{E_1}} < 1$$

从而

$$\frac{P_1}{P_2} < 1$$

即

$$P_1 < P_2$$

这就是说，当两个市场的需求都缺乏弹性时，厂商应该在需求弹性相对较高的市场确定更高的价格。

（2）当 $1 < E_1 < E_2$ 时，$\frac{1}{E_1} > \frac{1}{E_2}$，$0 < 1-\frac{1}{E_1} < 1-\frac{1}{E_2}$，有

$$\frac{1-\frac{1}{E_2}}{1-\frac{1}{E_1}} > 1$$

从而

$$\frac{P_1}{P_2} > 1$$

即

$$P_1 > P_2$$

这就是说，当两个市场的需求都富有弹性时，厂商应该在需求弹性相对较低的市场确定更高的价格。

现在，我们讨论劳动的平均产出，并证明结论2。

劳动的平均产出为

$$\mathrm{AP_L} = \frac{Q}{L}$$

其中，Q 是产出，L 为劳动。

根据商的求导法则

$$\frac{\mathrm{d}(\mathrm{AP_L})}{\mathrm{d}L} = \frac{\frac{\mathrm{d}Q}{\mathrm{d}L}\cdot L - Q}{L^2} \qquad \left(\text{其中，}\frac{\mathrm{d}Q}{\mathrm{d}L} = \mathrm{MP_L}\right)$$

$$= \frac{L(\mathrm{MP_L}) - Q}{L^2} = \frac{\mathrm{MP_L} - \frac{Q}{L}}{L}$$

$$= \frac{\mathrm{MP_L} - \mathrm{AP_L}}{L} \qquad \left(\text{其中，}\mathrm{AP_L} = \frac{Q}{L}\right)$$

令

$$\frac{\mathrm{d}(\mathrm{AP_L})}{\mathrm{d}L} = 0$$

得

$$\frac{MP_L - AP_L}{L} = 0$$

即

$$MP_L = AP_L$$

这表明，当劳动的边际产出等于劳动的平均产出时，劳动的平均产出函数达到最大值。

不妨假设平均产出函数达到最大值时的驻点为 L_0，图 3.6.3 是平均产出函数和边际产出函数的图形。这两条曲线在 AP_L 达到最大值处相交，在点 L_0 的左边 AP_L 函数是递增的，所以

$$\frac{d(AP_L)}{dL} > 0$$

即

$$\frac{MP_L - AP_L}{L} > 0$$

所以，在驻点 L_0 的左边，$MP_L > AP_L$。换句话说，在这个区域内，劳动的边际产出的图形位于劳动的平均产出的图形之上。

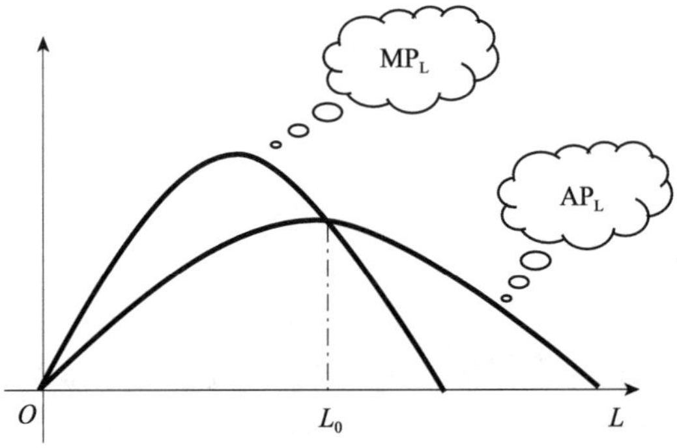

图 3.6.3

类似地，在驻点 L_0 的右边，AP_L 是递减的，所以

$$\frac{d(AP_L)}{dL} < 0$$

从而 $MP_L < AP_L$。在这个区域内，劳动的边际产出的图形位于劳动的平均产出的图形之下。

例 3.6.3 厂商的短期生产函数为

$$Q = L^2 e^{-0.01L}$$

试求劳动的平均产出最大化时的 L 值。

解： 劳动的平均产出为

$$AP_L = \frac{Q}{L} = \frac{L^2 e^{-0.01L}}{L} = Le^{-0.01L}$$

令 $\frac{d(AP_L)}{dL} = 0$ 求驻点，即

$$\begin{aligned}\frac{d(AP_L)}{dL} &= e^{-0.01L} + L(-0.01e^{-0.01L}) \\ &= (1 - 0.01L)e^{-0.01L} = 0\end{aligned}$$

所以

$$L = 100$$

求二阶导数

$$\begin{aligned}\frac{\mathrm{d}^2(\mathrm{AP_L})}{\mathrm{d}L^2} &= \frac{\mathrm{d}}{\mathrm{d}L}\left(\frac{\mathrm{d}(\mathrm{AP_L})}{\mathrm{d}L}\right) = \frac{\mathrm{d}}{\mathrm{d}L}[(1-0.01L)\mathrm{e}^{-0.01L}] \\ &= (1-0.01L)(-0.01\mathrm{e}^{-0.01L}) + \mathrm{e}^{-0.01L} \times -0.01 \\ &= (-0.02+0.0001L)\mathrm{e}^{-0.01L}\end{aligned}$$

将 $L=100$ 代入上式，得

$$\frac{\mathrm{d}^2(\mathrm{AP_L})}{\mathrm{d}L^2} = -0.0037 < 0$$

所以，$\mathrm{AP_L}$ 在驻点 $L=100$ 处取得最大值。

习题 3.6

1. 一个厂商的需求函数为

$$P = aQ + b(a < 0,\ b > 0)$$

固定成本为 C，单位产品的可变成本为 d。（1）写出 TR 和 TC 的表达式，并求 MR 和 MC；（2）证明当 $Q = \dfrac{d-b}{2a}$ 时，利润函数 π 有最大值。

2. 商品的需求函数为

$$Q = 1000\mathrm{e}^{-0.2P}$$

固定成本为 100，单位产品的可变成本为 2，写出利润函数，并求利润最大化时的价格。

3. 已知边际收益 MR 和需求价格弹性 E 之间的关系为

$$\mathrm{MR} = P\left(1-\frac{1}{E}\right)$$

据此说明在总收益最大的点处有 $E=1$，并用需求函数 $2P+3Q=60$ 验证这个结论。

4. 某厂商国内外市场的需求函数分别为

$$P_1 = 50 - 5Q_1$$
$$P_2 = 30 - 4Q_2$$

并且总成本函数为

$$\mathrm{TC} = 10 + 10Q$$

其中，$Q = Q_1 + Q_2$。分别在存在价格歧视、不存在价格歧视的条件下，确定最大化利润所需求的价格，并比较这两种情况下的利润。

5. 某公司可以对国内外市场确定不同的价格。相应的需求函数分别为

$$Q_1 = 300 - P_1$$
$$Q_2 = 400 - 2P_2$$

总成本函数为

$$\mathrm{TC} = 5000 + 100Q$$

其中，$Q = Q_1 + Q_2$。分别在存在价格歧视、不存在价格歧视的条件下，确定厂商利润最大化所要求的价格，并比较这两种情况下的利润。在价格歧视的条件下，对于每个给定的需求函

数确定利润最大化点处的需求弹性，并说明厂商在需求弹性较低的市场会确定更高的价格。

6. 证明：在平均成本函数的驻点处，平均成本等于边际成本。

7. 如果厂商的产出函数为

$$Q = 700Le^{-0.02L}$$

求产出最大化时的 L 值。

8. 假设竞争市场上的供给和需求函数分别为

$$P = aQ_s + b$$

其中，$a > 0$，$b > 0$；

$$P = -cQ_D + d$$

其中，$c > 0$，$d > 0$。

如果政府对单位产品征收消费税 t 美元，求证：市场均衡时的数量为

$$Q = \frac{d - b - t}{a + c}$$

并且当 $t = \frac{d - b}{2}$ 时，政府税收 $T = tQ$ 可以达到最大化。

第 4 章　积分及其应用

积分是微积分学的核心内容之一。不定积分是求函数的导数的反向运算，与此相关的定积分则对应函数图形介于两点之间的曲线下方区域的面积。本章主要介绍不定积分的概念、基本积分公式与方法、定积分的几何意义、积分的性质与计算方法，以及它们在经济中的应用。

4.1　不定积分的概念

学习第 3 章的内容后，我们能求出一个已知函数的导数。但在实际应用中，常常会遇到相反的问题。比如，由边际收益求出收益函数，或是根据边际成本求出总成本函数。这个问题从数学角度看就是：已知某个函数的导数，求原来的那个函数。

比如，找一个函数 $F(x)$，使得它的导数为

$$f(x)=4x^3$$

你能找到这个函数 $F(x)$ 吗？根据前文的导数内容，容易知道

$$F(x)=x^4$$

因为 $[F(x)]'=(x^4)'=4x^3=f(x)$。

又如，给定一个函数

$$f(x)=x^8$$

现在要找一个函数 $F(x)$，使得 $F'(x)=f(x)$，此时仍然容易找到

$$F(x)=\frac{1}{9}x^9$$

因为 $[F(x)]'=\left(\frac{1}{9}x^9\right)'=x^8=f(x)$。

随着给定的函数 $f(x)$ 越来越复杂，$F(x)$ 也越不容易找出来，这就需要一个通用的求解方法。为此，先引入如下概念。

定义 4.1.1　设函数 $F(x)$、$f(x)$ 定义在区间 I 上，如果函数 $F(x)$ 的导数等于 $f(x)$，即

$$F'(x)=f(x)$$

那么称 $F(x)$ 为 $f(x)$ 在该区间上的一个原函数。

很显然，如果 $F(x)$ 是 $f(x)$ 的一个原函数，C 为任意常数，那么

$$\frac{\mathrm{d}[F(x)+C]}{\mathrm{d}x}=\frac{\mathrm{d}F(x)}{\mathrm{d}x}+\frac{\mathrm{d}C}{\mathrm{d}x}=f(x)$$

因此 $F(x)+C$ 也是 $f(x)$ 的原函数。

总结前面的例子可以得出，$F(x)=x^4$ 是 $f(x)=4x^3$ 的一个原函数，而且 x^4+C 也是 $4x^3$ 的原函数，其中常数 C 可以取不同的数值。

例 4.1.1 求函数 $f(x)=7x^6$ 的一个原函数。

解： 因为

$$(x^7)'=7x^6=f(x)$$

所以 $F(x)=x^7$ 是 $f(x)=7x^6$ 的一个原函数。

例 4.1.2 求函数 $f(x)=\mathrm{e}^x$ 的一个原函数。

解： 因为

$$(\mathrm{e}^x)'=\mathrm{e}^x=f(x)$$

所以 $F(x)=\mathrm{e}^x$ 是 $f(x)=\mathrm{e}^x$ 的一个原函数。

设 $F(x)$ 和 $G(x)$ 是 $f(x)$ 的两个原函数，C 为任意常数，则

$$\frac{\mathrm{d}[G(x)-F(x)]}{\mathrm{d}x}=\frac{\mathrm{d}G(x)}{\mathrm{d}x}-\frac{\mathrm{d}F(x)}{\mathrm{d}x}=f(x)-f(x)=0$$

所以

$$G(x)-F(x)=C$$

或

$$G(x)=F(x)+C$$

这说明，函数 $f(x)$ 的任意两个原函数只相差一个常数。由此可知，$f(x)$ 的所有原函数都可以由 $F(x)+C$ 来表示。

定义 4.1.2 把 $f(x)$ 带有任意常数 C 的所有原函数 $F(x)+C$，叫作函数 $f(x)$ 的不定积分，记为

$$\int f(x)\,\mathrm{d}x=F(x)+C$$

式中，$\int$ 称为积分符号，$f(x)$ 称为被积函数，$f(x)\,\mathrm{d}x$ 称为被积表达式，x 称为积分变量，C 称为积分常数。

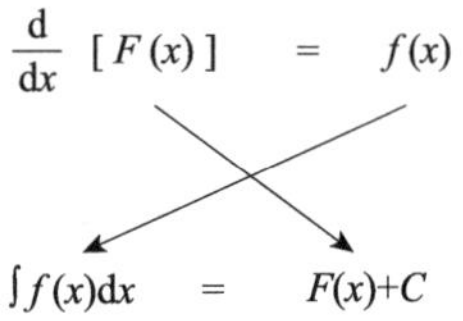

图 4.1.1

不定积分与导数的关系如图 4.1.1 所示。

例 4.1.3 求下列函数的不定积分。

(1) $100x^{99}$　　(2) x^{13}

解：(1) 因为 $(x^{100})'=100x^{99}$，所以 x^{100} 是 $100x^{99}$ 的一个原函数。

根据不定积分的定义，得

$$\int 100x^{99}\,\mathrm{d}x=x^{100}+C$$

(2) 因为 $\left(\frac{1}{14}x^{14}\right)'=x^{13}$，所以 $\frac{1}{14}x^{14}$ 是 x^{13} 的一个原函数。

根据不定积分的定义，得

$$\int x^{13}\,\mathrm{d}x=\frac{1}{14}x^{14}+C$$

根据不定积分的定义，容易得到如下性质。

性质 4.1.1

$$\frac{\mathrm{d}}{\mathrm{d}x}\left[\int f(x)\,\mathrm{d}x\right]=f(x)$$

这个性质表明，求导运算是求不定积分的逆运算。

例 4.1.4　已知 $\int f(x)\,\mathrm{d}x = x + \mathrm{e}^x + C$，求 $f(x)$。

解：对已知条件的两边求导，得

$$\frac{\mathrm{d}}{\mathrm{d}x}\left[\int f(x)\,\mathrm{d}x\right]=\frac{\mathrm{d}}{\mathrm{d}x}(x+\mathrm{e}^x+C)$$

上式的左边由性质 4.1.1，得

$$f(x)=1+\mathrm{e}^x$$

性质 4.1.2

$$\int \frac{\mathrm{d}}{\mathrm{d}x}F(x)\,\mathrm{d}x = F(x)+C$$

或者

$$\int \mathrm{d}F(x) = F(x)+C$$

因为 $F'(x)=\dfrac{\mathrm{d}F(x)}{\mathrm{d}x}$，这说明 $F(x)$ 是 $\dfrac{\mathrm{d}F(x)}{\mathrm{d}x}$ 的一个原函数，根据不定积分的定义可知，上述性质成立。

性质 4.1.3

$$\int Kf(x)\,\mathrm{d}x = K\int f(x)\,\mathrm{d}x \quad （常数 K\neq 0）$$

注意，此性质要求 $K\neq 0$，请读者思考为什么？

性质 4.1.4

$$\int [f(x)\pm g(x)]\,\mathrm{d}x = \int f(x)\,\mathrm{d}x \pm \int g(x)\,\mathrm{d}x$$

例 4.1.5　计算 $\int (5x^2-4x+2)\,\mathrm{d}x$。

解：根据性质 4.1.3、性质 4.1.4，得

$$\begin{aligned}\int (5x^2-4x+2)\,\mathrm{d}x &= \int 5x^2\,\mathrm{d}x - \int 4x\,\mathrm{d}x + \int 2\,\mathrm{d}x\\ &= 5\int x^2\,\mathrm{d}x - 4\int x\,\mathrm{d}x + 2\int \mathrm{d}x\\ &= \frac{5x^3}{3} - 2x^2 + 2x + C\end{aligned}$$

习题 4.1

1. 求下列函数的一个原函数，并写成不定积分的形式。

(1) $f(x)=3x^5$　　(2) $f(x)=4\mathrm{e}^x$

(3) $f(x)=\mathrm{e}^x+4x$　　(4) $f(x)=x^3-5$

2. 已知 $\int f(x)\mathrm{d}x = x^2 + 4\mathrm{e}^{3x} + C$，求 $f(x)$。

3. 求下列不定积分。

(1) $\int 6x^5\mathrm{d}x$　　(2) $\int 10\mathrm{e}^x\mathrm{d}x$

(3) $\int 2x^7\mathrm{d}x$　　(4) $\int 3x^4\mathrm{d}x$

4. 求下列不定积分。

(1) $\int (2x - 4x^3)\mathrm{d}x$　　(2) $\int (7x^3 - 3x + 2)\mathrm{d}x$

(3) $\int \left(10x^4 + \frac{5}{x^2}\right)\mathrm{d}x$　　(4) $\int (x^6 - 9\mathrm{e}^x)\mathrm{d}x$

4.2　基本公式与方法

根据不定积分的定义，被积函数与其原函数是相互对应的，原函数的导数就是被积函数。因而，参照第3章3.2小节的基本求导公式，可以得到如下积分公式。

（1）幂函数公式

$$\int x^n\mathrm{d}x = \frac{x^{n+1}}{n+1} + C,\ n \neq -1$$

（2）指数公式

$$\int \mathrm{e}^x\mathrm{d}x = \mathrm{e}^x + C$$

（3）对数公式

$$\int \frac{1}{x}\mathrm{d}x = \ln|x| + C$$

例4.2.1　求下列不定积分。

(1) $\int \left(x^{\frac{2}{3}} - 3\mathrm{e}^x - \frac{7}{x}\right)\mathrm{d}x$　　(2) $\int (x^{-\frac{4}{3}} + \mathrm{e}^x)\mathrm{d}x$

解： 根据性质4.1.3、性质4.1.4，及不定积分基本公式，有

(1) $$\int \left(x^{\frac{2}{3}} - 3\mathrm{e}^x - \frac{7}{x}\right)\mathrm{d}x = \int x^{\frac{2}{3}}\mathrm{d}x - 3\int \mathrm{e}^x\mathrm{d}x - 7\int \frac{1}{x}\mathrm{d}x$$

$$= \frac{1}{\frac{2}{3}+1}x^{\frac{2}{3}+1} - 3\mathrm{e}^x - 7\ln|x| + C$$

$$= \frac{3}{5}x^{\frac{5}{3}} - 3\mathrm{e}^x - 7\ln|x| + C$$

(2) $$\int (x^{-\frac{4}{3}} + \mathrm{e}^x)\mathrm{d}x = \int x^{-\frac{4}{3}}\mathrm{d}x + \int \mathrm{e}^x\mathrm{d}x$$

$$= \frac{1}{-\frac{4}{3}+1}x^{-\frac{4}{3}+1} + \mathrm{e}^x + C$$

$$= -3x^{-\frac{1}{3}} + \mathrm{e}^x + C$$

根据不定积分的性质与基本公式，只能计算简单函数的不定积分。对于比较复杂的不定积分，还需要其他积分方法。下面介绍两种常用的积分方法。

第一，换元积分法。令 $x=\varphi(t)$，对其求导得，$\frac{dx}{dt}=\varphi'(t)$，亦即 $dx=\varphi'(t)dt$，那么

$$\int f(x)dx=\int f[\varphi(t)]\cdot\varphi'(t)\cdot dt$$

像这样通过变量代换进行积分的方法称为**换元积分法**。

例 4.2.2 求下列不定积分。

(1) $\int(x+2)^7dx$ (2) $\int e^{3x}dx$

解：(1) 令 $x=t-2$，则 $dx=d(t-2)=(t-2)'dt=dt$，于是

$$\int(x+2)^7dx=\int t^7dt=\frac{t^{7+1}}{7+1}+C=\frac{(x+2)^8}{8}+C$$

(2) 令 $x=\frac{t}{3}$，则 $dx=d\left(\frac{t}{3}\right)=\left(\frac{t}{3}\right)'dt=\frac{1}{3}dt$，于是

$$\int e^{3x}dx=\int e^t\cdot\frac{1}{3}dt=\frac{1}{3}\int e^tdt$$

$$=\frac{1}{3}e^t+C=\frac{1}{3}e^{3x}+C$$

例 4.2.3 求下列不定积分。

(1) $\int e^{-x}dx$ (2) $\int(2x-1)^{12}dx$

解：(1) 令 $x=-t$，则 $dx=(-t)'dt=-1dt$，

$$\int e^{-x}dx=\int e^t\cdot(-1)dt=-\int e^tdt$$

$$=-e^t+C=-e^{-x}+C$$

(2) 令 $2x-1=t$，则 $x=\frac{1}{2}(t+1)$，$dx=\frac{1}{2}dt$

$$\int(2x-1)^{12}dx=\int t^{12}\frac{1}{2}dt=\frac{1}{2}\cdot\frac{t^{12+1}}{12+1}+C=\frac{(2x-1)^{13}}{26}+C$$

在解题熟练以后，(1) 的过程可以简写为

$$\int e^{-x}dx=\int e^{-x}\cdot(-1)d(-x)=-\int e^{-x}d(-x)=-e^{-x}+C$$

这时的换元法也称为凑微分法。

在此，再回顾一下如何求函数的微分。根据第3章3.1小节微分的定义，有

$$df(x)=f'(x)dx$$

根据此式，可以写出一些常见函数的微分。比如

$$dx=\frac{1}{a}d(ax\pm b) \qquad d(\sqrt{x})=\frac{1}{2\sqrt{x}}dx$$

$$\frac{1}{a}d(e^{ax})=e^{ax}dx \qquad d(\ln x)=\frac{1}{x}dx$$

其中，$a(a\neq0)$ 和 b 是常数。

例 4.2.4 求下列不定积分。

（1）$\int \frac{7}{3x+4}dx$　　（2）$\int \left(5e^{2x} - 3e^{-4x} + \frac{6}{x+2}\right) dx$

解：

（1）$\int \frac{7}{3x+4}dx = 7\int \frac{1}{3x+4} \cdot \frac{1}{3} \cdot d(3x+4)$

$$= \frac{7}{3}\int \frac{1}{3x+4}d(3x+4) = \frac{7}{3}\ln|3x+4| + C$$

（2）$\int \left(5e^{2x} - 3e^{-4x} + \frac{6}{x+2}\right) dx = 5\int e^{2x}dx - 3\int e^{-4x}dx + 6\int \frac{1}{x+2}dx$

$$= \frac{5}{2}\int e^{2x}d(2x) - \frac{3}{-4}\int e^{-4x}d(-4x) + 6\int \frac{1}{x+2}d(x+2)$$

$$= \frac{5}{2}e^{2x} + \frac{3}{4}e^{-4x} + 6\ln|x+2| + C$$

第二，分部积分法。其公式如下：

$$\int g(x) \cdot df(x) = f(x) \cdot g(x) - \int f(x) \cdot dg(x)$$

运用此公式的难点在于选择适当的 $g(x)$ 和 $df(x)$，要使 $f(x)$ 容易求出，并且新的积分 $\int f(x) \cdot dg(x)$ 要比原来的积分 $\int g(x) \cdot df(x)$ 更容易求出。

例 4.2.5　求下列不定积分。

（1）$\int xe^{-x}dx$　　（2）$\int \ln x dx$　　（3）$\int x^2 \ln x dx$

解：（1）

$$\int xe^{-x}dx = -\int x \cdot e^{-x}d(-x) = -\int x \cdot d(e^{-x})$$

［这里选择 $g(x) = x$，$f(x) = e^{-x}$］

$$= -\left[xe^{-x} - \int e^{-x}dx\right] = -e^{-x}x + \int e^{-x}dx$$

$$= -e^{-x}x - \int e^{-x}d(-x) = -e^{-x}x - e^{-x} + C$$

（2）令 $g(x) = \ln x$，$f(x) = x$，于是

$$\int \ln x \cdot dx = x \cdot \ln x - \int x \cdot d(\ln x) = x\ln x - \int x \cdot \frac{1}{x}dx$$

$$= x\ln x - \int dx = x\ln x - x + C$$

（3）

$$\int x^2 \ln x dx = \int \ln x \cdot d\left(\frac{1}{3}x^3\right)$$　［这里选择 $g(x) = \ln x$，$f(x) = \frac{1}{3}x^3$］

$$= \frac{1}{3}x^3 \cdot \ln x - \int \frac{1}{3}x^3 \cdot d(\ln x)$$

$$= \frac{1}{3}x^3 \cdot \ln x - \int \frac{1}{3}x^3 \cdot \frac{1}{x}dx$$

$$= \frac{1}{3}x^3 \cdot \ln x - \int \frac{1}{3}x^2 \cdot dx$$

$$= \frac{1}{3}x^3 \cdot \ln x - \frac{1}{9}x^3 + C$$

习题 4.2

1. 求下列不定积分。

(1) $\int(2 - 2x - 4x^3)dx$　　(2) $\int(5x^3 - x + 4)dx$

(3) $\int\left(6x^4 + \frac{2}{x}\right)dx$　　(4) $\int(x^{-6} + 7e^x)dx$

(5) $\int(x^{-1} + 3x)dx$　　(6) $\int(2x^2 - 8\sqrt[3]{x})dx$

(7) $\int(x^{\frac{2}{5}} - e^{5x} - 3)dx$　　(8) $\int(x^5 - e^{-x})dx$

(9) $\int(e^x + x^4)dx$　　(10) $\int(e^{x-3} + e^{2x})dx$

2. 求下列不定积分。

(1) $\int(3x - 2)^7dx$　　(2) $\int(2 - x)^9dx$

(3) $\int(2x + 1)^4dx$　　(4) $\int\left(\frac{1}{3x + 4} + e^{4x}\right)dx$

(5) $\int(e^{2x} - e^{-2x})dx$　　(6) $\int(-6e^{-5x})dx$

(7) $\int e^{-7x+3}dx$　　(8) $\int xe^xdx$

(9) $\int x^2e^xdx$　　(10) $\int x^3\ln xdx$

3. 求下列不定积分，并根据条件确定积分常数。

(1) $F(x) = \int(1 - 2x)dx$，$F(0) = 0$

(2) $F(x) = \int(3x^3 + x)dx$，$F(1) = 2$

(3) $F(x) = \int(5x^4 + 2e^x)dx$，$F(0) = 1$

(4) $F(x) = \int(4x^6 - e^x)dx$，$F(0) = 1$

4.3　从边际函数到原函数

从经济函数出发，通过导数可以得到相应的边际函数。而不定积分提供了一个相反的过程，由边际函数求出它的原函数。比如，由边际成本可以得到总成本函数，由给定的边际收益可以得到总收益函数，由边际产出可以得到生产函数。下面讨论具体的应用，同时将看到在经济学中，一个积分常数是如何被确定为一个特定数值的。

例 4.3.1　一个厂商的边际成本函数为

$$\mathrm{MC} = Q^2 + 4Q + 8$$

如果固定成本是200，求其总成本函数。

解： 由于总成本函数的导数等于边际成本函数，即

$$\mathrm{MC} = \frac{\mathrm{d}}{\mathrm{d}Q}(\mathrm{TC})$$

根据不定积分性质 4.1.1，得

$$\mathrm{TC} = \int \mathrm{MC}\mathrm{d}Q = \int (Q^2 + 4Q + 8)\mathrm{d}Q = \frac{Q^3}{3} + 2Q^2 + 8Q + C$$

固定成本是厂商不生产任何商品的成本，它与生产的商品数量无关。所以当 $Q = 0$ 时，TC = 200。将它们代入函数 TC，得

$$\frac{0^3}{3} + 2 \times 0^2 + 8 \times 0 + C = 200$$

$$C = 200$$

于是

$$\mathrm{TC} = \frac{Q^3}{3} + 2Q^2 + 8Q + 200$$

例 4.3.2　一个垄断厂商的边际收益函数为

$$\mathrm{MR} = 20 - 6Q$$

试求总收益函数，及其对应的需求函数。

解： 因为总收益函数的导数是边际收益函数，即

$$\mathrm{MR} = \frac{\mathrm{d}}{\mathrm{d}Q}(\mathrm{TR})$$

根据不定积分性质 4.1.1，得

$$\mathrm{TR} = \int \mathrm{MR}\mathrm{d}Q = \int (20 - 6Q)\mathrm{d}Q = 20Q - 3Q^2 + C$$

当厂商不生产商品时，其收益为零，即当 $Q = 0$ 时 TR = 0。于是

$$20 \times 0 - 3 \times 0^2 + C = 0$$

$$C = 0$$

因此

$$\mathrm{TR} = 20Q - 3Q^2$$

由于总收益等于单位产品的价格 P 乘以产量 Q，即

$$\mathrm{TR} = P \cdot Q$$

所以

$$P = \frac{\mathrm{TR}}{Q} = \frac{20Q - 3Q^2}{Q} = 20 - 3Q$$

例 4.3.3　如果边际消费函数为

$$\mathrm{MPC} = 0.6 + \frac{0.4}{\sqrt{Y}}$$

当收入为100时的消费为95，求消费函数。

解： 消费函数的导数等于边际消费函数，即

$$\mathrm{MPC} = \frac{\mathrm{d}C}{\mathrm{d}Y}$$

所以

$$C = \int \mathrm{MPC}\mathrm{d}Y = \int\left(0.6 + \frac{0.4}{\sqrt{Y}}\right)\mathrm{d}Y = 0.6Y + 0.8\sqrt{Y} + C$$

将 $Y = 100$ 和 $C = 95$ 代入上式，得

$$95 = 0.6 \times 100 + 0.8 \times \sqrt{100} + C$$

$$c = 27$$

因此

$$C = 0.6Y + 0.8\sqrt{Y} + 27$$

例 4.3.4　某个厂商的边际收益函数和边际成本函数分别为

$$\mathrm{MR} = 500 - 0.5Q^2 \qquad \mathrm{MC} = 140 + 0.4Q^2$$

给定的固定成本为 1000，找出能够使厂商获得最大利润时的 Q 值及最大利润。

解： 由边际收入 MR，得

$$\mathrm{TR} = \int \mathrm{MR}\mathrm{d}Q = \int (500 - 0.5Q^2)\mathrm{d}Q = 500Q - \frac{1}{6}Q^3 + C$$

将 $Q = 0$ 和 $\mathrm{TR} = 0$ 代入上式，得 $C = 0$，所以

$$\mathrm{TR} = 500Q - \frac{1}{6}Q^3$$

同理，由边际成本 MC，得

$$\mathrm{TC} = \int \mathrm{MC}\mathrm{d}Q = \int (140 + 0.4Q^2)\mathrm{d}Q = 140Q + \frac{2Q^3}{15} + C$$

将 $Q = 0$ 和 $\mathrm{TC} = 1000$ 代入上式，得 $C = 1000$，所以

$$\mathrm{TC} = 140Q + \frac{2Q^3}{15} + 1000$$

所以

$$\pi = \left(500Q - \frac{1}{6}Q^3\right) - \left(140Q + \frac{2Q^3}{15} + 1000\right)$$

$$= 360Q - \frac{3Q^3}{10} - 1000$$

令 $\mathrm{MR} = \mathrm{MC}$，即

$$500 - 0.5Q^2 = 140 + 0.4Q^2$$

解之得

$$Q = 20$$

所以，当 $Q = 20$ 时，利润达到最大，其值为 $\pi = 3800$。

习题 4.3

1. 一个厂商的边际成本函数为

$$\mathrm{MC} = Q + 3$$

如果固定成本为200，求其总成本函数，以及生产40件商品的总成本。

2. 一个垄断厂商的边际收益函数为

$$MR = 200 - 4Q$$

求其总收益函数，并推导出对应的需求函数。

3. 如果边际储蓄为

$$MPS = 0.4 - 0.1Y^{-1/2}$$

并且当收入为100时储蓄为零，求储蓄函数的表达式。

4. 如果边际成本函数为

$$MC = 6e^{0.5Q}$$

且固定成本为20，求总成本函数。

5. 根据下面的边际收益函数，求总收益函数与对应的需求函数。

（1）$MR = 100 - 6Q$　　（2）$MR = \frac{4}{\sqrt{Q}}$　　（3）$MR = \frac{100Q}{1 + 50Q^2}$

6. 如果边际消费倾向为0.8，且当收入为4时消费为10，求消费函数与相应的储蓄函数。

7. 厂商利用单一要素的劳动（L）进行生产，产量为Q。根据下列边际产出函数，求对应的短期生产函数。假设$L=0$时，$Q=0$。

（1）$MP_L = 1000 - 6L^2$　　（2）$MP_L = \frac{5}{\sqrt{L}} - 0.02$　　（3）$MP_L = 10e^{-0.02L}(50 - L)$

8. 如果边际消费倾向函数为

$$MPC = \frac{1}{3} + \frac{1}{2\sqrt{Y}}$$

并且当$Y=4$时，$C = \frac{19}{3}$，求消费函数的表达式。将消费函数图形和直线$C=Y$画在同一个坐标系中，根据图形说明：存在某个值k，使得当Y值满足$0 < Y < k$时，消费大于收入，并求出这个k值。

4.4　定积分的意义与性质

计算平面图形的面积曾经是中小学的学习内容。如图4.4.1所示的是由直线$f(x)=2x$、$x=3$和x轴所围成的三角形区域。若要计算它的面积，我们先在直角坐标系中画出这个区域的图形，它是一个直角三角形，两直角边长分别为3和6，容易求得三角形区域的面积为

$$S = \frac{1}{2} \times 3 \times 6 = 9$$

现在，我们运用积分方法来计算这个三角形区域的面积。首先，通过不定积分的定义和性质，求出函数

$$f(x) = 2x$$

的原函数

$$F(x) = x^2$$

然后再求$F(x)$在$x=3$、$x=0$两点的函数值之差

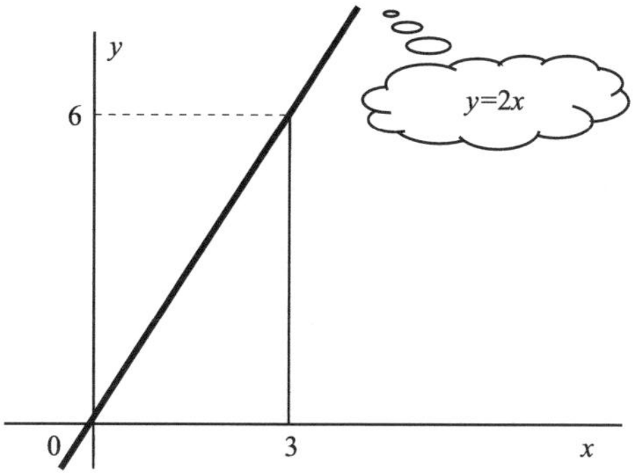

图 4.4.1

$$F(x) = [x^2]_0^3 = 3^2 - 0^2 = 9$$

显然，这两种方法求得的结果是相同的。读者可能会问：这是偶然巧合还是必然如此？其实，后一种方法是普遍有效的。

定义 4.4.1　如果 $F(x)$ 是函数 $f(x)$ 一个原函数，那么式子

$$\int_a^b f(x)\,\mathrm{d}x = [F(x)]_a^b = F(b) - F(a) \tag{4.4.1}$$

称为**函数 $f(x)$ 在区间 $[a, b]$ 上的定积分**，它表示由曲线 $y = f(x)$、直线 $x=a$、$x=b$ 及 x 轴所围成区域的面积，如图 4.4.2 所示。

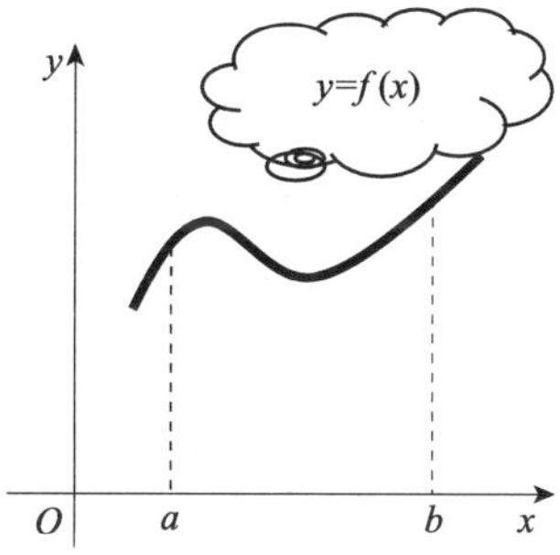

图 4.4.2

与前面介绍的不定积分相比，积分符号上的 a、b 分别称为积分的**下限**和**上限**，它指出了积分变量 x 的变化范围。式（4.4.1）也称为**牛顿-莱布尼茨公式**，它是微积分最重要的公式之一。

在经济学中，通常假定 $f(x) \geq 0$。

例 4.4.1　求下列定积分。

（1）$\int_1^5 2\mathrm{d}x$　　　　（2）$\int_0^2 (2x + 1)\mathrm{d}x$

解：（1）

因为 $\frac{\mathrm{d}}{\mathrm{d}x}(2x) = 2$，所以 $F(x) = 2x$ 是 $f(x) = 2$ 的一个原函数。

由牛顿-莱布尼茨公式，得

$$\int_1^5 2\mathrm{d}x = [2x]_1^5 = 2 \times 5 - 2 \times 1 = 8$$

根据定积分的定义，定积分

$$\int_1^5 2\mathrm{d}x$$

表示由曲线 $y=2$、直线 $x=1$、$x=5$ 及 x 轴所围成区域的面积。如图4.4.3所示，这个图形是长方形，容易求出其面积是8。

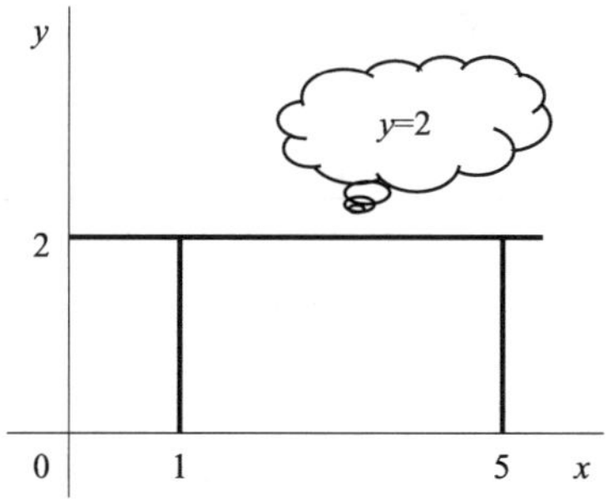

图4.4.3

（2）因为 $\frac{\mathrm{d}}{\mathrm{d}x}(x^2+x)=2x+1$，所以 x^2+x 是 $2x+1$ 的一个原函数。

由牛顿–莱布尼茨公式，得

$$\int_0^2 (2x+1)\mathrm{d}x = \left[x^2+x\right]_0^2 = (2^2+2)-0=6$$

定积分

$$\int_0^2 (2x+1)\mathrm{d}x$$

表示由曲线 $y=2x+1$、直线 $x=0$、$x=2$ 及 x 轴所围成区域的面积。如图4.4.4所示，这个图形是一个直角梯形，运用梯形面积公式，容易求出这个区域的面积是6。

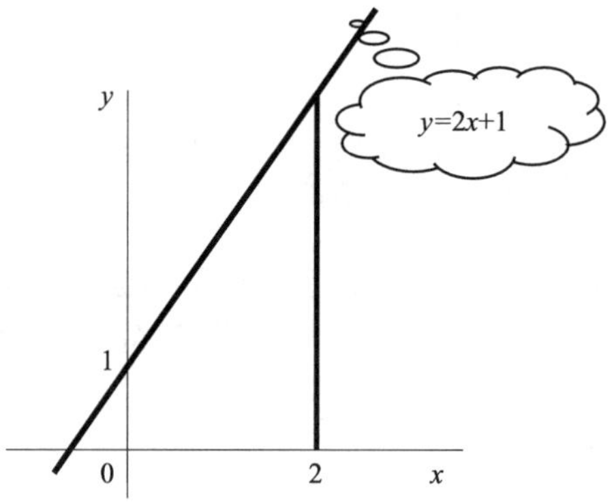

图4.4.4

通过上述两个简单的例子，我们说明了定积分计算出来的数值确实是图形下方的面积。当然，定积分不仅能精确地计算复杂曲线所围成图形的面积，而且还有其他方面的广泛应用。

下面的性质在定积分计算中是经常用到的。

（1）上下限相等时

$$\int_a^a f(x)\mathrm{d}x=0$$

这是因为

$$\int_a^a f(x)\,dx = [F(x)]_a^a = F(a) - F(a) = 0$$

（2）积分变量替换时

$$\int_b^a f(x)\,dx = \int_b^a f(u)\,du$$

（3）上下限交换时

$$\int_b^a f(x)\,dx = -\int_a^b f(x)\,dx$$

这是因为

$$\int_b^a f(x)\,dx = F(a) - F(b) = -[F(b) - F(a)] = -\int_a^b f(x)\,dx$$

（4）在闭区间 $[a, b]$ 内任取一点时

$$\int_a^b f(x)\,dx = \int_a^c f(x)\,dx + \int_c^b f(x)\,dx,\ a \leqslant c \leqslant b$$

这是因为

$$\int_a^c f(x)\,dx + \int_c^b f(x)\,dx = [F(c) - F(a)] + [F(b) - F(c)]$$

$$= F(b) - F(a) = \int_a^b f(x)\,dx$$

$f(x)$ 在闭区间 $[a, b]$ 内任取一点时的积分示意图如图 4.4.5 所示。

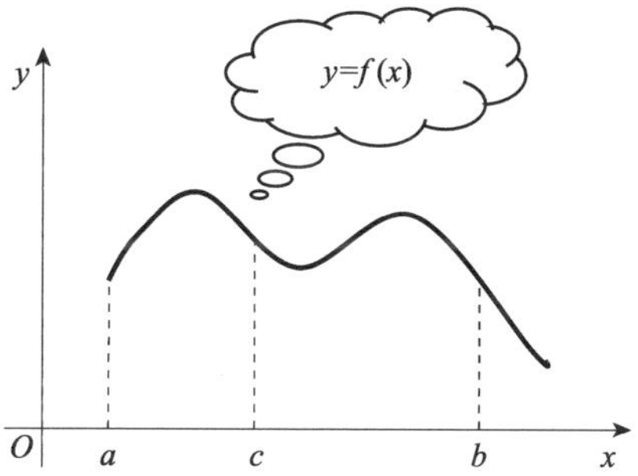

图 4.4.5

（5）常数与函数之积

$$\int_a^b Kf(x)\,dx = K\int_a^b f(x)\,dx \quad (K \text{ 为常数})$$

（6）函数之和或差

$$\int_a^b [f(x) \pm g(x)]\,dx = \int_a^b f(x)\,dx \pm \int_a^b g(x)\,dx$$

（7）函数的均值

如果函数 $f(x)$ 在闭区间 $[a, b]$ 上连续，则 $f(x)$ 在 $[a, b]$ 上均值为

$$\overline{f(x)} = \frac{1}{b-a}\int_a^b f(x)\,dx$$

例 4.4.2　已知函数 $f(x) = \begin{cases} 1 - x & 0 \leqslant x < 1 \\ 2x + 1 & 1 \leqslant x \leqslant 2 \end{cases}$，求 $\int_0^2 f(x)\,dx$。

解： 由性质（4）得

$$\int_0^2 f(x)\,dx = \int_0^1 f(x)\,dx + \int_1^2 f(x)\,dx$$

$$= \int_0^1 (1-x)\,dx + \int_1^2 (2x+1)\,dx$$

$$= \left(x - \frac{1}{2}x^2\right)\bigg|_0^1 + (x^2 + x)\bigg|_1^2$$

$$= \left(\frac{1}{2} - 0\right) + (6-2) = \frac{9}{2}$$

例 4.4.3 计算下列定积分。

(1) $\int_1^2 \left(3x^4 - \frac{5}{x}\right) dx$　　　　(2) $\int_4^6 (5e^x + 4\sqrt{x})\,dx$

解：

(1) $$\int_1^2 \left(3x^4 - \frac{5}{x}\right) dx = 3\int_1^2 x^4 dx - 5\int_1^2 \frac{1}{x} dx$$

$$= \frac{3}{5}x^5 \bigg|_1^2 - 5\ln x \bigg|_1^2$$

$$= \frac{3}{5} \times (2^5 - 1^5) - 5 \times (\ln 2 - \ln 1)$$

$$= \frac{93}{5} - 5\ln 2$$

(2) $$\int_4^6 (5e^x + 4\sqrt{x})\,dx = 5\int_4^6 e^x dx + 4\int_4^6 \sqrt{x}\,dx$$

$$= 5e^x \bigg|_4^6 + \frac{2}{\sqrt{x}} \bigg|_4^6$$

$$= 5(e^6 - e^4) + 2\left(\frac{1}{\sqrt{6}} - \frac{1}{\sqrt{4}}\right) = 5(e^6 - e^4) + \frac{\sqrt{6}}{3} - 1$$

习题 4.4

1. 根据定积分的几何意义，通过画图来计算下列定积分。

(1) $\int_0^3 4x\,dx$　　　　(2) $\int_1^4 (-2x + 10)\,dx$

(3) $\int_{-1}^1 \sqrt{1 - x^2}\,dx$　　　　(4) $\int_0^2 \sqrt{4 - x^2}\,dx$

2. 计算下列定积分。

(1) $\int_2^{10} \left(x^3 + \frac{2}{x}\right) dx$　　　　(2) $\int_2^{15} (2x - 3)\,dx$

(3) $\int_1^4 (6x^2 - 5x + 4)\,dx$　　　　(4) $\int_0^2 (e^x + 10x^4)\,dx$

3. 求由曲线

$$f(x) = 3x^2 + 4x + 2$$

与 $x = 1$、$x = 2$ 及 x 轴所围成区域的面积。

4. 计算下列定积分。

(1) $\int_0^2 x^3 \mathrm{d}x$　　(2) $\int_{-2}^2 x^3 \mathrm{d}x$

通过画出函数 $f(x)=x^3$ 在 $x=-2$ 和 $x=2$ 之间的草图，解释（2）的结果。

5. 计算下列定积分。

(1) $\int_1^4 (3x-\sqrt{x})\mathrm{d}x$　　(2) $\int_0^2 (2x+5)^{11}\mathrm{d}x$

(3) $\int_3^8 |x-4|\mathrm{d}x$　　(4) $\int_1^8 (2x^3-6x^{\frac{2}{3}})\mathrm{d}x$

4.5　定积分的应用

定积分在经济学中的用途非常广泛，它可以描述价格变化给消费者和生产者带来的好处，还可以反映流量和存量（比如，投资和资本存量），以及边际和总量（比如，边际成本和总成本）之间的关系。下面讨论消费者剩余、生产者剩余、投资流、连续贴现等内容。

一、消费者剩余

消费者的目标是消费他喜欢的、同时又能够买得起的商品。如何测量价格变化给消费者带来的影响呢？消费者剩余是经济学家所使用的最简单的指标之一。

首先，考察商品的需求量随商品价格离散地变化的情况。

假设你有一张很珍贵的唱片，现在有四个人都对这张唱片感兴趣，想拥有并收藏它，但每个人愿意为此支付的货币价格是不同的。表 4.5.1 列出了这四个可能的买者所愿意支付的最高价格。每个买者愿意支付的最高货币价格称为**支付意愿**，它衡量买者对物品价值的评价。每个买者都希望以低于自己的支付意愿购买到物品，并拒绝以高于自己的支付意愿购买它，而对正好等于自己支付意愿购买它持无所谓的态度。

表 4.5.1

买者	支付意愿/元
A	100
B	80
C	70
D	50

为了卖出你的唱片，现在由你从 10 元的低价叫起。刚开始价格上升得很快，随后就有人退出竞价。当 A 报价高于 80 元时，叫价停止，因为这时 B、C、D 已经退出了叫价。A 支付给你 80 元，并得到了这张唱片。那么，A 在买这张唱片中获得了什么利益呢？从某种意义上讲，A 做了一笔划算的交易：他愿意支付 100 元，而实际只支付了 80 元，A 得到了 20 元的消费者剩余。**消费者剩余**是买者愿意为一种物品支付的货币量减去实际支付的货币量。它衡量消费者参与市场的利益。也就是说，在这次活动中，A 获得了 20 元的消费者剩余，而 B、C、D 没有得到唱片，也没有花一分钱。

如果你有两张相同的唱片，拍卖给这四个人。为简单起见，假设它们的售价相同，而且没有人想同时购买这两张唱片。当A、B报价高于70元时，叫价停止，因为这时C、D已经退出竞价。A、B各买得一张唱片，他们各自得到的消费者剩余等于各自的支付意愿减去支付价格。A的消费者剩余等于30元，B的消费者剩余等于10元。市场上的总消费者剩余等于40元。

消费者剩余与一种物品的需求曲线是密切相关的。根据表4.5.1我们可以整理出表4.5.2所列的需求表。

表4.5.2

价格 P	买者	需求量 Q
$P>100$	无	0
$80<P\leqslant 100$	A	1
$70<P\leqslant 80$	A、B	2
$50<P\leqslant 70$	A、B、C	3
$P\leqslant 50$	A、B、C、D	4

根据表4.5.2中的数据，可以画出如图4.5.1所示的需求曲线。

由图4.5.1可以看出，当价格降低时，总的消费者剩余会逐渐增加。比如，当价格降到略高于50元时，总的消费者剩余为100元。从这种变化中可以发现：在需求曲线图中，需求曲线之下和价格以上的总面积就是参与市场的所有买者的消费者剩余总和。

接下来，我们再考察商品的需求量随价格连续地变化的情况。

假设有一个需求函数 $P=f(Q)$，其图形如图4.5.2所示。它给出了消费者购买不同数量的商品所愿意支付的价格。当 $Q=Q_0$ 时，价格 $P=P_0$。也就是说，在 Q_0 件商品上的总花费是 $Q_0\cdot P_0$，这由矩形 $OABC$ 的面积给出。由需求曲线可知，当购买商品的数量从0变到 Q_0 时，消费者为每单位边际商品所支付的实际价格均为 P_0，而他们的支付意愿要高于实际所支付的价格 P_0。其实，这个 P_0 只是消费者购买最后一个单位商品（即第 Q_0 件商品）时所愿意支付的价格。因此，区域 BCD 的面积就表示了消费者以价格 P_0 购买 Q_0 件商品所获得的收益，这个收益就是**消费者剩余（CS）**。

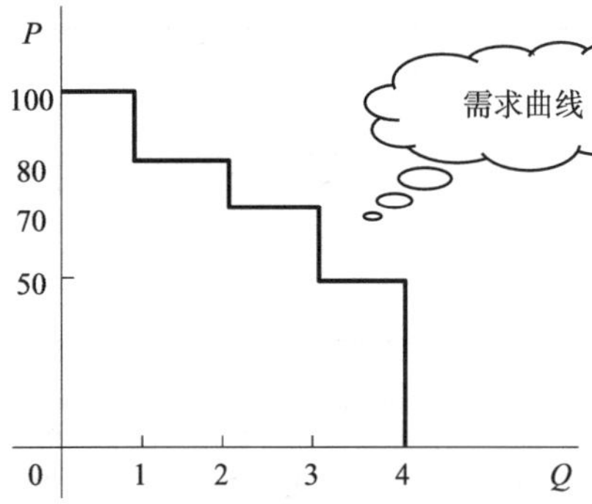

图4.5.1

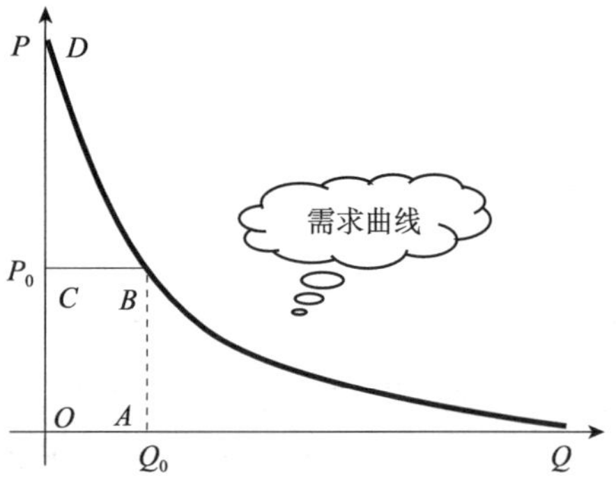

图4.5.2

观察图形可以发现，CS的值为

$$面积\ BCD=面积\ OABD-面积\ OABC$$

而 $OABD$ 的面积等于需求曲线 $P=f(Q)$ 之下，$Q=0$ 与 $Q=Q_0$ 之间的面积，因此

$$OABD\ 的面积=\int_0^{Q_0}f(Q)\,\mathrm{d}Q$$

区域 $OABC$ 是一个底为 Q_0、高为 P_0 的长方形，所以

$$\text{面积 } OABC = Q_0 \cdot P_0$$

因此

$$CS = \int_0^{Q_0} f(Q)\,dQ - Q_0 \cdot P_0$$

在上式中，积分 $\int_0^{Q_0} f(Q)\,dQ$ 表示了消费者对 Q_0 件商品的最大意愿支付，而 $Q_0 \cdot P_0$ 是消费者的实际支付。

需要注意的是，消费者剩余并不是一种实际收益，只是衡量买者购买一种物品所获得的心理收益。

例 4.5.1　根据需求函数 $P = 30 - 4Q$，分别求当 $Q = 5$、$Q = 7$ 时的消费者剩余，以及消费者剩余的变化。

解：（1）由于

$$P = f(Q) = 30 - 4Q$$

把 $Q_0 = 5$ 代入上式，得

$$P_0 = 30 - 4 \times 5 = 10$$

根据消费者剩余公式，得

$$CS = \int_0^{Q_0} f(Q)\,dQ - Q_0 P_0$$

则

$$\begin{aligned} CS &= \int_0^5 (30 - 4Q)\,dQ - 5 \times 10 \\ &= \left[30Q - 2Q^2\right]_0^5 - 50 \\ &= [30 \times 5 - 2 \times 5^2] - [30 \times 0 - 2 \times 0^2] - 50 \\ &= 50 \end{aligned}$$

（2）把 $Q_0 = 7$ 代入式子 $f(Q) = 30 - 4Q$，得

$$P_0 = 30 - 4 \times 7 = 2$$

根据消费者剩余公式，得

$$CS = \int_0^{Q_0} f(Q)\,dQ - Q_0 P_0$$

则

$$\begin{aligned} CS &= \int_0^7 (30 - 4Q)\,dQ - 7 \times 2 \\ &= \left[30Q - 2Q^2\right]_0^7 - 14 \\ &= [30 \times 7 - 2 \times 7^2] - [30 \times 0 - 2 \times 0^2] - 14 \\ &= 98 \end{aligned}$$

当价格 P 从 10 下降到 2 时，消费者剩余的变化为

$$\Delta CS = 98 - 50 = 48$$

也就是说，消费者剩余增加了 48。

其实，消费者剩余的变化也可用如下方法计算。先求需求函数 $P = 30 - 4Q$ 的反函数，得

$$Q=\frac{30-P}{4}$$

然后求定积分

$$\Delta \mathrm{CS}=\int_{10}^{2}\frac{P-30}{4}\mathrm{d}P=\frac{1}{4}\left(\frac{1}{2}P^2-30P\right)\bigg|_{10}^{2}=48$$

另外，消费者剩余也可以用来度量某种商品变得不可获得（如进口禁令的结果）时所造成的损失和影响。为此，先将商品的抑制价格定义为需求量等于零时的最低价格，即需求“窒息”时的价格。比如，需求函数 $Q=30-2P$ 的抑制价格为 $P=15$。当某种商品变得不可获得时，它对消费者的影响等于其价格从当前水平增加到抑制价格水平时所产生的消费者剩余。

例 4.5.2 已知商品的反需求函数 $Q=15-3P^{\frac{1}{2}}$，求在当前价格 $P=9$ 条件下，抑制价格时所造成的消费者剩余的损失。

解：抑制价格就是需求量 $Q=0$ 时的价格，令

$$15-3P^{\frac{1}{2}}=0$$

得 $P=25$，因此，抑制价格时所造成的消费者剩余变化为

$$\begin{aligned}\Delta \mathrm{CS}&=\int_{25}^{9}(15-3P^{\frac{1}{2}})\,\mathrm{d}P\\&=(15P-2P^{\frac{3}{2}})\bigg|_{25}^{9}=-44\end{aligned}$$

也就是说，这种商品的消费者剩余损失了44。

二、生产者剩余

现在转向市场的另一方，看看卖者从参与市场得到的收益。

假设你有一间房子需要装修，现在有四个劳务公司 A、B、C、D 对这项工程感兴趣，但每个公司的报价不同。表 4.5.3 列出了这四家公司做这项工程的成本。成本是每个公司接受这项工程的最低价格，是衡量公司出售其劳务的意愿。每个公司都希望以高于其成本的价格出售其劳务，拒绝以低于其成本的价格出售其劳务，而对正好等于其成本的价格出售其劳务持无所谓的态度。

表 4.5.3

公司（卖者）	支付意愿/万元
A	70
B	60
C	40
D	30

你决定让这四个公司竞价。刚开始价格可能很高，但由于四个公司之间的竞争，价格会很快下降。当 D 报出 40 万元（或略低一点）时，它就是唯一留下来的竞价者。它很高兴地从事这项工作，因为它的成本仅需要 30 万元。而 A、B、C 都不愿以低于 40 万元的价格做这项工程。

那么 D 从这项工程中获得了什么利益呢？从某种意义上讲，D 做了一笔划算的交易：它

以30万元的成本，做了40万元的工程，我们说D获得了10万元的生产者剩余。**生产者剩余**是卖者得到的量减去其生产成本。它反映了卖者参与市场而获得的利益。

现在，如果你有两间房等待装修，并把这两个工程拍卖给四家公司。为简单起见，假设你对两间房子支付相同的价格，而且没有一个公司能同时承担这两项工程。在这种情况下，当竞价到60万元（或略低一点）时，A、B就退出了竞价，而C、D各得一项工程。此时，C的生产者剩余是20万元，D的生产者剩余是30万元，市场上的总生产者剩余等于50元。

正如消费者剩余与需求曲线密切相关的一样，生产者剩余也与供给曲线密切相关。

根据表4.5.3，我们可以整理出表4.5.4所列供给表。

表4.5.4

价格 P	卖者	供给量 Q
$P \geqslant 70$	A、B、C、D	4
$60 \leqslant P < 70$	B、C、D	3
$40 \leqslant P < 60$	C、D	2
$30 \leqslant P < 40$	D	1
$P < 30$	无	0

根据表4.5.4所列数据，可以画出如图4.5.3所示的供给曲线。

需要注意的是，供给曲线的高度与卖者的成本相关。在任何一种数量时，供给曲线给出的价格表示边际卖者的成本，**边际卖者**是如果价格再降低一点就首先离开市场的卖者。由图4.5.3中可以看出，当价格降到略微低于70万元时，A就首先离场。这时总的生产者剩余等于10 + 30 + 40 = 80万元。从这种变化中可以发现：供给曲线之上与价格以下的总面积就是所有卖者的生产者剩余。当价格降低时，总的生产者剩余会逐渐减少。因此，对生产者来说，如果产品价格上升，那么它的境况将会变得更好，而消费者的境况会变得更糟。

下面，我们再考察商品的价格随供给量连续地变化的情况。

假设有一个供给函数为 $P = g(Q)$，它给出了生产者供给不同数量的商品所愿意接受的价格，其图形如图4.5.4所示。当 $Q = Q_0$ 时，价格 $P = P_0$。假设所有商品被售出，则销售 Q_0 件商品所获得的总收入为 Q_0P_0，由长方形 $OABC$ 的面积给出。根据供给曲线，当销售的商品数量从0变化到 Q_0 时，生产者为每单位边际商品所接受的固定价格为 P_0，而他们愿意接受更低的价格。因此，区域 BCD 的面积代表了生产者接受固定价格 P_0 所获得的收益。这个收益称为**生产者剩余（PS）**。

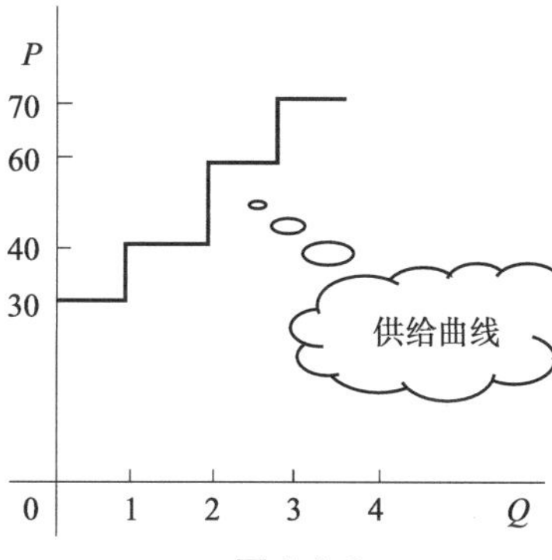

图4.5.3

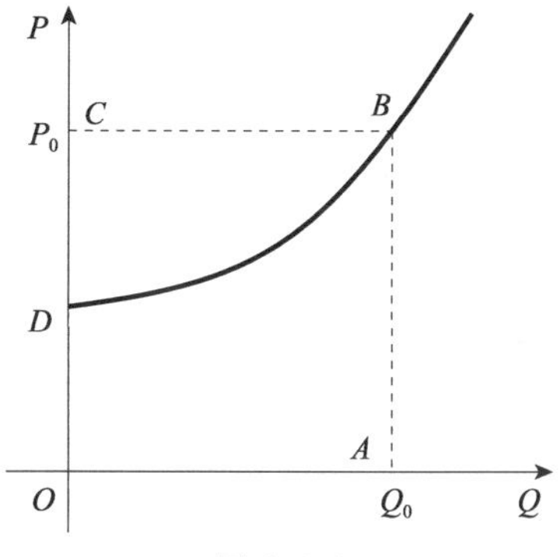

图4.5.4

通过观察，可以得到 PS 的值：

$$\text{面积 } BCD = \text{面积 } OABC - \text{面积 } OABD$$

区域 $OABC$ 是一个底为 Q_0、高为 P_0 的长方形，因此

$$\text{面积 } OABC = Q_0P_0$$

$OABD$ 的面积等于供给曲线 $P = g(Q)$ 下，$Q = 0$ 和 $Q = Q_0$ 之间的面积，因此

$$OABD \text{ 的面积} = \int_0^{Q_0} g(Q)\mathrm{d}Q$$

因此

$$\mathrm{PS} = Q_0P_0 - \int_0^{Q_0} g(Q)\mathrm{d}Q$$

例 4.5.3 给定需求函数

$$P = 35 - Q_{\mathrm{D}}^2$$

和供给函数

$$P = 3 + Q_{\mathrm{S}}^2$$

在完全竞争假设下，求生产者剩余。

解： 在完全竞争的假定下，价格由市场决定。因此，在计算生产者剩余之前，需要确定市场的均衡价格和均衡数量。令 $Q = Q_{\mathrm{S}} = Q_{\mathrm{D}}$，根据需求函数与供给函数，得

$$35 - Q^2 = 3 + Q^2$$

$$Q^2 = 16$$

$$Q = 4 \quad (\text{忽略 } Q = -4)$$

将其代入需求或者供给函数，得

$$P_0 = 35 - (4)^2 = 19$$

根据生产者剩余公式

$$\begin{aligned}\mathrm{PS} &= Q_0P_0 - \int_0^{Q_0} g(Q)\mathrm{d}Q \\ &= Q_0P_0 - \int_0^{4}(3 + Q^2)\mathrm{d}Q \\ &= 76 - \left[3Q + \frac{Q^3}{3}\right]_0^4 = \frac{128}{3}\end{aligned}$$

例 4.5.4 已知某种商品的需求和供给函数如下：

$$P = -4Q_{\mathrm{D}} + 120$$

$$P = \frac{1}{3}Q_{\mathrm{S}} + 29$$

其中，P、Q_{D} 和 Q_{S} 分别表示价格、需求量和供给量。（1）求市场的均衡点、消费者剩余、生产者剩余；（2）当政府对企业给予每单位商品 13 美元的价格补贴时，求新的均衡点、消费者剩余、生产者剩余。

解：（1）根据第 1 章例 1.2.3 的结果，市场的均衡点为

$$Q = 21,\ P = 36$$

消费者剩余为

$$\mathrm{CS} = \int_0^{Q_0} f(Q)\mathrm{d}Q - Q_0P_0$$

$$= \int_0^{21} (-4Q + 120)\,\mathrm{d}Q - 21 \times 36 = 882$$

生产者剩余为

$$\mathrm{PS} = Q_0 P_0 - \int_0^{Q_0} g(Q)\,\mathrm{d}Q$$

$$= 21 \times 36 - \int_0^{21} \left(\frac{1}{3}Q + 29\right) \mathrm{d}Q = 73.5$$

（2）当政府向生产者实行价格补贴时，供给函数变为

$$P = \frac{1}{3}Q_{\mathrm{S}} + 16$$

新的均衡点为

$$Q = 24,\ P = 24$$

消费者剩余为

$$\mathrm{CS} = \int_0^{Q_0} f(Q)\,\mathrm{d}Q - Q_0 P_0$$

$$= \int_0^{24} (-4Q + 120)\,\mathrm{d}Q - 24 \times 24 = 1152$$

生产者剩余为

$$\mathrm{PS} = Q_0 P_0 - \int_0^{Q_0} g(Q)\,\mathrm{d}Q$$

$$= 24 \times 24 - \int_0^{24} \left(\frac{1}{3}Q + 16\right) \mathrm{d}Q = 96$$

可见，当政府对生产者实行价格补贴时，企业的生产者剩余与买者的消费者剩余都比补贴之前增加了，也就是说双方都得到了利益。

三、资本存量与净投资

假设 $K(t)$ 表示投资流在 t 时刻所积累的资本存量，其单位为美元。资本存量 $K(t)$ 的变化率被称为净投资 $I(t)$，也就是

$$I(t) = \frac{\mathrm{d}K}{\mathrm{d}t}$$

这里 $I(t)$ 也称为现金流，其单位为美元/年。

如果给定了资本存量 $K(t)$，通过求导可以得到净投资。反过来，如果知道了净投资的流量函数 $I(t)$，通过积分就能得到资本存量。特别地，从 $t = t_1$ 到 $t = t_2$ 时刻的资本存量可用定积分

$$\int_{t_1}^{t_2} I(t)\,\mathrm{d}t = K(t_2) - K(t_1)$$

表示。

为了更好地理解净投资和资本存量之间的关系，考察下面两种不同情况。

（1）当净投资随着时间离散地变化时

假设某厂商在 $t=0$ 时，拥有初始资本存量 1000 万美元，记为 $K(0)=1000$。为了简单起见，假定不存在资本折旧，厂商将连续 3 年保持每年 150 万美元的新资本投资速度，于是 $I(t)=150$，$t=1$、2、3。那么厂商在第 3 年年末的资本存量为

$$K(3) = K(0) + I(1) + I(2) + I(3) = 1000 + 150 + 150 + 150 = 1450 \text{ 万美元}$$

于是，3 年间所有的净投资之和为

$$K(3)-K(0)=I(1)+I(2)+I(3)$$

（2）当净投资随着时间连续地变化时

如果厂商在 $t=0$ 时，拥有初始资本存量 $K(0)=10000$ 万美元，而且除了替换资本折旧外，它计划在未来 10 年以 $I(t)=600t^2$ 的速度进行新资本投资。那么从现在开始，10 年末的计划资本存量为

$$K(10)=K(0)+\int_0^{10} I(t)\,\mathrm{d}t=10000+\int_0^{10} 600t^2\,\mathrm{d}t=210000\text{ 万美元}$$

其中，新增的投资存量为 200000 万美元。

注意，这里不能运用离散变化的计算方法。否则，新增的投资存量为

$$600(1^2+2^2+\cdots+10^2)=600\times\frac{1}{6}\times10\times11\times21=231000\text{ 万美元}$$

此数值大于 210000，这种离散方法计算的结果表示了宽度均为 1，高分别为 600×1^2、600×2^2、…、600×10^2 的 10 个长方形面积之和，而定积分只表示此曲线下方，从 $t=0$ 到 $t=10$ 之间区域的面积，所以两种计算方法会产生较大的差异。

例 4.5.5 如果净投资为

$$I(t)=9000\sqrt{t}$$

计算：（1）从第一年年末到第四年年末的资本存量；（2）资本存量超过 100000 美元需要的年数。

解：（1）从 $t=1$ 到 $t=4$ 时的资本存量，就是定积分

$$\begin{aligned}\int_1^4 9000\sqrt{t}\,\mathrm{d}t&=9000\int_1^4 t^{1/2}\,\mathrm{d}t\\&=9000\left[\frac{2}{3}t^{3/2}\right]_1^4=9000\left(\frac{16}{3}-\frac{2}{3}\right)\\&=42000\text{ 美元}\end{aligned}$$

（2）假设 T 年后所积累的资本存量达到 100000 美元，则

$$\int_0^T 9000\sqrt{t}\,\mathrm{d}t=100000$$

即

$$9000\int_0^T t^{1/2}\,\mathrm{d}t=100000$$

即

$$6000T^{3/2}=100000$$

$$T^{3/2}=16.67$$

$$T=6.5$$

因此，资本存量大概在第 7 年半时达到 100000 美元。

例 4.5.6 一个厂商下一年度的收益流和成本流（以千美元/月为单位）分别由下式给出

$$r(t)=0.5t^3-6t^2+18t+30\quad c(t)=6.5t+12$$

计算定积分

（1）$\int_0^4 (r-c)\,\mathrm{d}t$，　　（2）$\int_4^9 (r-c)\,\mathrm{d}t$

并解释这些结果。

解：（1）

$$\int_0^4 (r-c)\,\mathrm{d}t = \int_0^4 (0.5t^3 - 6t^2 + 18t + 30 - 6.5t - 12)\,\mathrm{d}t = 68 \text{ 美元}$$

（2）

$$\begin{aligned}\int_4^9 (r-c)\,\mathrm{d}t &= \int_0^9 (r-c)\,\mathrm{d}t - \int_0^4 (r-c)\,\mathrm{d}t \\ &= \int_0^9 (0.5t^3 - 6t^2 + 18t + 30 - 6.5t - 12)\,\mathrm{d}t - 68 \\ &= -78.125 \text{ 千美元}\end{aligned}$$

由于收益流 $r(t)$ 表示收益函数随时间的变化率，因此，收益的值就等于 $r(t)$ 图形下方的面积。类似地，$c(t)$ 图形下方的面积就等于总成本。因此，两条曲线之间的面积就表示这个时间段的预期利润。计算结果表明，在 $t=0$ 和 $t=4$ 之间，收益超过成本，厂商会获得 68000 千美元的利润。与此相反，在 $t=4$ 和 $t=9$ 之间，积分

$$\int_4^9 (r-c)\,\mathrm{d}t$$

是一个负值。这意味着，在这个时间段内，公司将预期损失 78125 千美元。

四、连续贴现的现值

资金是有时间价值的，因为资金的使用过程会产生增值。在 2.3 小节，我们知道，若本金为 P，年利率为 r，连续复利的期限为 t 年，那么终值 S 为

$$S = P\mathrm{e}^{rt}$$

反过来，如果按照年利率 r 的连续复利方式计算，那么在 t 年末终值 S 所对应的现值 P 为

$$P = S\mathrm{e}^{-rt}$$

这个公式用于计算连续复利情况下单一终值的现值。

如果投资者在连续 n 年的每年末都会收到终值 S，那么这个支付流的现值为

$$\begin{aligned}&S\mathrm{e}^{-r} + S\mathrm{e}^{-2r} + \cdots + S\mathrm{e}^{-nr} \\ &= S\mathrm{e}^{-r}[1 + \mathrm{e}^{-r} + \cdots + \mathrm{e}^{-(n-1)r}] \\ &= S\mathrm{e}^{-r}\frac{1-\mathrm{e}^{-nr}}{1-\mathrm{e}^{-r}}\end{aligned}$$

如果投资者连续 n 年都有收益流 S（美元/年），并且这个收益不是在年末一次性支付，而是平均分布在一年之中，那么这个收益流的现值为

$$P = \int_0^n S\mathrm{e}^{-rt}\,\mathrm{d}t$$

如果投资者连续 n 年都有支付流 P（美元/年），并且这个支付不是在年末一次性进行的，而是平均分布在一年之中，那么这个支付流的终值为

$$S = \int_0^n P\mathrm{e}^{rt}\,\mathrm{d}t$$

例 4.5.7　假设年利率为 9%，计算持续 5 年的收益流为 1000 美元/年的现值。

解：将 $S=1000$，$r=9\%$，$n=5$ 代入公式，得

$$\begin{aligned}P &= \int_0^n S\mathrm{e}^{-rt}\,\mathrm{d}t \\ &= \int_0^5 1000\mathrm{e}^{-0.09t}\,\mathrm{d}t = 1000\int_0^5 \mathrm{e}^{-0.09t}\,\mathrm{d}t\end{aligned}$$

$$= 1000\left[-\frac{1}{0.09}e^{-0.09t}\right]_0^5 = -\frac{1000}{0.09}\left[e^{-0.09t}\right]_0^5$$

$$= \frac{1000}{0.09}(1 - e^{-0.45}) = 4026.35 \text{ 美元}$$

例 4.5.8 某个大型投资项目，投资成本为10000万元，投资收益率为2000万元/年。假设银行的年利率为5%，以连续复利计算。求：（1）5年内总收益的现值；（2）投资回收期。

解：（1）将 $S=2000$，$r=5\%$，$n=5$ 代入公式，得

$$P = \int_0^n Se^{-rt}dt = \int_0^5 2000e^{-0.05t}dt$$

$$= \frac{2000}{0.05}(1 - e^{-0.25}) = 8847.97 \text{ 万元}$$

（2）假设收回投资的年限为 T，将 $P=10000$，$S=2000$，$r=5\%$ 代入公式，得

$$10000 = \int_0^T 2000e^{-0.05t}dt$$

用凑微分法，得

$$10000 = \frac{2000}{-0.05}e^{-0.05t}\Big|_0^T$$

代入、整理得

$$1 - e^{-0.05T} = 0.25$$

$$T = 20\ln\frac{4}{3} \approx 5.754$$

所以，投资回收期应为5.8年。

例 4.5.9 某航空公司为了发展新航线的航运业务，需要增加一架波音客机。如果购进一架客机需要支付5000万美元现金，客机的使用寿命为15年。如果租用一架客机，每年需要支付600万美元的租金，租金以均匀的资金流支付。（1）若银行的年利率为12%，请问购买客机与租用客机哪种方案较佳？（2）如果银行的年利率为6%时，结果会如何呢？

解：（1）购买一架客机的现值为5000万美元，可以使用15年；租用一架客机，每年支付600万美元的租金，那么需要计算所支付的15年租金的现值。

由于租金以均匀的资金流支付，所以15年租金的现值为

$$P = \int_0^{15} 600e^{-0.12t}dt = \frac{600}{-0.12}\int_0^{15} e^{-0.12t}d(-0.12t)$$

$$= \frac{600}{0.12}(1 - e^{-0.12\times 15}) \approx 4175 \text{ 万美元}$$

此时租用客机比较合算。

当然，如果把两种支付方式都转化为15年之后的终值进行比较也是可以的。比如，购买客机所支付的5000万美元，按12%年连续复利计算，15年之后的终值为

$$S = 5000e^{0.12\times 15} \approx 30248 \text{ 万美元}$$

租用客机每年支付600万美元，且租金以均匀的资金流支付，那么15年之后的终值为

$$S = \int_0^{15} 600e^{0.12(15-t)}dt = \frac{600}{-0.12} \times e^{0.12\times 15}\int_0^{15} e^{-0.12t}d(-0.12t)$$

$$= \frac{600}{0.12}(e^{0.12\times 15} - 1) \approx 25248 \text{ 万美元}$$

可见，当年利率为12%，租用客机比较合算。

（2）如果银行的年利率为 6%，那么 15 年租金的现值为

$$P=\int_0^{15}600\mathrm{e}^{-0.06t}\mathrm{d}t\approx 5930\text{ 万美元}$$

此时购买客机比较合算。

习题 4.5

1. 根据下列需求函数，求当 $P=5$ 时的消费者剩余。

（1）$P=25-2Q$　　　　（2）$P=\dfrac{10}{\sqrt{Q}}$

2. 根据下面的供给函数，求当 $Q=9$ 时的生产者剩余。

（1）$P=12+2Q$　　　　（2）$P=20\sqrt{Q}+15$

3. 给定需求函数

$$P=50-2Q_{\mathrm{D}}$$

和供给函数

$$P=10+2Q_{\mathrm{S}}$$

在完全竞争条件下，分别计算消费者剩余和生产者剩余。

4. 给定需求函数

$$P=-Q_{\mathrm{D}}^2-8Q_{\mathrm{D}}+68$$

和供给函数

$$P=Q_{\mathrm{S}}^2-2Q_{\mathrm{S}}+12$$

在完全竞争条件下，分别求消费者剩余和生产者剩余。

5. 假设一个经济体的净投资流量以万美元为单位为 $I(t)=10t^{1/2}$，令 $K(0)=100$，计算从 $t=0$ 开始到第 4 年年末的资本存量水平。

6. 如果净投资流量以万美元为单位函数为

$$I(t)=100\mathrm{e}^{0.1t}$$

计算：（1）从第 2 年年末至第 5 年年末的资本形成；（2）资本存量超过 100000 万美元所需要的年数。

7. 假设一个经济体的净投资流量以万美元为单位为 $I(t)=800t^{1/3}$，令 $K(0)=0$ 表示当前的资本存量。计算：（1）第 1 年年末到第 8 年年末的资本形成；（2）资本存量超过 48600 万美元需要的年数。

8. 假设银行的年利率为 5%，每年的收益流为 1000 万美元，求对应下列年限的连续收益流的现值。

（1）3 年　　（2）10 年　　（3）100 年　　（4）无限期

9. 假设年利率为 10%，投资收益率为 5000 美元/年，持续 n 年连续收益流的现值为 25000 美元，求 n（精确 0.1）。

10. 假设每年的支付为 2000 美元，年利率为 5%，按连续利率计算下列情形的无穷支付流的现值。

（1）支付均匀分布在一年内　　　　（2）支付发生在每年年末

第5章　偏导数及其应用

在经济学中，会遇到依赖于多个变量的函数，比如，某种商品的需求量不仅依赖于它自己的价格，还依赖于替代品和互补品的价格、消费者的收入；一种商品的产出依赖于多种生产要素的投入，包括土地、资本和劳动。经济分析时需要对这种多变量函数进行讨论。本章将一元函数的相关概念和方法推广到二元函数，主要介绍二元函数的偏导数与全微分、隐函数的求导、最优化方法、拉格朗日乘数法，以及它们的经济应用。

5.1　偏导数与全微分

一、二元函数与偏导数

先看下面两个例子。

例 5.1.1　矩形面积 S 与其长 x、宽 y 的关系为

$$S = xy$$

其中，x 与 y 是两个独立的变量。在它们的变化范围内，当 x 和 y 的值取定后，面积 S 有唯一确定的值与之对应。

例 5.1.2　柯布-道格拉斯生产函数

$$Q = AK^{\alpha}L^{\beta}$$

其中，A、α、β 为正的常数。当投入的劳动 L 与资本 K 的值取定后，产量 Q 有唯一确定的值与之对应。

根据不同领域的例子可以抽象出二元函数的概念。

定义 5.1.1　假设 D 是平面上一个非空点集，f 是一个对应法则，如果对于每个点 $(x, y) \in D$，都可由对应法则 f 得到唯一的实数 z 与之对应，则称 z 是变量 x 和 y 的二元函数，记为

$$z = f(x, y)$$

其中，x、y 称为自变量，z 称为因变量，D 称为函数 $f(x, y)$ 的定义域，它所对应的函数值的集合称为函数 $f(x, y)$ 的值域。

比如，长方形面积

$$S = xy$$

或

$$f(x, y) = xy$$

其定义域是 $D = \{(x, y) \mid 0 \leqslant x < +\infty, 0 \leqslant y < +\infty\}$。

又如，二元函数

$$z = \sqrt{4 - x^2 - y^2}$$

定义域是 $D = \{(x, y) \mid x^2 + y^2 \leqslant 4\}$。

一元函数的图形通常可以手工描绘出来，这有助于我们理解其性质。对于二元函数，比如函数

$$f(x, y) = xy^3 + 4x$$

的图形是三维空间中的一个曲面，难以手工描绘，但绘图软件（如 Mathematics）能帮助我们轻松完成。对两个自变量以上的函数来说，用图形进行解释更是非常困难的。

现在，我们从导数入手对二元函数展开讨论。

由于二元函数有两个自变量，为此先让其中的一个自变量保持不变，研究二元函数随另一个自变量变化的变化率。

给定二元函数

$$z = f(x, y)$$

先将其中一个变量 y 看作常量，这时 $f(x, y)$ 是 x 的一元函数，可求 f 关于 x 的导数。运用第 3 章介绍的一元函数求导方法，求出其导数，记为

$$\frac{\partial z}{\partial x} \text{或} \frac{\partial f}{\partial x} \text{或} f_x$$

称为 **$f(x, y)$ 关于 x 的一阶偏导数**。

同理，将其中一个变量 x 看作常量，这时 $f(x, y)$ 是 y 的一元函数，可求 f 关于 y 的导数，记为

$$\frac{\partial z}{\partial y} \text{或} \frac{\partial f}{\partial y} \text{或} f_y$$

称为 **$f(x, y)$ 关于 y 的一阶偏导数**。

可见，二元函数 $f(x, y)$ 的一阶偏导数有两个，它与一元函数的导数基本相同，因为 x 和 y 之中只有一个变量在变化。

例 5.1.3 求下列函数的偏导数 f_x 和 f_y。

(1) $f(x, y) = x^2y + y^3$　　　　(2) $f(x, y) = x^2y^3$

解：

(1) 将 y 看作常量，按一元函数求导方法，对 x 求导数，得

$$\frac{\partial f}{\partial x} = 2xy + 0 = 2xy$$

将 x 看作常量，按一元函数求导方法，对 y 求导，得

$$\frac{\partial f}{\partial y} = x^2 + 3y^2$$

(2) 类似地，可得

$$f_x = 2xy^3 \qquad f_y = 3x^2y^2$$

例 5.1.4 求函数 $z = x^2 + 3xy + y^2$ 在点 (1, 2) 处的偏导数。

解：

（1）将 y 看作常量，得

$$\frac{\partial z}{\partial x}=2x+3y$$

将 x 看作常量，得

$$\frac{\partial z}{\partial y}=3x+2y$$

把 $x=1$ 和 $y=2$ 代入上式，得

$$\left.\frac{\partial z}{\partial x}\right|_{\substack{x=1\\y=2}}=2\times1+3\times2=8$$

$$\left.\frac{\partial z}{\partial y}\right|_{\substack{x=1\\y=2}}=3\times1+2\times2=7$$

一般地，对二元函数

$$z=f(x,\ y)$$

求一阶偏导数时，所得到的两个偏导数仍然是 x 和 y 的二元函数，可以对它们继续求偏导数。

比如，求一阶偏导数 $\frac{\partial f}{\partial x}$ 关于 x 的偏导数，可得

$$\frac{\partial}{\partial x}\left(\frac{\partial f}{\partial x}\right)=\frac{\partial^2 f}{\partial x^2}$$

表示**对 x 求两次偏导数**，记为

$$\frac{\partial^2 z}{\partial x^2}\quad 或\quad f_{xx}$$

类似地，求 $\frac{\partial f}{\partial x}$ 关于 y 的偏导数，得

$$\frac{\partial}{\partial y}\left(\frac{\partial f}{\partial x}\right)=\frac{\partial^2 f}{\partial y\partial x}$$

表示**先对 x、后对 y 求偏导数**，记为

$$\frac{\partial^2 z}{\partial y\partial x}\quad 或\quad f_{yx}$$

同理，求一阶偏导数 $\frac{\partial f}{\partial y}$ 关于 x 的偏导数，得

$$\frac{\partial}{\partial x}\left(\frac{\partial f}{\partial y}\right)=\frac{\partial^2 f}{\partial x\partial y}$$

表示**先对 y、后对 x 求偏导数**，记为

$$\frac{\partial^2 z}{\partial x\partial y}\quad 或\quad f_{xy}$$

求 $\frac{\partial f}{\partial y}$ 关于 y 的偏导数，得

$$\frac{\partial}{\partial y}\left(\frac{\partial f}{\partial y}\right)=\frac{\partial^2 f}{\partial y^2}$$

表示**对 y 求两次偏导数**，记为

$$\frac{\partial^2 z}{\partial y^2}\quad 或\quad f_{yy}$$

函数 $z=f(x, y)$ 的二阶偏导数共有上述四个，其中的两个二阶偏导数

$$\frac{\partial^2 z}{\partial y\partial x} \quad 与 \quad \frac{\partial^2 z}{\partial x\partial y}$$

称为**函数 $f(x, y)$ 的二阶交叉偏导数**。

例 5.1.5　求下列函数二阶偏导数 f_{xx}，f_{yy}，f_{yx} 和 f_{xy}。

(1) $f(x, y)=x^2+y^3$　　　　(2) $f(x, y)=x^2y^3$

解:

(1) 两个一阶偏导数为

$$f_x=2x, \ f_y=3y^2$$

求 f_x 关于 x 的偏导数，得

$$f_{xx}=2$$

求 f_x 关于 y 的偏导数，得

$$f_{yx}=0$$

求 f_y 关于 x 的偏导数，得

$$f_{xy}=0$$

求 f_y 关于 y 的偏导数，得

$$f_{yy}=6y$$

(2) 两个一阶偏导数为

$$f_x=2xy^3, \ f_y=3x^2y^2$$

类似地，得

$$f_{xx}=2y^3, \ f_{yy}=6x^2y, \ f_{yx}=6xy^2, \ f_{xy}=6xy^2$$

观察例 5.1.5 之中二阶交叉偏导数可以发现一个有趣结果：$f_{yx}=f_{xy}$。这个结果并非偶然，在一定条件下是一个普遍规律。

也就是说，函数 $f(x, y)$ 的两个交叉偏导数相等，即

$$\frac{\partial^2 f}{\partial y\partial x}=\frac{\partial^2 f}{\partial x\partial y}$$

例 5.1.6　已知 $f(x_1, x_2, x_3)=x_1^3+x_1x_3^2+5x_2^4$，求二阶偏导数 $f_{x_3x_1}$，$f_{x_1x_3}$。

解:

$f_{31}=\dfrac{\partial^2 f}{\partial x_3\partial x_1}$ 表示先对变量 x_1 求偏导数，再对变量 x_3 求偏导数。以后会经常采用这种通用记法。

先对 x_1 求偏导数，得

$$f_{x_1}=\frac{\partial f}{\partial x_1}=3x_1^2+x_3^2$$

在此基础上再对 x_3 求偏导数，得

$$f_{x_3x_1}=\frac{\partial^2 f}{\partial x_3\partial x_1}=2x_3$$

类似地，先对 x_3 求偏导数，得

$$f_{x_3}=\frac{\partial f}{\partial x_3}=2x_1x_3$$

再对 x_1 求偏导数，得

$$f_{x_1x_3}=\frac{\partial f_3}{\partial x_1}=2x_3$$

显然，$f_{x_1x_3}=f_{x_3x_1}$。这再次表明函数$f(x_1, x_2, x_3)$的交叉偏导数与求导的先后次序无关。

二、函数的全微分

3.1 小节讨论了一元函数的全微分。现在回到一元函数 $y=f(x)$，当自变量 x 发生很小变化 Δx 时，相应的函数改变量为

$$\Delta y=f(x+\Delta x)-f(x)$$

而且

$$\Delta y\approx f'(x)\Delta x \quad 或 \quad \Delta y\approx\frac{\mathrm{d}y}{\mathrm{d}x}\Delta x$$

当 $|\Delta x|$ 越来越小时，上式右边 $f'(x)\Delta x$ 对左边 Δy 的近似会更加精确。

类似的情况同样适用于二元函数。

对于二元函数

$$z=f(x, y)$$

当 x 发生很小变化 Δx，而 y 保持不变时，相应的函数 $z=f(x, y)$ 改变量

$$\Delta_x z=f(x+\Delta x, y)-f(x, y)$$

称为 **$z=f(x, y)$ 关于 x 的偏增量**，而且

$$\Delta_x z\approx\frac{\partial z}{\partial x}\Delta x$$

当 x 保持不变，而 y 发生很小变化 Δy 时，相应的函数 z 改变量为

$$\Delta_y z=f(x, y+\Delta y)-f(x, y)$$

称为 **$z=f(x, y)$ 关于 y 的偏增量**，而且

$$\Delta_y z\approx\frac{\partial z}{\partial y}\Delta y$$

当 x 和 y 分别同时发生很小变化 Δx 和 Δy 时，相应的函数 z 改变量

$$\Delta z=f(x+\Delta x, y+\Delta y)-f(x, y)$$

称为 **$z=f(x, y)$ 的全增量**。此时，函数的全增量 Δz 由 x 和 y 各自变化所引起的偏增量之和组成，即

$$\Delta z\approx\frac{\partial z}{\partial x}\Delta x+\frac{\partial z}{\partial y}\Delta y \tag{5.1.1}$$

式（5.1.1）称为**全增量公式**。

这意味着，函数的全增量可以用偏增量之和来进行近似计算，而且当 $|\Delta x|$ 和 $|\Delta y|$ 越小时，近似的精度会越高。

式（5.1.1）右边称为**二元函数 $z=f(x, y)$ 在点（x, y）处的全微分**，记为 $\mathrm{d}z$。即

$$\mathrm{d}z=\frac{\partial z}{\partial x}\mathrm{d}x+\frac{\partial z}{\partial y}\mathrm{d}y \tag{5.1.2}$$

式（5.1.2）称为**全微分公式**。

由式（5.1.1）与式（5.1.2），可以得到

$$\Delta z\approx\mathrm{d}z$$

也就是说，二元函数的全微分是其全增量的一个近似。

例 5.1.7 求函数 $z=\frac{x}{y}$ 在点（1，2）处的全微分。

解： 因为

$$\frac{\partial z}{\partial x}=\frac{1}{y},\ \frac{\partial z}{\partial y}=-\frac{x}{y^2}$$

所以

$$\left.\frac{\partial z}{\partial x}\right|_{\substack{x=1\\y=2}}=\frac{1}{2},\ \left.\frac{\partial z}{\partial y}\right|_{\substack{x=1\\y=2}}=-\frac{1}{4}$$

由全微分公式（5.1.2）得

$$\mathrm{d}z=\frac{1}{2}\mathrm{d}x-\frac{1}{4}\mathrm{d}y$$

例 5.1.8 求线性函数 $f(x,\ y)=2x+3y$ 当 $\Delta x=4$、$\Delta y=5$ 时的全增量与全微分。

解： 函数全增量为

$$\begin{aligned}\Delta z&=f(x+\Delta x,\ y+\Delta y)-f(x,\ y)\\&=2(x+\Delta x)+3(y+\Delta y)-(2x+3y)\\&=2\Delta x+3\Delta y\end{aligned}$$

把 $\Delta x=4$ 和 $\Delta y=5$ 代入上式，得

$$\Delta z=23$$

显然

$$\frac{\partial z}{\partial x}=2,\ \frac{\partial z}{\partial y}=3$$

根据全微分公式，得

$$\mathrm{d}z=\frac{\partial z}{\partial x}\mathrm{d}x+\frac{\partial z}{\partial y}\mathrm{d}y=2\times 4+3\times 5=23$$

由此可见，对于线性函数来说，二元函数的全增量等于其全微分。

例 5.1.9 求非线性函数 $f(x,\ y)=xy$ 当 $x=1$、$y=1$、$\Delta x=4$、$\Delta y=5$ 时的全增量与全微分。

解： 函数的全增量为

$$\begin{aligned}\Delta z&=f(x+\Delta x,\ y+\Delta y)-f(x,\ y)\\&=(x+\Delta x)(y+\Delta y)-xy\\&=y\Delta x+x\Delta y+\Delta x\Delta y\end{aligned}$$

将 $x=1$、$y=1$、$\Delta x=4$、$\Delta y=5$ 代入上式，得

$$\Delta z=29$$

显然

$$\frac{\partial z}{\partial x}=y,\ \frac{\partial z}{\partial y}=x$$

根据全微分公式，得

$$\mathrm{d}z=\frac{\partial z}{\partial x}\mathrm{d}x+\frac{\partial z}{\partial y}\mathrm{d}y=y\mathrm{d}x+x\mathrm{d}y$$

那么

$$\mathrm{d}z=1\times 4+1\times 5=9$$

可以看出，对于非线性函数来说，函数的全微分与全增量之差可能比较大。但是，如果将本例中 $\Delta x=4$、$\Delta y=5$ 改为 $\Delta x=0.4$、$\Delta y=0.5$，重新计算可得到

$$\Delta z=1.1,\ dz=0.9$$

这时，$dz=0.9$ 基本上可以看作 $\Delta z=1.1$ 的一个近似值。而当 $\Delta x=0.04$、$\Delta y=0.05$ 时，计算得到

$$\Delta z=0.092,\ dz=0.09$$

全微分 $dz=0.09$ 是全增量 $\Delta z=0.092$ 的一个很精确的近似值。通过相对误差可以看出，随着 $|\Delta x|$ 和 $|\Delta y|$ 逐渐变小，dz 对 Δz 的近似精度会越来越高。

例 5.1.10 已知二元函数

$$z=x^3y-y^3x$$

计算 $\frac{\partial z}{\partial x}$ 和 $\frac{\partial z}{\partial y}$ 在点(1，3) 处的值，并估计当 x 由 1 增加到 1.1，y 由 3 减少到 2.8 时 z 的全增量。

解： 显然

$$\frac{\partial z}{\partial x}=3x^2y-y^3$$

$$\frac{\partial z}{\partial y}=x^3-3y^2x$$

把 $x=1$ 和 $y=3$ 代入上式，得

$$\frac{\partial z}{\partial x}=3\times1^2\times3-3^3=-18$$

$$\frac{\partial z}{\partial y}=1^3-3\times3^2\times1=-26$$

当 $\Delta x=0.1$ 和 $\Delta y=-0.2$ 时，由全增量公式（5.1.1），得

$$\begin{aligned}\Delta z&\approx\frac{\partial z}{\partial x}\Delta x+\frac{\partial z}{\partial y}\Delta y\\&=(-18)\times0.1+(-26)\times(-0.2)=3.4\end{aligned}$$

由于 $|\Delta x|$ 和 $|\Delta y|$ 都比较小，可用全微分来估计全增量，所以 z 的全增量 $\Delta z=3.4$。就本例而言，不利用全微分近似全增量，而直接计算函数的全增量会相当烦琐。

三、隐函数的导数

一般地，求一元函数 $y=f(x)$ 的导数是容易的。比如，求函数 $y=4x^3+5x^2$ 的导数，可得

$$\frac{dy}{dx}=12x^2+10x$$

然而，如果函数是以方程的形式给出，比如求由方程

$$y^3+3xy^2-4x^2=9$$

所确定函数 $y=y(x)$ 的导数 $\frac{dy}{dx}$ 时，会比较烦琐一些，因为我们无法从方程之中求出函数 $y=y(x)$ 显性表达式。这就是隐函数求导问题。

首先，把方程改写成

$$y^3+3xy^2-4x^2-9=0$$

将方程左边式子视为二元变量 x 和 y 的函数，即

$$f(x, y)=y^3+3xy^2-4x^2-9$$

此时，原方程

$$y^3+3xy^2-4x^2-9=0$$

就可写为

$$z=f(x, y)=0$$

可得

$$\frac{\partial f}{\partial x}=3y^2-8x \quad \frac{\partial f}{\partial y}=3y^2+6xy$$

由全微分公式

$$\mathrm{d}z=\frac{\partial f}{\partial x}\mathrm{d}x+\frac{\partial f}{\partial y}\mathrm{d}y$$

得

$$0=\frac{\partial f}{\partial x}\mathrm{d}x+\frac{\partial f}{\partial y}\mathrm{d}y$$

移项，得

$$-\frac{\partial f}{\partial y}\mathrm{d}y=\frac{\partial f}{\partial x}\mathrm{d}x$$

即

$$\frac{\mathrm{d}y}{\mathrm{d}x}=-\frac{\dfrac{\partial f}{\partial x}}{\dfrac{\partial f}{\partial y}}=-\frac{3y^2-8x}{3y^2+6xy}$$

这样就求出了隐函数的导数。

根据上述过程，可以得到一个通用性结论：由方程 $f(x, y)=0$ 所确定函数 $y=y(x)$ 的导数可以表示为

$$\frac{\mathrm{d}y}{\mathrm{d}x}=-\frac{f_x}{f_y} \tag{5.1.3}$$

式 (5.1.3) 称为**隐函数求导公式**。

例 5.1.11 给定方程 $y^3+2xy^2-3x=7$，求由方程所确定函数 $y=y(x)$ 的导数 $\frac{\mathrm{d}y}{\mathrm{d}x}$。

解： 令

$$f(x, y)=y^3+2xy^2-3x-7$$

则

$$f_x=2y^2-3, \quad f_y=3y^2+4xy$$

由式 (5.1.3) 得

$$\begin{aligned}\frac{\mathrm{d}y}{\mathrm{d}x}&=-\frac{f_x}{f_y}\\&=-\frac{2y^2-3}{3y^2+4xy}=\frac{-2y^2+3}{3y^2+4xy}\end{aligned}$$

本例由方程 $f(x, y)=0$ 所确定的函数是一元函数，直接运用隐函数求导公式得出。若给定方程为 $F(x, y, z)=0$，它所确定的函数是二元函数，此时也可由类似的隐函数求导公式得出相应的偏导数。

例 5.1.12 利用隐函数求导公式，求由下列方程所确定的函数的偏导数 $\frac{\partial z}{\partial x}$ 和 $\frac{\partial z}{\partial y}$。

$$F(x, y, z) = 3xy + yz^2 + x^2yz - 10 = 0$$

解：设此方程所确定的函数为

$$z = f(x, y)$$

在求偏导数 $\frac{\partial z}{\partial x}$ 时将 y 看作常量，也就是在 $F(x, y, z) = 0$ 中将 y 看作常量，求 z 关于 x 的导数，这时可运用隐函数求导公式（5.1.3）。于是

$$F_x = 3y + 2xyz \qquad F_z = 2yz + x^2y$$

由式（5.1.3）得

$$\frac{\partial z}{\partial x} = -\frac{F_x}{F_z} = -\frac{3y + 2xyz}{2yz + x^2y} = -\frac{3 + 2xz}{2z + x^2}$$

同理可得

$$F_y = 3x + z^2 + x^2z$$

再由式（5.1.3）得

$$\frac{\partial z}{\partial y} = -\frac{F_y}{F_z} = -\frac{3x + z^2 + x^2z}{2yz + x^2y}$$

习题 5.1

1. 若 $f(x, y) = 3x^2y^3 + x^2$，求 $f(2, 3)$，$f(x + 2y, 3y)$。

2. 求下列函数的定义域。

(1) $z = \sqrt{1 - x^2} + \sqrt{1 - y^2}$　　(2) $z = \ln(x - y) + \ln x$

3. 求下列函数的偏导数 $\frac{\partial z}{\partial x}$ 和 $\frac{\partial z}{\partial y}$。

(1) $z = 3x^2 + 4y^5 - xy$　　(2) $z = x^3 - 4e^y + xy$

(3) $z = 2xy + 6xy^2$　　(4) $z = x + y - 4x^5y + 5y^2$

4. 若 $f(x, y) = 2x^4y^5 - x^2 + 3y^2$，求一阶偏导数 $f_x(1, 0)$ 和 $f_y(1, 1)$。

5. 求下列函数的二阶偏导数。

(1) $f(x, y) = 5x^4y - 7xy^2$　　(2) $f(x, y) = ye^x - xe^y$

(3) $f(x, y) = 6x^{\frac{1}{3}}y^{\frac{2}{3}}$　　(4) $f(x, y) = x^2y^3 + 10xy$

并验证 $\frac{\partial^2 z}{\partial y \partial x} = \frac{\partial^2 z}{\partial x \partial y}$ 是否成立。

6. 已知

$$f(x_1, x_2, x_3) = x_1^5 + 3x_1x_2 - x_2^2x_3$$

求偏导数 f_1、f_{12} 和 f_{21}，并验证其中的交叉偏导数是否相等。

7. 求下列函数的全微分。

(1) $z = 4x^2y^3$　　(2) $z = \ln(e^y + xy)$

(3) $z = xy + 5y^2$　　(4) $z = y - 2x^5y$

8. 若函数

$$z = 3xy - 5x + 2y$$

(1) 计算 $\left.\frac{\partial z}{\partial x}\right|_{(2,\ 6)}$ 和 $\left.\frac{\partial z}{\partial y}\right|_{(2,\ 6)}$；(2) 估计当 x 由 2 减少到 1.99，y 由 6 增加到 6.02 时 z 的全增量。

9. 若函数

$$z = x^2 - 6xy + y^2$$

计算 $z_x\big|_{(2,\ 3)}$ 和 $z_y\big|_{(2,\ 3)}$，并估计当 x 增加 0.02 而 y 减少 0.01 时 z 的全增量。

10. 给定方程

(1) $x^3 - 4y^3 + y = 10$　　(2) $3y^5 - xy^2 = 10x^2 + 7$

求由方程所确定函数的导数 $\frac{\mathrm{d}y}{\mathrm{d}x}$。

11. 给定方程

(1) $x^2y - 4xy^2 + 3y = 5z$　　(2) $z^3 - 3xyz = 1$

求由方程所确定函数的偏导数 $\frac{\partial z}{\partial x}$ 和 $\frac{\partial z}{\partial y}$。

5.2 弹性与边际函数

二元函数的偏导数在经济学中有非常广泛的应用，包括偏弹性、效用分析、生产函数分析等。

一、需求弹性

假设某种商品的需求量 Q 不仅依赖于自己的价格 P，还依赖于其他商品的价格 P_A 及消费者的收入 Y，这时需求函数可表示为

$$Q = f(P,\ P_A,\ Y)$$

即需求量 Q 是 P、P_A、Y 的三元函数。下面讨论需求量 Q 对其中任何一个变量发生变化的敏感程度。

类似于 3.4 小节介绍的弹性理论，当 P 和 Y 保持不变时，需求量 Q 变动对其他商品价格 P_A 变动的反应程度，就称为**需求的交叉价格弹性**，用字母 E_{P_A} 表示，其公式为

$$E_{P_A} = \frac{Q\text{ 变化的百分比}}{P_A\text{ 变化的百分比}}$$

也就是

$$E_{P_A} = \frac{\frac{\Delta Q}{Q}}{\frac{\Delta P_A}{P_A}} = \frac{P_A}{Q} \times \frac{\Delta Q}{\Delta P_A}$$

当 $\Delta Q \to 0$，$\Delta P_A \to 0$ 时，得

$$E_{P_A} = \frac{P_A}{Q} \times \frac{\partial Q}{\partial P_A}$$

式中，E_{P_A} 的符号可以为正也可为负，依赖于其他商品的性质。

当其他商品是替代性商品，由于替代性商品的 P_A 增加时，Q 会增加，则

$$\frac{\partial Q}{\partial P_A} > 0$$

所以 $E_{P_A} > 0$。

当其他商品是互补性商品，由于互补性商品的 P_A 增加时，Q 会减少，则

$$\frac{\partial Q}{\partial P_A} < 0$$

所以 $E_{P_A} < 0$。

需求的收入弹性用来反映商品需求量 Q 变动对消费者收入 Y 变化的敏感程度，它等于商品需求量的变化率与相应的收入变化率之比，用字母 E_Y 表示为

$$E_Y = \frac{Q\text{ 变化的百分比}}{Y\text{ 变化的百分比}}$$

类似于需求的交叉价格弹性，上式可改写为

$$E_Y = \frac{Y}{Q} \times \frac{\partial Q}{\partial Y}$$

式中，E_Y 的符号可以为正，也可以为负。

当 $E_Y > 0$，说明这种商品的需求量随着收入的增加而增加，随着收入的减少而减少，这种商品称为正常品。在正常品中，又可以分为两种情况：当消费者收入水平上升时，消费者对奢侈品和生活必需品的需求量都会增加，但奢侈品的需求量增加幅度较大因此富有弹性，而生活必需品的需求量增加幅度较小，是缺乏弹性的。故把 $E_Y > 1$ 的商品称为奢侈品，把 $0 < E_Y < 1$ 的商品称为生活必需品。

当 $E_Y < 0$，说明这种商品的需求量随着收入的增加而下降，即需求量与收入反方向变动，这种商品称为低档品。

例 5.2.1　给定需求函数

$$Q = 100 - 2P + P_A + 0.1Y$$

当 $P = 10$、$P_A = 12$ 和 $Y=1000$ 时，求：（1）需求价格弹性；（2）需求交叉弹性；（3）需求收入弹性，并判断其他商品是替代品还是互补品。

解：

当 $P=10$、$P_A = 12$ 和 $Y=1000$ 时

$$Q = 100 - 2 \times 10 + 12 + 0.1 \times 1000 = 192$$

（1）求 Q 关于 P 偏导数，得

$$\frac{\partial Q}{\partial P} =- 2$$

于是

$$E_P =- \frac{P}{Q} \times \frac{\partial Q}{\partial P} =- \frac{10}{192} \times (-2) \approx 0.10$$

（2）求 Q 关于 P_A 偏导数，得

$$\frac{\partial Q}{\partial P_A} = 1$$

于是

$$E_{P_A}=\frac{P_A}{Q}\times\frac{\partial Q}{\partial P_A}=\frac{12}{192}\times 1=0.06$$

因为 $E_{P_A}=0.06>0$，所以两种商品是替代性。

（3）求 Q 关于 Y 的偏导数，得

$$\frac{\partial Q}{\partial Y}=0.1$$

于是

$$E_Y=\frac{Y}{Q}\times\frac{\partial Q}{\partial Y}=\frac{1000}{192}\times 0.1=0.52$$

二、效用函数

“效用”是分析消费者行为的基本概念。所谓效用是指消费者在消费商品和劳务时所获得的满足感，这种满足感随着消费商品和劳务数量的变化而变化。如果以消费者消费商品的数量为自变量，以总效用的大小为因变量，那么效用函数就表示总效用与商品消费量之间的关系。

令总效用为 U，消费者消费商品 G1、商品 G2 的数量分别为 x_1 和 x_2，那么效用函数可记为

$$U=U(x_1, x_2)$$

此时变量 U 是自变量 x_1 和 x_2 的二元函数。

比如，如果

$$U(3, 7)=20 \text{ 和 } U(4, 5)=25$$

这表明消费者从消费 3 个 G1 商品和 7 个 G2 商品所获得的总效用为 20，从消费 4 个 G1 商品和 5 个 G2 商品所获得的总效用为 25，且 $U(3, 7)<U(4, 5)$。

一般地，总效用随着商品消费量的增加而增加，但是以递减的速度增加；在达到消费饱和点后，开始随商品消费量的增加而减少。效用函数的图形如图 5.2.1 所示。

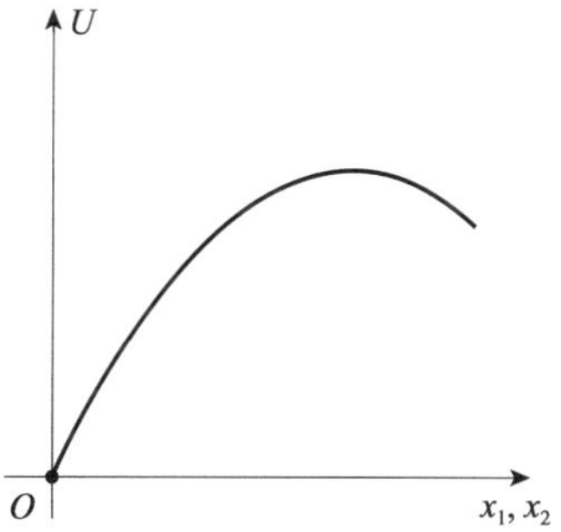

图 5.2.1

对效用函数 $U=U(x_1, x_2)$，可以计算两个一阶偏导数

$$\frac{\partial U}{\partial x_1}, \frac{\partial U}{\partial x_2}$$

偏导数

$$\frac{\partial U}{\partial x_i}\quad (i=1, 2)$$

是效用函数 U 对 x_i 的变化率，称为 **U 关于 x_i 的边际效用**，记为 MU。它表示消费者每增加一个单位商品 x_i 的消费所得到的效用增量，也是最后消费的一个单位商品给消费者带来的效用。

每单位商品的边际效用之和等于总效用。当边际效用大于 0 时，总效用增加；当边际效用为 0 时，总效用达到最大；当边际效用小于 0 时，总效用减小。

根据偏导数与偏增量的关系，当 x_i 发生一个很小改变量 Δx_i，而另一个变量保持不变时，U 的改变量为

$$\Delta_{x_i}U \approx \frac{\partial U}{\partial x_i}\Delta x_i \quad (i = 1, 2)$$

当 x_1 和 x_2 分别同时发生一个很小改变量 Δx_1 和 Δx_2 时，由全增量公式得，效用函数 U 的全增量为

$$\Delta U \approx \frac{\partial U}{\partial x_1}\Delta x_1 + \frac{\partial U}{\partial x_2}\Delta x_2$$

这个式子可用来估计总效用增量 ΔU 的值。

例 5.2.2 已知效用函数

$$U = x_1^{1/4}x_2^{3/4}$$

（1）当 $x_1 = 100$、$x_2 = 200$ 时，求边际效用

$$\frac{\partial U}{\partial x_1} \text{和} \frac{\partial U}{\partial x_2}$$

（2）当 x_1 由 100 减少到 99，x_2 由 200 增加到 201 时，估计总效用的增量。

解：（1）求偏导数，得

$$\frac{\partial U}{\partial x_1} = \frac{1}{4}x_1^{-3/4}x_2^{3/4} \qquad \frac{\partial U}{\partial x_2} = \frac{3}{4}x_1^{1/4}x_2^{-1/4}$$

当 $x_1 = 100$、$x_2 = 200$ 时

$$\frac{\partial U}{\partial x_1} = \frac{1}{4} \times 100^{-3/4} \times 200^{3/4} = 0.42$$

$$\frac{\partial U}{\partial x_2} = \frac{3}{4} \times 100^{1/4} \times 200^{-1/4} = 0.63$$

（2）当 $\Delta x_1 = -1$，$\Delta x_2 = 1$ 时，由全增量公式，得

$$\Delta U \approx \frac{\partial U}{\partial x_1}\Delta x_1 + \frac{\partial U}{\partial x_2}\Delta x_2 = 0.42 \times (-1) + 0.63 \times 1 = 0.21$$

在此，特别注意到，效用函数

$$U = x_1^{\frac{1}{4}}x_2^{\frac{3}{4}}$$

的二阶偏导数均为负，即

$$\frac{\partial^2 U}{\partial x_1^2} = -\frac{3}{16}x_1^{-\frac{7}{4}}x_2^{\frac{3}{4}} < 0, \quad \frac{\partial^2 U}{\partial x_2^2} = -\frac{3}{16}x_1^{1/4}x_2^{-5/4} < 0$$

由于 $\frac{\partial^2 U}{\partial x_1^2}$ 是边际效用 $\frac{\partial U}{\partial x_1}$ 对 x_1 的偏导数，$\frac{\partial^2 U}{\partial x_1^2} < 0$ 意味着 x_1 的边际效用 $\frac{\partial U}{\partial x_1}$ 是减函数，即边际效用随着 x_1 的增加而减小。也就是，随着商品 G1 的消费量增加，每增加消费一个单位商品 G1，它所带来的效用会更小。

对于商品 G2 来说，由于 $\frac{\partial^2 U}{\partial x_2^2} < 0$，结论是类似的。根据二阶导数的正负与曲线凸凹性的关系可知，效用函数通常是倒 U 形的或凸性的。图 5.2.1 就呈现了这种倒 U 形特征。

这个结论表明，当消费者连续消费某种商品时，随着消费数量的不断增加，他从每单位商品中得到的边际效用呈现逐渐递减的趋势，这就是商品的**边际效用递减规律**。

边际效用递减规律可以从如下两个角度来解释。第一，从心理和生理角度看，人们的欲望是无限的，但就每个具体欲望却是有限的。随着消费商品数量的增加，有限的欲望就逐渐得到了满足，心理上或生理上对商品重复刺激的反应愈来愈迟钝，随后消费的商品的效用也

就越来越小。第二，从商品的用途看，商品的用途是多种多样的，并且各种用途对人们的重要程度也不同。人们总是先把商品用于最重要的用途，也就是效用最大的用途，然后才用于重要程度较差的、效用较小的用途。因此，随后消费的商品的效用一定小于先消费的商品的效用。

在效用函数 $U=U(x_1, x_2)$ 中，令 $U=U_0$，则

$$U(x_1, x_2)=U_0$$

在 x_1Ox_2 平面上描绘出函数 $U(x_1, x_2)=U_0$ 所表示的曲线，这条曲线称为**无差异曲线**，它是所有具有同等效用指数或满意程度的点 (x_1, x_2) 组成的集合。沿着无差异曲线上下移动时，消费者的满意程度没有任何变化。当 U_0 取不同值时，可以得到一组无差异曲线，如图 5.2.2 所示。

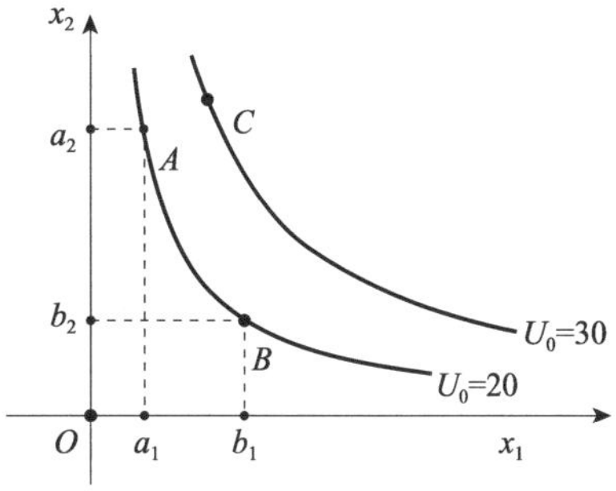

图 5.2.2

比如，点 A 和 B 在效用值较低的无差异曲线 $U_0=20$ 上。点 A 对应着消费者消费 a_1 个单位的商品 G1 和 a_2 个单位的商品 G2。类似地，点 B 对应着消费者消费 b_1 个单位的商品 G1 和 b_2 个单位的商品 G2。即

$$U(a_1, a_2)=20 \qquad U(b_1, b_2)=20$$

在这些组合上，消费者获得了相同的满足程度并且在它们之间的选择是无差异的。点 C 在离原点更远的无差异曲线上，这条曲线上商品组合的点表示更高的效用值。

一般地，无差异曲线是向下倾斜的。由图 5.2.2 可以看到，当沿着无差异曲线由左上方向右下方移动时，减少一定量的商品 G2，为了维持原有的满意程度，消费者不得不相应增加一定量的商品 G1 作为补偿。向下滑动的过程就是用商品 G1 替代 G2 的过程。一开始，消费者拥有相对较多的 G2 和较少的 G1，消费者愿意用较多的商品 G2 交换较少的商品 G1。随着这个过程的继续，消费者拥有的商品 G1 越来越多，而商品 G2 越来越少。在用商品 G1 替代商品 G2 的过程中，消费者越来越珍惜商品 G2，趋向于用更少的商品 G2 替代商品 G1。因此，无差异曲线上端靠近纵轴的比较陡峭，接近横轴的变得平坦。也就是，曲线靠近纵轴时斜率为较大的负数，曲线接近横轴时斜率几乎为 0。

定义 5.2.1　在同一条无差异曲线上，用一种商品替代另一种商品的比率，称为**商品的边际替代率（MRCS）**。

商品的边际替代率用来量化两种商品的交换情况。如图 5.2.3 所示，考察无差异曲线 $U(x_1, x_2)=U_0$，为了保证总效用 U_0 不变，从 D 点开始，当 x_1 向左移动 Δx_1 时，D 点在无差异曲线移动至 E 点，两点所对应的纵轴移动距离为 Δx_2。由于 Δx_1 和 Δx_2 的变化方向相反，为了使 MRCS 为正，在前面添加负号“ - ”。于是

$$\mathrm{MRCS}=-\frac{\Delta x_2}{\Delta x_1}$$

当 $\Delta x_1\to 0$ 时，上式变为

$$\mathrm{MRCS}=-\frac{\mathrm{d}x_2}{\mathrm{d}x_1}$$

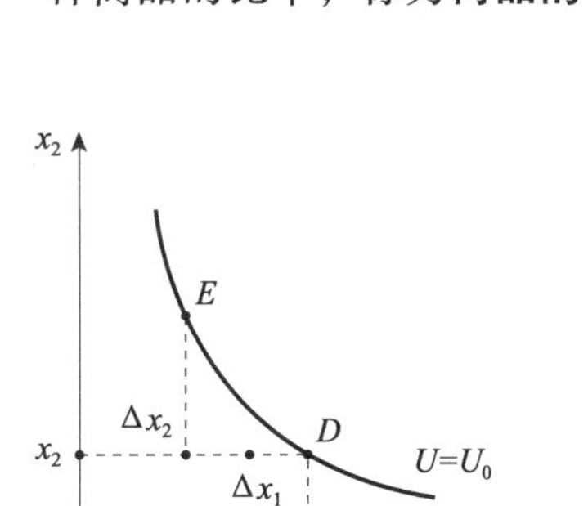

图 5.2.3

也就是说，当以 x_1 为横轴、x_2 为纵轴时，边际替代率是无差异曲线的斜率 $\frac{dx_2}{dx_1}$ 的相反数。

因为无差异曲线由效用函数

$$U(x_1, x_2) = U_0$$

所隐含地确定，由隐函数求导公式，得

$$\frac{dx_2}{dx_1} = -\frac{\partial U/\partial x_1}{\partial U/\partial x_2}$$

所以

$$\text{MRCS} = \frac{\partial U/\partial x_1}{\partial U/\partial x_2}$$

也就是说，商品的边际替代率等于效用函数关于 x_1 的边际效用除以关于 x_2 的边际效用。

例 5.2.3 已知效用函数

$$U = x_1^{1/2}x_2^{1/2}$$

计算在点（200，540）处无差异曲线的 MRCS 值，并估计当 x_1 减少 5 个单位时，维持现在的效用水平必须使 x_2 增加多少个单位。

解：对效用函数求偏导数，得

$$\frac{\partial U}{\partial x_1} = \frac{1}{2}x_1^{-1/2}x_2^{1/2} \qquad \frac{\partial U}{\partial x_2} = \frac{1}{2}x_1^{1/2}x_2^{-1/2}$$

于是

$$\text{MRCS} = \frac{\partial U/\partial x_1}{\partial U/\partial x_2} = \frac{\frac{1}{2}x_1^{-1/2}x_2^{1/2}}{\frac{1}{2}x_1^{1/2}x_2^{-1/2}}$$

$$= x_1^{-1}x_2$$

$$= \frac{x_2}{x_1}$$

当 $x_1 = 200$、$x_2 = 540$ 时

$$\text{MRCS} = \frac{540}{200} = 2.7$$

所以，当 x_1 减少 5 个单位时，为了维持现在的效用水平，x_2 应增加 $2.7 \times 5 = 13.5$ 个单位。

例 5.2.4 确定效用函数

$$U = x_1 + x_2$$

的 MRCS，并给予解释。

解：对效用函数求偏导数，得

$$\frac{\partial U}{\partial x_1} = 1 \qquad \frac{\partial U}{\partial x_2} = 1$$

于是

$$\text{MRCS} = \frac{\partial U/\partial x_1}{\partial U/\partial x_2} = 1$$

边际替代率 MRCS = 1，表明这两种商品是完全替代品。

一般地，如果消费者愿意按照固定比例用一种商品替代另一种商品，这两种商品就是完

全替代品。在这种情况下，商品的边际替代率等于一个常数，而无差异曲线是一组斜率不变的平行线。

三、生产函数

1.5 小节曾讨论生产函数。现在假设生产函数 Q 是资本 K 和劳动 L 的二元函数，记为

$$Q=f(K,\ L)$$

根据偏导数的意义，$\frac{\partial Q}{\partial K}$ 是生产函数对资本的变化率，称为**资本的边际产出 $\mathbf{MP_K}$**。于是，当资本 K 发生一个很小改变量 ΔK，而劳动 L 保持不变时，生产函数 Q 的改变量为

$$\Delta_K Q \approx \frac{\partial Q}{\partial K}\Delta K$$

类似地，$\frac{\partial Q}{\partial K}$ 是生产函数对劳动的变化率，称为**劳动的边际产出 $\mathbf{MP_L}$**。于是，当劳动 L 发生一个很小改变量 ΔL，而资本 K 保持不变时，生产函数 Q 的改变量为

$$\Delta_L Q \approx \frac{\partial Q}{\partial L}\Delta L$$

当 K 和 L 分别同时变化一个很小量 ΔK 和 ΔL 时，生产函数 Q 的改变量为

$$\Delta Q \approx \frac{\partial Q}{\partial K}\Delta K+\frac{\partial Q}{\partial L}\Delta L$$

例 5.2.5　求下列生产函数的偏导数，并予以解释。

$$f(K,\ L)=10K^{\frac{1}{2}}L^{\frac{1}{2}}$$

解:

$$f_{\mathrm{L}}=\frac{1}{2}\times 10K^{\frac{1}{2}}L^{-\frac{1}{2}}=\frac{5K^{\frac{1}{2}}}{L^{\frac{1}{2}}},\ f_{\mathrm{K}}=\frac{1}{2}\times 10K^{-\frac{1}{2}}L^{\frac{1}{2}}=\frac{5L^{\frac{1}{2}}}{K^{\frac{1}{2}}}$$

由边际产出 f_{L} 可以看出，对于可利用的固定资本量，劳动的边际产出随着劳动投入的增加而下降。类似地，对于可利用的固定劳动量，资本的边际产出随着资本投入的增加而下降。该生产函数服从生产要素投入的边际生产率递减规律。同时，每种投入的边际产出都与另一种投入的数量正相关。从这个意义上看，这两种投入是互补品。

当 $f(K,\ L)=Q_0$ 时，以劳动为横轴、资本为纵轴，描绘在 LOK 平面上的 $L-K$ 曲线称为**等产量线**，它是指在其他因素不变条件下，生产一定数量产品所需投入各种组合（K，L）的集合。它给出了厂商进行生产决策的可行方案，意味着厂商可以使用不同的投入要素组合生产等量产品。如图 5.2.4 给出了不同的等产量线。

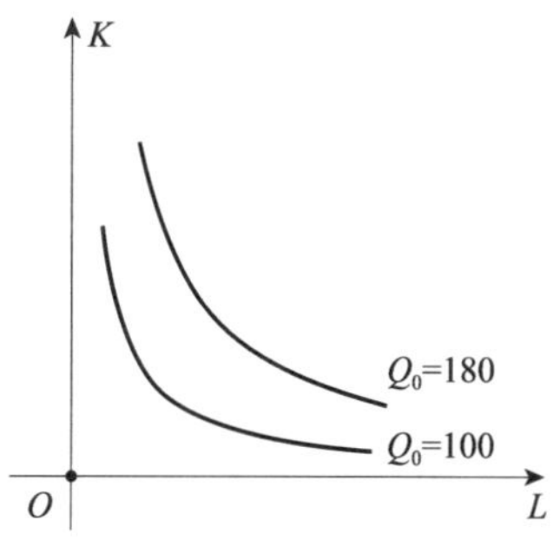

图 5.2.4

由图 5.2.4 可以看出，产量越高，等产量线离原点越远；产量越低，等产量线离原点越近。当资本减少时，为了维持原有的产量水平，必须增加一定的劳动去补偿。其特征与效用函数的无差异曲线类似。

定义 5.2.2　在保持产量水平不变的条件下，厂商用一种投入要素（资本）替换另一种投入要素（劳动）的比率，称为**边际技术替代率**（MRTS），用公式表示为

$$\text{MRTS} = -\frac{\Delta K}{\Delta L}$$

由于增量 ΔK 和 ΔL 的变化方向相反，为了使 MRTS 为正，在前面添加负号“ - ”。

当 $\Delta L \to 0$ 时，上式变为

$$\text{MRTS} = -\frac{\mathrm{d}K}{\mathrm{d}L}$$

也就是说，边际技术替代率是等产量线的斜率的相反数。而且当沿着等产量线从左上方向右下方移动时，劳动对资本的边际技术替代率是递减的。这种现象称为**边际技术替代率递减规律**。

类似于无差异曲线，对等产量线用全微分公式，得

$$\frac{\partial Q}{\partial K}\mathrm{d}K + \frac{\partial Q}{\partial L}\mathrm{d}L = 0$$

所以

$$\frac{\mathrm{d}K}{\mathrm{d}L} = -\frac{\frac{\partial Q}{\partial L}}{\frac{\partial Q}{\partial K}}$$

从而

$$\text{MRTS} = \frac{\frac{\partial Q}{\partial L}}{\frac{\partial Q}{\partial K}} = \frac{\text{MP}_\text{L}}{\text{MP}_\text{K}}$$

因此，边际技术替代率等于劳动的边际产出与资本的边际产出之比。

例 5.2.6 求生产函数 $Q = L^{1/3}K^{1/2}$ 在 $L = 10$ 和 $K = 300$ 处的边际技术替代率，并给予解释。

解： 求偏导数，得

$$\frac{\partial Q}{\partial L} = -\frac{1}{3}L^{-\frac{2}{3}}K^{\frac{1}{2}} \qquad \frac{\partial Q}{\partial K} = -\frac{1}{2}L^{1/3}K^{-1/2}$$

$$\text{MRTS} = \frac{\frac{\partial Q}{\partial L}}{\frac{\partial Q}{\partial K}} = \frac{-\frac{1}{3}L^{-\frac{2}{3}}K^{\frac{1}{2}}}{-\frac{1}{2}L^{1/3}K^{-1/2}} = \frac{2K}{3L}$$

当 $L = 10$ 和 $K = 300$ 时，MRTS = 20。这意味着，此时增加一个单位的劳动，可以减少 20 个单位的资本。

例 5.2.7 已知柯布–道格拉斯生产函数

$$Q = AK^{\alpha}L^{\beta}$$

其中，A、α、β 为正常数。求 MRTS 表达式。

解： 分别对 K 和 L 求偏导数，得

$$\text{MP}_\text{K} = \alpha AK^{\alpha-1}L^{\beta} \qquad \text{MP}_\text{L} = \beta AK^{\alpha}L^{\beta-1}$$

于是

$$\text{MRTS} = \frac{\text{MP}_\text{L}}{\text{MP}_\text{K}} = \frac{\beta AK^{\alpha}L^{\beta-1}}{\alpha AK^{\alpha-1}L^{\beta}} = \frac{\beta K}{\alpha L}$$

设 $Q = f(K, L)$ 是 n 次齐次函数，即对于任意 λ，有

$$f(\lambda K, \lambda L) = \lambda^n f(K, L)$$

对 n 次齐次生产函数，有如下结论：

$$K\frac{\partial f}{\partial K} + L\frac{\partial f}{\partial L} = nf(K, L) \tag{5.2.1}$$

式（5.2.1）称为欧拉定理。

当 $n=1$，即生产函数是规模报酬不变时，式（5.2.1）变为

$$K\frac{\partial f}{\partial K} + L\frac{\partial f}{\partial L} = Q$$

也就是，资本乘以资本的边际产出加上劳动乘以劳动的边际产出等于总产出。如果把每种投入要素的边际产出理解为这个生产要素的单位支付，那么欧拉定理就表明要素的支付总和等于总产出。

习题 5.2

1. 某商品的需求函数

$$Q = 600 - 3P - 2P_A + 0.01Y$$

当 $P=20$、$P_A=20$ 和 $Y=5000$，求：（1）需求价格弹性；（2）需求交叉价格弹性；（3）需求收入弹性。如果收入上升 3%，计算相应需求变化的百分比，并判断商品的属性。

2. 给定需求函数

$$Q = 200 - 2P - P_A + 0.1Y^2$$

当 $P=10$、$P_A=15$ 和 $Y=100$，求：（1）需求价格弹性；（2）需求交叉价格弹性；（3）需求收入弹性。如果 P_A 上升 2%，计算需求变化的百分比，并说明商品是替代品还是互补品。

3. 给定需求函数

$$Q = \frac{P_A Y^2}{P}$$

当 $P_A=10$、$Y=6$ 和 $P=4$ 时，计算需求的收入弹性。如果 P_A 和 P 都不变，为使 Q 增长 2%，计算 Y 变化的百分比。

4. 某个人的效用函数为

$$U = 1000x_1 + 450x_2 + 5x_1x_2 - 2x_1^2 - x_2^2$$

其中，x_1 是每周以小时计的闲暇量，x_2 是每周以美元计的收入。（1）当 $x_1=138$、$x_2=500$ 时，确定边际效用的值

$$\frac{\partial U}{\partial x_1} \text{和} \frac{\partial U}{\partial x_2}$$

（2）如果个人额外工作 1 小时，每周增加 15 美元时，估计 U 的变化。边际效用递减规律对该函数仍成立吗？（3）计算在点（138，500）处效用函数的 MRCS 值，并估计闲暇时间每周减少 2 小时，为了维护效用水平不变，收入必须增加多少？

5. 给定效用函数

$$U = x_1^{\frac{1}{2}} x_2^{\frac{1}{3}}$$

计算点（16，8）处的边际效用 $\frac{\partial U}{\partial x_1}$ 和 $\frac{\partial U}{\partial x_2}$；估计当 x_1 和 x_2 都增加 1 个单位时的效用增量；求

在该点处的商品边际替代率。

6. 给定生产函数

$$Q = K^2 + 2KL$$

求出边际产出

$$\frac{\partial Q}{\partial K} \text{和} \frac{\partial Q}{\partial L}$$

并证明 $K\frac{\partial Q}{\partial K} + L\frac{\partial Q}{\partial L} = 2Q$ 成立。

7. 假设 K 和 L 现有水平分别为 15 和 4，计算生产函数 $Q = 2LK + \sqrt{L}$ 的 MP_K 和 MP_L；写出 MRTS 的值；当劳动减少 1 个单位时，为了维持现有的生产水平不变，计算资本的增加量。

5.3 无约束最优化

最优化方法是分析经济模型的基础。所谓最优化就是在某个给定范围内求函数的最大值或最小值。二元函数的最优化问题分两类：无约束和有约束。本小节讨论无约束最优化。

与 3.5 小节一元函数最优化类似，求二元函数

$$z = f(x, y)$$

的最大值或最小值有两个步骤：

第一，求一阶偏导数，并令

$$\frac{\partial z}{\partial x} = f_x(x, y) = 0$$

$$\frac{\partial z}{\partial y} = f_y(x, y) = 0$$

联立方程组，求得 $x = a$ 和 $y = b$，即驻点 (a, b)。

第二，求二阶偏导数，计算它们在驻点处的值，并进行如下判断：

(1) 如果 $f_{xx}(a, b) > 0$，$f_{xx}(a, b)f_{yy}(a, b) - f_{xy}^2(a, b) > 0$，那么函数 $f(x, y)$ 在点 (a, b) 处取得最小值，点 (a, b) 称为最小值点。

(2) 如果 $f_{xx}(a, b) < 0$，$f_{xx}(a, b)f_{yy}(a, b) - f_{xy}^2(a, b) > 0$，那么函数 $f(x, y)$ 在点 (a, b) 处取得最大值，点 (a, b) 称为最大值点。

(3) 如果 $f_{xx}(a, b)f_{yy}(a, b) - f_{xy}^2(a, b) < 0$，那么函数 $f(x, y)$ 在点 (a, b) 处没有最值，点 (a, b) 称为鞍点。

一般情况下，根据上述的判断所确定的最大值点或最小值点是局部性的。但在经济背景下，它通常就是全局性的最大值点或最小值点。

例 5.3.1 求函数

$$f(x, y) = x^3 - 3x + xy^2$$

的驻点，并判断在该点是否存在最大值或最小值。

解：(1) 求一阶偏导数

$$f_x = 3x^2 - 3 + y^2, \quad f_y = 2xy$$

令 $f_x(x, y) = 0$，$f_y(x, y) = 0$，并联立成为方程组

$$\begin{cases} f_x(x, y) = 0 \\ f_y(x, y) = 0 \end{cases}$$

即

$$\begin{cases} 3x^2 - 3 + y^2 = 0 \\ 2xy = 0 \end{cases}$$

解之，求得四个驻点，即 $(0, -\sqrt{3})$，$(0, \sqrt{3})$，$(-1, 0)$ 和 $(1, 0)$。

(2) 求二阶偏导数

$$f_{xx} = 6x, \ f_{yy} = 2x, \ f_{xy} = 2y$$

对于点 $(0, -\sqrt{3})$，有

$$f_{xx} = 0, \ f_{yy} = 0, \ f_{xy} = -2\sqrt{3}$$

于是

$$f_{xx}f_{yy} - f_{xy}^2 = -(-2\sqrt{3})^2 = -12 < 0$$

所以，函数在点 $(0, -\sqrt{3})$ 处没有最大值或最小值，点 $(0, -\sqrt{3})$ 是鞍点。

对于点 $(0, \sqrt{3})$，有

$$f_{xx} = 0, \ f_{yy} = 0, \ f_{xy} = 2\sqrt{3}$$

于是 $f_{xx}f_{yy} - f_{xy}^2 = -(-2\sqrt{3})^2 = -12 < 0$

所以，函数在点 $(0, \sqrt{3})$ 处没有最大值或最小值，点 $(0, \sqrt{3})$ 是鞍点。

对于点 $(-1, 0)$，有

$$f_{xx} = -6 < 0, \ f_{yy} = -2, \ f_{xy} = 0$$

于是

$$f_{xx}f_{yy} - f_{xy}^2 = (-6) \times (-2) - 0^2 = 12 > 0$$

所以，函数在点 $(-1, 0)$ 处取得最大值，点 $(-1, 0)$ 是最大值点。

对于点 $(1, 0)$，有

$$f_{xx} = 6 > 0, \ f_{yy} = 2, \ f_{xy} = 0$$

$$f_{xx}f_{yy} - f_{xy}^2 = 6 \times 2 - 0^2 = 12 > 0$$

所以，函数在点 $(1, 0)$ 处取得最小值，点 $(1, 0)$ 是最小值点。

例 5.3.2 某厂商是完全竞争的生产者，且分别以 1000 美元和 800 美元销售两种商品 G1 和 G2。生产这些商品的总成本为

$$TC = 2Q_1^2 + 2Q_1Q_2 + Q_2^2$$

其中，Q_1 和 Q_2 分别为 G1 和 G2 的产出水平，求厂商的最大化利润及相应的产出 Q_1 和 Q_2。

解： 厂商是完全竞争的生产者，它以 1000 美元价格销售商品 G1，所得收益为

$$TR_1 = 1000Q_1$$

以 800 美元价格销售商品 G2，所得收益为

$$TR_2 = 800Q_2$$

厂商的总收益为

$$TR = TR_1 + TR_2 = 1000Q_1 + 800Q_2$$

给定总成本为

$$TC = 2Q_1^2 + 2Q_1Q_2 + Q_2^2$$

利润函数为

$$\begin{aligned}\pi &= \mathrm{TR} - \mathrm{TC} \\ &= (1000Q_1 + 800Q_2) - (2Q_1^2 + 2Q_1Q_2 + Q_2^2) \\ &= 1000Q_1 + 800Q_2 - 2Q_1^2 - 2Q_1Q_2 - Q_2^2\end{aligned}$$

此时利润是变量 Q_1 和 Q_2 的二元函数。下面求其最大值。

首先，求一阶偏导数

$$\frac{\partial \pi}{\partial Q_1} = 1000 - 4Q_1 - 2Q_2$$

$$\frac{\partial \pi}{\partial Q_2} = 800 - 2Q_1 - 2Q_2$$

令

$$1000 - 4Q_1 - 2Q_2 = 0$$

$$800 - 2Q_1 - 2Q_2 = 0$$

即

$$2Q_1 + Q_2 = 500$$

$$Q_1 + Q_2 = 400$$

联立上述方程，解之得

$$Q_1 = 100,\ Q_2 = 300$$

其次，求二阶偏导数，得

$$\frac{\partial^2 \pi}{\partial Q_1^2} = -4$$

$$\frac{\partial^2 \pi}{\partial Q_1 \partial Q_2} = -2$$

$$\frac{\partial^2 \pi}{\partial Q_2^2} = -2$$

因为 $\frac{\partial^2 \pi}{\partial Q_1^2} = -4 < 0$，$\left(\frac{\partial^2 \pi}{\partial Q_1^2}\right)\left(\frac{\partial^2 \pi}{\partial Q_2^2}\right) - \left(\frac{\partial^2 \pi}{\partial Q_1 \partial Q_2}\right)^2 = (-4) \times (-2) - (-2)^2 = 4 > 0$

所以，厂商的利润在 $Q_1 = 100$ 和 $Q_2 = 300$ 处达到了最大化。此时利润为

$$\pi = 1000 \times 100 + 800 \times 300 - 2 \times 100^2 - 2 \times 100 \times 300 - 300^2 = 170000\text{ 美元}$$

例 5.3.3 某厂商对家庭和工业消费者采取不同的定价。如果 P_1 和 Q_1 表示家庭市场的价格和需求量，需求函数为

$$P_1 + Q_1 = 500$$

如果 P_2 和 Q_2 表示工业市场的价格和需求量，需求函数为

$$2P_2 + 3Q_2 = 720$$

总成本函数为

$$\mathrm{TC} = 50000 + 20(Q_1 + Q_2)$$

求厂商利润最大化时的歧视价格和最大利润。

解： 对于家庭市场

$$P_1 = 500 - Q_1$$

其收益为

$$TR_1 = P_1Q_1 = (500 - Q_1)Q_1 = 500Q_1 - Q_1^2$$

对于工业市场

$$P_2 = 360 - \frac{3}{2}Q_2$$

其收益为

$$TR_2 = P_2Q_2 = \left(360 - \frac{3}{2}Q_2\right)Q_2 = 360Q_2 - \frac{3}{2}Q_2^2$$

总收益为

$$TR = TR_1 + TR_2 = 500Q_1 - Q_1^2 + 360Q_2 - \frac{3}{2}Q_2^2$$

总成本为

$$\begin{aligned} TC &= 50000 + 20(Q_1 + Q_2) \\ &= 50000 + 20Q_1 + 20Q_2 \end{aligned}$$

因此，利润函数为

$$\begin{aligned} \pi &= TR - TC \\ &= \left(500Q_1 - Q_1^2 + 360Q_2 - \frac{3}{2}Q_2^2\right) - (50000 + 20Q_1 + 20Q_2) \\ &= 480Q_1 - Q_1^2 + 340Q_2 - \frac{3}{2}Q_2^2 - 50000 \end{aligned}$$

下面求歧视价格和最大利润。

首先，求一阶偏导数

$$\frac{\partial\pi}{\partial Q_1} = 480 - 2Q_1$$

$$\frac{\partial\pi}{\partial Q_2} = 340 - 3Q_2$$

令

$$\frac{\partial\pi}{\partial Q_1} = 0$$

$$\frac{\partial\pi}{\partial Q_2} = 0$$

联立，解方程组

$$\begin{cases} 480 - 2Q_1 = 0 \\ 340 - 3Q_2 = 0 \end{cases}$$

得

$$Q_1 = 240,\ Q_2 = \frac{340}{3}$$

其次，求二阶偏导数

$$\frac{\partial^2\pi}{\partial Q_1^2} = -2$$

$$\frac{\partial^2\pi}{\partial Q_1\partial Q_2} = 0$$

$$\frac{\partial^2 \pi}{\partial Q_2^2} = -3$$

并且

$$\frac{\partial^2 \pi}{\partial Q_1^2} = -2 < 0$$

$$\left(\frac{\partial^2 \pi}{\partial Q_1^2}\right)\left(\frac{\partial^2 \pi}{\partial Q_2^2}\right) - \left(\frac{\partial^2 \pi}{\partial Q_1 \partial Q_2}\right)^2 = (-2) \times (-3) - 0 = 6 > 0$$

将

$$Q_1 = 240 \text{ 和 } Q_2 = \frac{340}{3}$$

代入相应的需求函数，得歧视价格为

$$P_1 = 500 - Q_1 = 500 - 240 = 260 \text{ 美元}$$

$$P_2 = 360 - \frac{3}{2}Q_2 = 360 - \frac{3}{2} \times \frac{340}{3} = 190 \text{ 美元}$$

最大利润为

$$\pi = 480Q_1 - Q_1^2 + 340Q_2 - \frac{3}{2}Q_2^2 - 50000 = 26866.67 \text{ 美元}$$

习题 5.3

1. 求下列函数的驻点，并判断在该点处是否取得最大值或最小值。

(1) $f(x, y) = 2x^2 + y^2$

(2) $f(x, y) = -x^2 - y^2 + xy + 4x + 2y$

(3) $f(x, y) = 4x^2 - xy + y^2 - x^3$

(4) $f(x, y) = x^2 + 6y - 3y^2 + 10$

(5) $f(x, y) = x^3 + y^3 - 3x - 3y$

(6) $f(x, y) = x^3 + 3xy^2 - 3x^2 - 3y^2 + 10$

2. 一个厂商是完全竞争的生产者，且分别以 70 美元和 50 美元销售两种商品 G1 和 G2，生产这些商品的总成本为

$$\text{TC} = Q_1^2 + Q_1Q_2 + Q_2^2$$

其中，Q_1 和 Q_2 分别表示商品 G1 和 G2 的产出水平，求厂商的最大化利润及相应的产出 Q_1 和 Q_2。

3. 某厂商可以对国内和国外市场采取不同的定价，相应的需求函数为

$$Q_1 = 300 - P_1$$

$$Q_2 = 400 - 2P_2$$

总成本函数为

$$\text{TC} = 5000 + 100(Q_1 + Q_2)$$

求厂商利润最大化时的歧视价格和最大利润。

4. 某厂商对国内和国外市场的需求函数为

$$P_1 = 100 - Q_1$$

$$P_2 = 80 - 2Q_2$$

总成本函数为

$$TC = (Q_1 + Q_2)^2$$

写出利润函数，并求厂商最大化利润时的歧视价格和最大利润。

5. 一个厂商的生产函数为

$$Q = 2L^{1/2} + 3K^{1/2}$$

其中，Q、L 和 K 分别表示产出、劳动和资本的数量，而且劳动成本是每单位 2 美元，资本成本是每单位 1 美元，产出每单位销售 8 美元。写出利润函数，求利润最大化时的 K 和 L 值。

6. 个人的效用函数为

$$U = 260x_1 + 310x_2 + 5x_1x_2 - 10x_1^2 - x_2^2$$

其中，x_1 表示以小时计的每周闲暇，x_2 表示以美元计的每周收入。求最大化 U 时的 x_1 和 x_2 值。

7. 某垄断商在两个工厂生产同一种产品，每个工厂的成本函数如下：

$$TC_1 = 8Q_1 \quad 和 \quad TC_2 = Q_2^2$$

该产品的需求函数为

$$P = 100 - 2Q$$

其中，$Q = Q_1 + Q_2$，求最大化利润时的 Q_1 和 Q_2 值。

5.4　约束最优化

一、线性约束最优化

在经济学的最优化问题中，所求得的可能解通常被一个或多个约束条件所限制。比如，效用函数

$$U = U(x_1,\ x_2) = x_1^{\frac{1}{4}} x_2^{\frac{3}{4}}$$

其中，U 值表示从买 x_1 个 G1 和 x_2 个 G2 所获得的满意程度。现在要选择 x_1 和 x_2 使得 U 尽可能大，即最大化效用。如果对 x_1 和 x_2 不加限制，当然是购买 G1 和 G2 的个数越多时，效用就越大。实际上这是不可能发生的，因为个人能够支付的商品数量总是有限的。

假定每个 G1 和 G2 的成本分别是 3 美元和 7 美元，且购买这些商品的总预算是 850 美元，购买 x_1 个 G1 和 x_2 个 G2 的总成本是

$$3x_1 + 7x_2$$

于是

$$3x_1 + 7x_2 = 850$$

那么，在预算约束条件

$$3x_1 + 7x_2 = 850$$

下，求效用函数

$$U = x_1^{1/4} x_2^{3/4}$$

的最大值是更加现实的问题。

可见，有约束条件的最优化在经济学中是普遍存在的。下面讨论约束条件为一个函数方程的最优化问题。如果此函数方程是线性的，就称此约束为线性约束。

例 5.4.1 求目标函数

$$z = -2x^2 + y^2$$

的最小值，且满足约束条件 $y = 2x - 1$。

解： 将约束条件代入目标函数，得

$$\begin{aligned} z &= -2x^2 + (2x - 1)^2 \\ &= -2x^2 + 4x^2 - 4x + 1 \\ &= 2x^2 - 4x + 1 \end{aligned}$$

此时，目标函数是变量 x 的一元函数。根据 3.5 小节介绍的最优化方法可以求出最小值。也就是，令

$$\frac{dz}{dx} = 4x - 4 = 0$$

解得

$$x = 1$$

由于

$$\frac{d^2z}{dx^2} = 4 > 0$$

所以 z 取得最小值，且

$$z = -1$$

此时

$$y = 2x - 1 = 2 \times 1 - 1 = 1$$

因此，目标函数在约束条件下在点（1，1）处取得最小值 1。

例 5.4.2 某厂商的资本和劳动的单位成本分别是 1 美元和 2 美元。如果生产函数为

$$Q = 4LK + L^2$$

计算总成本为 105 美元时的最大产出，以及相应的 K 和 L。并证明在达到最优化时，两种投入的边际产出与其价格之比相等。

解： 显然，厂商总成本表示为

$$K + 2L$$

由于总成本限定为 105 美元，于是

$$K + 2L = 105$$

那么

$$K = 105 - 2L$$

将上式代入目标函数，得

$$Q = 4L(105 - 2L) + L^2 = 420L - 7L^2$$

令

$$\frac{dQ}{dL} = 420 - 14L = 0$$

即

$$L = 30$$

由于

$$\frac{d^2Q}{dL^2} = -14 < 0$$

所以，当 $L=30$ 时，目标函数最得最大值。最大值为

$$Q=420\times30-7\times30^2=6300$$

相应的资本水平为

$$K=105-2\times30=45$$

因此，厂商使用 30 个单位的劳动和 45 个单位的资本能得到最大产出 6300。

根据生产函数

$$Q=4LK-L^2$$

可得劳动的边际产出为

$$\mathrm{MP_L}=\frac{\partial Q}{\partial L}=4K+2L$$

资本的边际产出为

$$\mathrm{MP_K}=\frac{\partial Q}{\partial K}=4L$$

在最大值点（30，45）处，计算两种投入的边际产出与其价格之比

$$\frac{\mathrm{MP_L}}{P_\mathrm{L}}=\frac{4\times45+2\times30}{2}=\frac{240}{2}=120,\quad \frac{\mathrm{MP_K}}{P_\mathrm{K}}=\frac{4\times30}{1}=120$$

可得

$$\frac{\mathrm{MP_L}}{P_\mathrm{L}}=\frac{\mathrm{MP_K}}{P_\mathrm{K}}$$

基于上述的基础，现在我们用其他方法来讨论一般问题。

假设某厂商的生产函数为

$$Q=f(K,\ L)$$

而且资本和劳动的单位成本分别为 P_K 和 P_L。那么厂商投入 K 个单位的资本和 L 个单位的劳动的总成本是

$$P_\mathrm{K}K+P_\mathrm{L}L$$

如果厂商的固定投入量为 M，那么

$$P_\mathrm{K}K+P_\mathrm{L}L=M$$

厂商试图最大化产出

$$Q=f(K,\ L)$$

使得成本方程为

$$P_\mathrm{K}K+P_\mathrm{L}L=M$$

以 L 为横轴、K 为纵轴建立坐标系。成本约束是一条直线 BC，其方程是

$$K=\left(-\frac{P_\mathrm{L}}{P_\mathrm{K}}\right)L+\frac{M}{P_\mathrm{K}}$$

这条直线上有许多不同的 K 和 L 组合，但它们的成本相同。同时，根据 $Q=f(K,\ L)$ 可以画出若干条等产量线。一条等产量线上不同投入组合 K、L 的产出水平相同。随着产出增加，等产量线会渐渐地远离原点。约束问题的最优解就是寻找等成本线上使得产出最大化的点 $(K,\ L)$，此点必定是成本线与等产量线相切的切点 A，如图 5.4.1 所示。

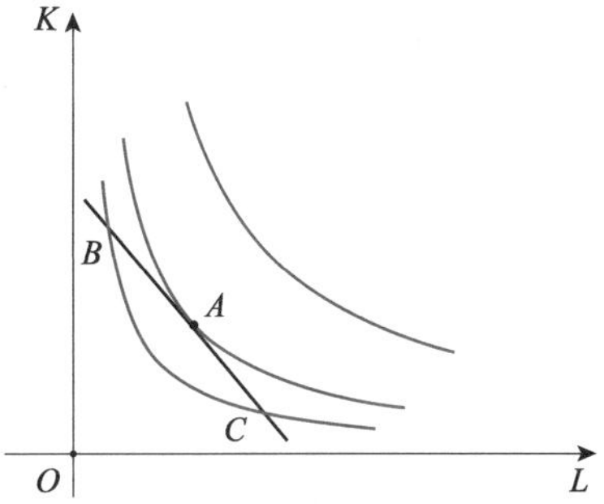

图 5.4.1

因此，成本线的斜率与等产量线在最优化点的斜率相同。

对等产量线方程

$$Q=f(K,\ L)$$

两边微分，得

$$\frac{\partial f}{\partial K}\mathrm{d}K+\frac{\partial f}{\partial L}\mathrm{d}L=0$$

即

$$\frac{\mathrm{d}K}{\mathrm{d}L}=-\frac{\frac{\partial f}{\partial L}}{\frac{\partial f}{\partial K}}=-\frac{\mathrm{MP_L}}{\mathrm{MP_K}}$$

于是

$$\frac{P_{\mathrm{L}}}{P_{\mathrm{K}}}=\frac{\mathrm{MP_L}}{\mathrm{MP_K}}$$

这意味着，两种投入的价格比等于它们的边际产出之比。改写上式得到

$$\frac{\mathrm{MP_L}}{P_{\mathrm{L}}}=\frac{\mathrm{MP_K}}{P_{\mathrm{K}}}$$

因此，在满足成本约束条件下，要使产出达到最大化，必须要求所有投入的边际产出与其价格之比相等。由于边际产出表示投入增加一个单位时所带来的产出变化，这也意味着，支付在劳动上每1美元获得的产出增量等于支付在资本上每1美元获得的产出增量。

将上述方法运用于分析效用函数时，会得到类似的结果。

有些问题的约束条件可能并不是线性的，但通过运算可以显性表达出其中一个变量。这时仍可以采用线性约束方法求解。

例5.4.3　一个厂商的生产函数为

$$Q=2K^{1/2}L^{1/2}$$

资本和劳动的单位成本分别是4美元和3美元。如果要求厂商产出160个单位，求成本最小化时的K和L值。

解:

因为资本和劳动的单位成本是4美元和3美元，所以用K个单位资本和L个单位劳动的总成本为

$$\mathrm{TC}=4K+3L$$

如果厂商的产出量为160，那么

$$2K^{1/2}L^{1/2}=160$$

于是，问题为最小化成本

$$\mathrm{TC}=4K+3L$$

并满足约束条件

$$2K^{1/2}L^{1/2}=160$$

由条件可得

$$L=\frac{6400}{K}$$

将上式代入成本函数，得

$$\mathrm{TC} = 4K + \frac{19200}{K}$$

令

$$\frac{\mathrm{d}(\mathrm{TC})}{\mathrm{d}K} = 4 - \frac{19200}{K^2} = 0$$

解之得，驻点

$$K = \sqrt{4800} = 69.28$$

而

$$\frac{\mathrm{d}^2(\mathrm{TC})}{\mathrm{d}K^2} = \frac{38400}{K^3} > 0$$

所以，当 $K = 69.28$ 时，总成本最小，相应地，$L = 92.38$。

二、拉格朗日乘数法

对于不能显性表达出来的非线性约束，或者更多变量的最优化问题，可以用拉格朗日乘数法求解。这里主要讨论两个变量的优化问题。

比如，现在要优化目标函数

$$f(x, y)$$

满足约束条件

$$\varphi(x, y) = 0$$

解决这个问题分如下两个步骤：

第一，定义拉格朗日函数

$$g(x, y, \lambda) = f(x, y) + \lambda\varphi(x, y)$$

它是 3 个变量 x、y、λ 的函数。

第二，计算拉格朗日函数的一阶偏导数

$$\frac{\partial g}{\partial x}, \frac{\partial g}{\partial y}, \frac{\partial g}{\partial \lambda}$$

并令它们等于零，解联立的方程组

$$\frac{\partial g}{\partial x} = 0, \quad \frac{\partial g}{\partial y} = 0, \quad \frac{\partial g}{\partial \lambda} = 0$$

求出点 (x, y)，这就是约束问题的最优解。

例 5.4.4　用拉格朗日乘数法最优化函数

$$f(x, y) = x^2 - 3xy + 12x$$

满足约束条件

$$2x + 3y = 6$$

解：第一，拉格朗日函数为

$$g(x, y, \lambda) = x^2 - 3xy + 12x + \lambda(6 - 2x - 3y)$$

第二，计算 $g(x, y, \lambda)$ 的 3 个偏导数

$$\frac{\partial g}{\partial x} = 2x - 3y + 12 - 2\lambda$$

$$\frac{\partial g}{\partial y} = -3x - 3\lambda$$

$$\frac{\partial g}{\partial \lambda}=6-2x-3y$$

联立方程得

$$\begin{cases}2x-3y-2\lambda=-12\\-3x-3\lambda=0\\6-2x-3y=0\end{cases}$$

解得

$$x=-1,\ y=\frac{8}{3},\ \lambda=1$$

因此，最优解为$\left(-1,\ \frac{8}{3}\right)$，相应的目标函数值为

$$(-1)^2-3\times(-1)\times\frac{8}{3}+12\times(-1)=-3$$

例 5.4.5　用拉格朗日乘数法最小化函数

$$f(x,\ y,\ z)=xy+2(xz+yz)$$

满足约束条件

$$xyz=a^3$$

解：第一，拉格朗日函数为

$$g(x,\ y,\ z,\ \lambda)=xy+2(xz+yz)+\lambda(a^3-xyz)$$

第二，计算 $g(x,\ y,\ z,\ \lambda)$ 的四个偏导数

$$\frac{\partial g}{\partial x}=y+2z+\lambda yz$$

$$\frac{\partial g}{\partial y}=x+2z+\lambda xz$$

$$\frac{\partial g}{\partial y}=2x+2y+\lambda xy$$

$$\frac{\partial g}{\partial \lambda}=a^3-xyz$$

联立方程得

$$\begin{cases}y+2z+\lambda yz=0\\x+2z+\lambda xz=0\\2x+2y+\lambda xy=0\\a^3-xyz=0\end{cases}$$

将上述方程组中第一方程乘 x，第二个方程乘 y，第三个方程乘 z，再两两相减，得

$$\begin{cases}2xz-2yz=0\\xy-2xz=0\end{cases}$$

解方程组，得 $x=y=2z$，代入第四个方程，得

$$x=y=\sqrt[3]{2}a,\ z=\frac{\sqrt[3]{2}}{2}a$$

由实际问题可知，最优解为$\left(\sqrt[3]{2}a,\ \sqrt[3]{2}a,\ \frac{\sqrt[3]{2}}{2}a\right)$，相应的目标函数最小值为

$$xy+2(xz+yz)=\sqrt[3]{2}a\times\sqrt[3]{2}a+2(\sqrt[3]{2}a+\sqrt[3]{2}a)\times\frac{\sqrt[3]{2}}{2}a=3\sqrt[3]{4}a^2$$

本例题对应的另一个数学问题是：制作一个容积为 a^3 的无盖长方体容器，问怎样选取长、宽、高，才能使用料最省？

例 5.4.6 一个垄断生产者生产两种商品 G1 和 G2，其总成本函数

$$\mathrm{TC}=10Q_1+Q_1Q_2+10Q_2$$

其中，Q_1 和 Q_2 分别表示商品 G1 和 G2 的产量，P_1 和 P_2 表示相应的价格，它们的需求方程为

$$P_1=50-Q_1+Q_2$$

$$P_2=30+2Q_1-Q_2$$

如果要求厂商配给总计 15 个单位的两种商品，求最大利润。如果配给增加 1 个单位，求新的最优利润。

解：销售 G1 的总收益为

$$\mathrm{TR}_1=P_1Q_1=(50-Q_1+Q_2)Q_1=50Q_1-Q_1^2+Q_2Q_1$$

销售 G2 的总收益为

$$\mathrm{TR}_2=P_2Q_2=(30+2Q_1-Q_2)Q_2=30Q_2+2Q_2Q_1-Q_2^2$$

总成本函数为

$$\mathrm{TC}=10Q_1+Q_1Q_2+10Q_2$$

利润为

$$\begin{aligned}\pi&=\mathrm{TR}-\mathrm{TC}\\&=\mathrm{TR}_1+\mathrm{TR}_2-\mathrm{TC}\\&=(50Q_1-Q_1^2+3Q_1Q_2+30Q_2-Q_2^2)-(10Q_1+Q_1Q_2+10Q_2)\\&=40Q_1-Q_1^2+2Q_1Q_2+20Q_2-Q_2^2\end{aligned}$$

约束条件为

$$Q_1+Q_2=15$$

下面最优化利润函数。

拉格朗日函数为

$$g(Q_1,\ Q_2,\ \lambda)=40Q_1-Q_1^2+2Q_1Q_2+20Q_2-Q_2^2+\lambda(15-Q_1-Q_2)$$

求偏导数，并令

$$\frac{\partial g}{\partial Q_1}=0,\ \frac{\partial g}{\partial Q_2}=0,\ \frac{\partial g}{\partial \lambda}=0$$

即

$$\begin{cases}-2Q_1+2Q_2-\lambda=-40\\2Q_1-2Q_2-\lambda=-20\\Q_1+Q_2=15\end{cases}$$

解之得

$$\lambda=30,\ Q_2=5,\ Q_1=10$$

将 $Q_2=5$ 和 $Q_1=10$ 代入利润函数，得

$$\pi=40\times10-10^2+2\times10\times5+20\times5-5^2=475$$

当生产配额增加 1 个单位时，可以重复上述过程再求一次，这会相当烦琐。

为了理解参数 λ 的现实意义，我们用变量 M 替代生产配额，此时，拉格朗日函数为

$$g(Q_1, Q_2, \lambda, M)=40Q_1-Q_1^2+2Q_1Q_2+20Q_2-Q_2^2+\lambda(M-Q_1-Q_2)$$

上式对 M 求偏导数，得

$$\frac{\partial g}{\partial M}=\lambda$$

这意味着，当 M 增加 1 个单位时，g 会近似增加 λ 个单位。因此，λ 表示生产配额增加 1 个单位时，对应的最大利润变化。在本例题中 $\lambda=30$，也就是利润会增加 30，达到 505。

例 5.4.7 用拉格朗日乘数法最大化柯布–道格拉斯生产函数

$$Q=AK^{\alpha}L^{\beta}$$

其中，A、K、L 均大于 0，满足成本方程

$$P_{\mathrm{K}}K+P_{\mathrm{L}}L=M$$

其中，P_{K} 和 P_{L} 分别为资本 K 和劳动 L 的单位成本，M 为厂商的固定投入量。

解：第一，拉格朗日函数为

$$g(K, L, \lambda)=AK^{\alpha}L^{\beta}+\lambda(M-P_{\mathrm{K}}K-P_{\mathrm{L}}L)$$

第二，求偏导数，并令

$$\frac{\partial g}{\partial K}=0, \frac{\partial g}{\partial L}=0, \frac{\partial g}{\partial \lambda}=0$$

联立成为方程组

$$\begin{cases}A\alpha K^{\alpha-1}L^{\beta}-\lambda P_{\mathrm{K}}=0\\ A\beta K^{\alpha}L^{\beta-1}-\lambda P_{\mathrm{L}}=0\\ M-P_{\mathrm{K}}K-P_{\mathrm{L}}L=0\end{cases}$$

注意，$Q=A\alpha K^{\alpha}L^{\beta}$，则

$$A\alpha K^{\alpha-1}L^{\beta}=\frac{\alpha(AK^{\alpha}L^{\beta})}{K}=\frac{\alpha Q}{K}$$

$$A\beta K^{\alpha}L^{\beta-1}=\frac{\beta(AK^{\alpha}L^{\beta})}{L}=\frac{\beta Q}{L}$$

方程组为

$$\begin{cases}\dfrac{\alpha Q}{K}-\lambda P_{\mathrm{K}}=0\\ \dfrac{\beta Q}{L}-\lambda P_{\mathrm{L}}=0\\ M-P_{\mathrm{K}}K-P_{\mathrm{L}}L=0\end{cases}$$

于是

$$\lambda=\frac{\alpha Q}{P_{\mathrm{K}}K}, \ \lambda=\frac{\alpha Q}{P_{\mathrm{L}}L}$$

因此

$$\frac{\alpha Q}{P_{\mathrm{K}}K}=\frac{\beta Q}{P_{\mathrm{L}}L}$$

即

$$\frac{P_{\mathrm{K}}K}{\alpha}=\frac{P_{\mathrm{L}}L}{\beta}$$

即

$$P_K K = \frac{\alpha}{\beta} P_L L$$

于是

$$\frac{\alpha}{\beta} P_L L + P_L L = M$$

$$(\alpha + \beta) L = \frac{\beta M}{P_L}$$

所以

$$L = \frac{\beta M}{(\alpha + \beta) P_L}$$

$$P_K K = \frac{\alpha M}{\alpha + \beta}$$

所以

$$K = \frac{\alpha M}{(\alpha + \beta) P_K}$$

故当 Q 最优化时

$$K = \frac{\alpha M}{(\alpha + \beta) P_K}，L = \frac{\beta M}{(\alpha + \beta) P_L}$$

其实，厂商如何选择最佳的生产要素组合，以实现利润最大化的问题可分两种情况：一种是在产量约束条件下寻求成本的最小化；另一种是在成本约束条件下寻求产量的最大化。例 5.4.7 属于后一种情况。

例 5.4.8　假设效用函数为

$$U = U(x_1, x_2)$$

其中，x_1 和 x_2 表示个人购买商品 G1 和 G2 的数量。如果对应的商品价格为 P_1 和 P_2，且个人花费在这些商品上的固定预算为 M，那么预算约束为

$$P_1 x_1 + P_2 x_2 = M$$

试求效用函数最大化的均衡条件。

解：第一，拉格朗日函数为

$$g(x_1, x_2, \lambda) = U(x_1, x_2) + \lambda(M - P_1 x_1 - P_2 x_2)$$

第二，求偏导数，并令

$$\frac{\partial g}{\partial x_1} = 0，\frac{\partial g}{\partial x_2} = 0，\frac{\partial g}{\partial \lambda} = 0$$

联立方程组，得

$$\begin{cases} \dfrac{\partial U}{\partial x_1} - \lambda P_1 = 0 \\ \dfrac{\partial U}{\partial x_2} - \lambda P_2 = 0 \\ M - P_1 x_1 - P_2 x_2 = 0 \end{cases}$$

$$\frac{\partial U}{\partial x_1} = \lambda P_1，\frac{\partial U}{\partial x_2} = \lambda P_2$$

所以

$$\frac{\partial U/\partial x_1}{\partial U/\partial x_2}=\frac{P_1}{P_2}$$

即为了使效用最大化，两种商品的边际效用之比等于它们的价格之比。或者

$$\frac{\partial U/\partial x_1}{P_1}=\frac{\partial U/\partial x_2}{P_2}=\lambda$$

即为了使效用最大化，两种商品的边际效用与价格之比必须相等。上式中，λ 称为单位货币的边际效用。这就是效用函数最大化的均衡条件。

对这个条件可以做如下经济学解释。

如果 $\frac{\partial U/\partial x_1}{P_1}>\frac{\partial U/\partial x_2}{P_2}$，意味着同样的1美元货币购买商品G1所得到的边际效用大于购买商品G2所得到的边际效用。这时，理性的消费者将增加G1的购买量，减少对G2的购买量。因为当消费者增加1美元购买商品G1而相应减少1美元购买商品G2时，增加的商品G1的边际效用大于减少的商品G2的边际效用，消费者的总效用会增加。追求效用最大化的消费者会持续这一过程。随着G1购买量的增加，G2购买量减少，G1的边际效用递减而G2的边际效用递增，直到 $\frac{\partial U/\partial x_1}{P_1}=\frac{\partial U/\partial x_2}{P_2}$ 为止。这时消费者得到的总效用最大，他不再调整G1和G2的购买量，从而处于均衡状态。

相反，如果 $\frac{\partial U/\partial x_1}{P_1}<\frac{\partial U/\partial x_2}{P_2}$，上述解释同样成立。

类似地，可以分析条件 $\frac{\partial U/\partial x_1}{P_1}=\lambda$。如果 $\frac{\partial U/\partial x_1}{P_1}>\lambda$，意味着消费者1美元购买的G1商品的边际效用大于所付出的1美元的边际效用。这说明，消费者对商品G1的购买量是不足的，他应当继续购买商品G1，以获得更大的效用，直到 $\frac{\partial U/\partial x_1}{P_1}=\lambda$ 为止。

对于 $\frac{\partial U/\partial x_1}{P_1}<\lambda$ 可以得到同样结果。因此，为了最大化效用函数，消费者必须使得支付在每种商品上的1美元所获得的效用增量相等。在这种情况下，消费者就获得了在固定约束下的最大效用满足。

习题 5.4

1. 求目标函数

$$z=-3x^2+6x+2y$$

的最大值，满足约束 $y-x^2=2$。

2. 一个厂商的生产函数为

$$Q=50KL$$

其中，资本和劳动的单位成本分别是2美元和3美元。如果生产配额为1200个单位，求成本最小化时的 K 和 L 值。

3. 一个厂商的生产函数为

$$Q=2L^{\frac{1}{2}}+3K^{\frac{1}{2}}$$

其中，Q、L 和 K 分别表示产出、劳动和资本的数量。劳动的单位成本是 2 美元，资本的单位成本是 1 美元，每单位产出销售价格为 8 美元。如果厂商准备投入 99 美元，求最大化利润及相应的 K 和 L 值。

4. 个人的效用函数为

$$U = x_1 x_2$$

其中，x_1 和 x_2 表示个人购买 G1 和 G2 的数量。两种产品的价格分别 3 美元和 10 美元。假设个人仅有 400 美元的消费额度，求效用最大化时的 x_1 和 x_2 值。并证明在最优化时，两种产品的边际效用与其价格之比相等。

5. 一个厂商的总成本函数为

$$\text{TC} = 3x_1^2 + 2x_1 x_2 + 7x_2^2$$

其中，x_1 和 x_2 分别为产品 G1 和 G2 的数量。如果只要求厂商提供 40 份产品，求成本最小化时的 x_1 和 x_2 值。

6. 用拉格朗日乘数法最优化函数

$$f(x,\ y) = 2x^2 - xy$$

满足约束条件

$$x + 2y = 5$$

7. 消费者的效用函数为

$$U(x_1,\ x_2) = 2x_1 x_2 + 3x_1$$

其中，x_1 和 x_2 表示个人购买 G1 和 G2 的数量。产品 G1 和 G2 的单位成本均为 2 美元。如果消费者消费预算为 83 美元，用拉格朗日乘数法最大化 U。如果消费者收入增加 1 美元，估计新的最优效用。

8. 自行车生产商的利润函数

$$\pi = 5x^2 - 10xy + 3y^2 + 240x$$

其中，x 为车筐数，y 为轮子数。假设生产结束时厂商不遗留任何多余的车筐和车轮，求最大利润。

9. 一个垄断生产者生产两种商品 G1 和 G2，其总成本函数为

$$\text{TC} = 5Q_1 + 10Q_2$$

它们的需求方程为

$$P_1 = 50 - Q_1 - Q_2$$
$$P_2 = 100 - Q_1 - 4Q_2$$

其中，Q_1 和 Q_2 分别表示生产 G1 和 G2 的数量，P_1 和 P_2 表示相应的价格。如果厂商的总成本固定为 100 美元，求最大利润。如果总成本增加到 101 美元，估计新的最优利润。

10. 求生产函数的最大值

$$Q = 10\sqrt{KL}$$

使成本约束

$$K + 4L = 16$$

如果成本约束增加 1 个单位，估计 Q 最优值的变化。

5.5　比较静态分析

经济模型有两类变量：其值由模型来确定的内生变量和其值由模型外部给定的外生变

量。一般情况下，所求得的内生变量的解会依赖于外生变量的值。经济分析时经常要说明内生变量是如何随外生变量的变化而变化，或者外生变量的变化对内生变量所产生的效应。这就是比较静态分析问题。

一、宏观经济模型

现在回到1.6小节简单的宏观经济模型。假设此模型包含家庭和厂商两个部门，家庭的消费由函数

$$C = aY + b$$

给出。其中，Y表示国民收入；a和b为参数，a是边际消费倾向，且$0 < a < 1$；b是自发消费，且$b > 0$。产品市场的均衡条件为

$$Y = C + I$$

其中，I是外生的投资需求，与收入无关，是一个常数。

在均衡状态下，有

$$Y = aY + b + I$$

$$Y = \frac{b + I}{1 - a} = (b + I)(1 - a)^{-1}$$

显然Y是参数a、b和变量I的函数。在此模型中，比较静态分析问题是：外生参数或投资变量I的变化如何影响均衡收入水平Y。

求Y关于I的偏导数，得

$$\frac{\partial Y}{\partial I} = \frac{1}{1 - a} > 0$$

上式称为投资乘数。于是

$$\Delta Y \approx \frac{1}{1 - a}\Delta I$$

它表明，当a增加时，$\frac{1}{1 - a}$也随之增加，国民收入以递增的速度增加，国民收入的增量是投资增量的$1/(1 - a)$。如果投资增加4个单位，边际消费倾向为0.6，那么国民收入会增加$\frac{1}{1 - 0.6} \times 4 = 10$个单位。

求Y关于a的偏导数，得

$$\frac{\partial Y}{\partial a} = \frac{b + I}{(1 - a)^2}$$

上式称为边际消费倾向乘数。它表明，当边际消费倾向a变化Δa，而b和I保持不变时，相应Y的变化为

$$\Delta Y \approx \frac{\partial Y}{\partial a}\Delta a$$

也就是，国民收入的变化可以通过边际消费倾向的变化乘以偏导数$\frac{\partial Y}{\partial a}$。当边际消费倾向增加时，边际消费倾向乘数会随之增加，从而导致均衡的国民收入增加。一旦外生变量和参数被赋予特殊值，就可以对模型进行定量解释了。比如，若$b = 10$，$I = 30$，$a = 0.5$，那么

$$\frac{b + I}{(1 - a)^2} = \frac{10 + 30}{(1 - 0.5)^2} = 160$$

即，当边际消费倾向乘数增加0.02个单位时，国民收入增加 $160 \times 0.02 = 3.2$ 个单位。

另外，由于边际储蓄倾向为 $1-a$，此时容易推出边际储蓄倾向的变化对国民收入的影响：边际储蓄倾向的提高会减少均衡国民收入。

类似地，通过自发消费乘数

$$\frac{\partial Y}{\partial b}=\frac{1}{1-a}$$

可以解释自发消费的变化对国民收入的影响。

当然，如果 a、b 和 I 同时变化 Δa、Δb 和 ΔI，根据全增量公式，那么 Y 的变化为

$$\Delta Y \approx \frac{\partial Y}{\partial a}\Delta a+\frac{\partial Y}{\partial b}\Delta b+\frac{\partial Y}{\partial I}\Delta I$$

对于三部门经济模型（包括家庭、厂商和政府等）来说，由于政府部门的介入，使得国民收入发生了变化。在此，假定政府购买 G 是一个外生变量，同时不考虑政府的转移支付支出，政府税收 T 包括自发税 T^* 和比例收入税（按收入的某个比例征税）tY，其中 t 称为边际税率。下面对此模型国民收入的决定进行比较静态分析。

例 5.5.1　假定三部门模型为

$$Y=C+I+G$$
$$C=aY_{\mathrm{d}}+b \quad (0<a<1,\ b>0)$$
$$Y_{\mathrm{d}}=Y-T$$
$$T=tY+T^* \quad (0<t<1,\ T^*>0)$$

式中，G 表示政府购买，T 表示税收，T^* 表示自发税收，Y_{d} 表示可支配收入。(1) 证明

$$Y=\frac{-aT^*+b+I+G}{1-a+at}$$

(2) 写出政府购买支出乘数和自发税收乘数，说明当 G 和 T^* 增加时，Y 的变化方向。(3) 如果政府的政策是通过自发税收 ΔT^* 来补充政府购买 ΔG，即 $\Delta G=\Delta T^*$，证明国民收入增量小于政府购买增量。(4) 若 $a=0.7$，$b=50$，$T^*=200$，$t=0.2$，$I=100$ 和 $G=300$，计算国民收入的均衡值 Y 和政府购买增加10个单位所导致 Y 的变化。

解：(1) 通过变量代换，得

$$Y=aY_{\mathrm{d}}+b+I+G$$
$$Y_{\mathrm{d}}=Y-T=Y-(tY+T^*)=Y-tY-T^*$$

所以

$$Y=a(Y-tY-T^*)+b+I+G$$
$$(1-a+at)Y=b+I+G-aT^*$$

于是

$$Y=\frac{b+I+G-aT^*}{1-a+at}$$

(2) 政府购买支出乘数是

$$\frac{\partial Y}{\partial G}=\frac{1}{1-a+at}$$

由于 $a<1$，$1-a>0$，政府购买支出乘数大于0。它表明政府购买 G 的增加将导致国民收入 Y 的增加。而自发税收乘数

$$\frac{\partial Y}{\partial T^*}=\frac{-a}{1-a+at}<0$$

表明税收与均衡收入反方向变化，T^* 增加导致 Y 减少；T^* 减少导致 Y 增加。

（3）如果用自发税收 ΔT^* 来补充政府购买 ΔG，即

$$\Delta G=\Delta T^*$$

由全增量公式

$$\Delta Y\approx\frac{\partial Y}{\partial G}\Delta G+\frac{\partial Y}{\partial T^*}\Delta T^*$$

得

$$\begin{aligned}\Delta Y&=\left(\frac{\partial Y}{\partial G}+\frac{\partial Y}{\partial T^*}\right)\Delta G\\&=\left(\frac{1}{1-a+at}+\frac{-a}{1-a+at}\right)\Delta G\\&=\frac{1-a}{1-a+at}\times\Delta G\end{aligned}$$

上式中的系数

$$\frac{\Delta Y}{\Delta G}=\frac{1-a}{1-a+at}$$

称为平衡预算乘数。它是指政府购买支出与自发税收增加的数量相同时，均衡收入的变动与引起这种变动的政府购买变动的比率。但是

$$0<\frac{1-a}{1-a+at}<1$$

于是

$$\Delta Y<\Delta G$$

（4）将 $a=0.7$，$b=50$，$T^*=200$，$t=0.2$，$I=100$ 和 $G=300$ 代入（1）的结果得

$$Y=\frac{-aT^*+b+I+G}{1-a+at}=\frac{-0.7\times200+50+100+300}{1-0.7+0.7\times0.2}=704.5$$

由（2）得，政府购买乘数是

$$\frac{1}{1-a+at}=\frac{1}{0.44}=2.27$$

当 $\Delta G=10$ 时，国民收入的变化为

$$2.27\times10=22.7$$

这意味着，政府购买增加 10 元，将会使均衡收入增加 22.7 元。

在本例中，显然有

$$\left|\frac{\partial Y}{\partial T^*}\right|=\left|\frac{-a}{1-a+at}\right|<\frac{1}{1-a+at}=\left|\frac{\partial Y}{\partial G}\right|$$

这表明，减税 1 元对收入增加的作用，没有增加政府购买支出 1 元对收入增加的作用大。这因为政府购买支出增加 1 元，会使总需求增加 1 元。但是减税 1 元只能使可支配收入增加 1 元。在增加的 1 元中只有 $a\Delta T^*$ 部分增加到消费而不是全部。

例 5.5.1 中，投资是一个外生变量。实际上投资与利率是相关的，利率的变动会影响到投资。不妨假设 $I=cr+I_0$，其中，$c<0$，且 I_0 是自发投资。在三部门经济模型的产品市场均衡条件下，有

$$(1-a+at)Y=b+cr+I_0+G-aT^*$$

$$Y=\frac{b+cr+I_0+G-aT^*}{1-a+at}$$

于是

$$\frac{\partial Y}{\partial r}=\frac{c}{1-a+at}<0 \qquad \frac{\partial Y}{\partial I_0}=\frac{1}{1-a+at}>0$$

可见，利率增加时将降低均衡收入水平，自发投资增加将提高均衡收入水平。

二、微观经济模型

下面考虑微观经济学中供求理论的均衡价格和数量。假设供给曲线为

$$P=aQ_S+b$$

其中，$a>0$，$b>0$。需求曲线为

$$P=-cQ_D+d$$

其中，$c>0$，$d>0$。

为了使两曲线交于第一象限，要求需求曲线的截距大于供给曲线的截距，即

$$d>b$$

由于市场的均衡价格和数量由供给曲线和需求曲线的交点决定，令 $Q_S=Q_D=Q$，可求得

$$Q=\frac{d-b}{a+c}$$

由此可见，均衡数量是四个参数 a、b、c 和 d 的函数。

$$\frac{\partial Q}{\partial a}=\frac{\partial Q}{\partial c}=-\frac{d-b}{(a+c)^2}$$

$$\frac{\partial Q}{\partial b}=-\frac{1}{a+c}$$

$$\frac{\partial Q}{\partial d}=\frac{1}{a+c}$$

由于所有参数都大于0，且 $d-b>0$，所以

$$\frac{\partial Q}{\partial a}=\frac{\partial Q}{\partial c}<0,\ \frac{\partial Q}{\partial b}<0,\ \frac{\partial Q}{\partial d}>0$$

这表明，当 a、b 或 c 增加时，Q 会减少，而 d 的增加会导致 Q 的增加。

当 $a=1$、$b=1$、$c=2$、$d=5$ 时，乘数为

$$\frac{\partial Q}{\partial a}=-\frac{d-b}{(a+c)^2}=-\frac{5-1}{(1+2)^2}=-0.44$$

特别地，当 a 从1增加到1.1，即 $\Delta a=0.1$ 时，均衡数量的变化为

$$\Delta Q\approx(-0.44)\times 0.1=-0.044$$

也就是，供给曲线的斜率增加0.1会导致均衡数量减少0.044。

例 5.5.2 已知商品的需求函数为

$$Q_D=a-bP+cY$$

其中，$a>0$，$b>0$，$c>0$，Y 为消费者收入，c 表示消费者收入增加1美元时对需求量的影响。供给函数为

$$Q_S=\alpha+\beta P$$

其中，$\alpha>0$，$\beta>0$，$\alpha<a+cY$。求均衡价格，并对价格和消费者收入进行比较静态分析。

解：当市场均衡时，供给等于需求，即

$$a - bP + cY = \alpha + \beta P$$

于是，均衡价格为

$$P = \frac{a - \alpha + cY}{b + \beta}$$

本模型中的比较静态问题是，消费者收入的变化如何影响均衡价格。由于

$$\frac{\partial P}{\partial Y} = \frac{c}{b + \beta} > 0$$

所以，收入的增加会提高市场的均衡价格，而且 c 越大，均衡价格上升的幅度就越高；如果 b 和 β 越大，均衡价格上升的幅度越低。b 和 β 分别为需求曲线和供给曲线的（关于价格坐标轴的）斜率。

例 5.5.3 已知商品的需求和供给函数分别为

$$Q_{\mathrm{D}} = 30 - 2P - Y$$

$$Q_{\mathrm{S}} = P$$

求消费者收入变化对均衡价格和均衡数量的影响。

解：市场均衡时，$Q_{\mathrm{S}} = Q_{\mathrm{D}}$。因此，均衡价格和数量分别为

$$P = 10 - \frac{Y}{3}，\ Q = 10 - \frac{Y}{3}$$

那么

$$\frac{\mathrm{d}P}{\mathrm{d}Y} = -\frac{1}{3}，\ \frac{\mathrm{d}Q}{\mathrm{d}Y} = -\frac{1}{3}$$

所以当收入增加时，均衡价格和均衡数量都下降。需求函数表明该商品是低档品。

例 5.5.4 垄断厂商的反线性需求函数为

$$P = a - bQ，\ a，\ b > 0$$

总成本函数为

$$CT = cQ^2，\ c > 0$$

如果政府对每单位产品征税税率为 t，求提高产品税率对均衡产出的影响。

解：垄断厂商的税后利润函数为

$$\begin{aligned}\pi &= aQ - bQ^2 - cQ^2 - tQ \\ &= (a - t)Q - (b + c)Q^2\end{aligned}$$

利润最大化时产出必须满足

$$\frac{\mathrm{d}\pi}{\mathrm{d}Q} = (a - t) - 2(b + c)Q = 0$$

由此得到

$$Q = \frac{a - t}{2(b + c)}$$

在此假定 $a > t$ 以保证 $Q > 0$。

本模型中的比较静态问题是，税率 t 的变化如何影响利润最大化时的产出 Q。由于

$$\frac{\partial Q}{\partial t} = -\frac{1}{2(b + c)} < 0$$

因此，税率 t 的提高会降低利润最大化的产出 Q，需求曲线和边际成本曲线的斜率越大，产出减少得越小。

比如，当 $a=180$、$b=2$、$c=1$ 时，税率对利润最大化产出的静态效应为

$$\frac{\partial Q}{\partial t}=-\frac{1}{6}=-0.17$$

也就是，当税率提高 1% 时，利润最大化时的产出水平会下降 0.17%。

习题 5.5

1. 考虑四部门经济模型

$$Y=C+I+G+X-M$$
$$C=aY+b(0<a<1,\ b>0)$$
$$M=mY+M^{*}(0<m<1,\ M^{*}>0)$$

其中，X 和 M 分别表示出口和进口，m 表示进口边际倾向。(1) 在均衡条件下，证明

$$Y=\frac{b+I+G+X-M^{*}}{1-a+m}$$

(2) 写出自发出口乘数表达式

$$\frac{\partial Y}{\partial X}$$

和进口边际倾向乘数表达式

$$\frac{\partial Y}{\partial m}$$

说明当 X 和 m 增加时，Y 的变化方向。(3) 当 $a=0.8$、$b=120$、$I=100$、$G=300$、$X=150$、$m=0.1$ 和 $M^{*}=40$ 时，计算国民收入的均衡值 Y，以及自发出口增加 10 个单位导致 Y 的变化。

2. 对单一商品市场的线性模型

$$P=aQ_{S}+b,\ P=-cQ_{D}+d$$

其中，$a>0$，$b>0$，$c>0$，$d>0$，$d-b>0$，(1) 证明，均衡价格

$$P=\frac{ad+bc}{a+c}$$

(2) 求乘数 $\frac{\partial Q}{\partial a}$、$\frac{\partial Q}{\partial b}$、$\frac{\partial Q}{\partial c}$ 和 $\frac{\partial Q}{\partial d}$ 表达式，并讨论当 a、b、c、d 增加时，P 如何变化。

3. 对于商品市场，有

$$Y=C+I$$
$$C=aY+b$$
$$I=cr+d$$

式中，$0<a<1$，$b>0$，$c<0$，$d>0$，r 为利率。

对于货币市场，有

$$M_{S}=M_{S}^{*}\quad（货币供给）$$
$$M_{D}=k_{1}Y+k_{2}r+k_{3}\quad（货币的总需求）$$

式中，$M_S^* > 0$，$k_1 > 0$，$k_2 < 0$，$k_3 > 0$。

（1）当商品市场和货币市场同时均衡时，证明

$$Y = \frac{k_2(b + d) + c(M_S^* - k_3)}{(1 - a)k_2 + ck_1}$$

（2）写出货币供给乘数 $\partial Y/\partial M_S^*$ 表达式，并说明当 M_S^* 增加时会导致 Y 增加。

4. 住房需求函数为

$$D = \frac{100}{Pr^2}$$

其中，P 为住房价格，r 为外生的抵押贷款利率。住房供给函数为

$$S = \bar{S}$$

其中，$\bar{S}$ 为外生的住房供给。求住房价格，并对抵押贷款利率和住房供给进行比较静态分析。

5. 厂商的出口需求函数为

$$X = a - br + cY_R，a，b，c > 0$$

其中，X 为出口需求，r 为汇率，Y_R 为世界其他国家的收入。该国的进口需求函数为

$$Q = \alpha + \beta r + \gamma Y_D，\alpha，\beta，\gamma > 0$$

其中，Q 为进口需求，Y_D 为本国国民收入。如果所有收入均为外生的，求进出口均衡的利率，并对收入变量进行比较静态分析。

附录　参考答案（部分习题）

第1章

习题1.1

1. （3）$X=\left\{x \mid x \neq \frac{3}{2}, x \in \mathbf{R}\right\}$；（4）$X=\{x \mid x \neq 2, x \neq 3, x \in \mathbf{R}\}$。

2. $f(x)$ 与 $g(x)$ 是反函数关系。

5. 设 y 为邮费，x 为物件重量，则函数关系为

$$y=\begin{cases}2x & x \leqslant 5 \\ 10+5.5(x-5) & x>5\end{cases}$$

6. 设 y 为收费，t 为通话时间，则函数关系为

$$y=\begin{cases}18 & t \leqslant 35 \\ 18+0.15(t-35) & t>35\end{cases}$$

7. $P=4-\frac{1}{60}Q$。

8. （1）当 $0 \leqslant y \leqslant 5000$ 时，$T(y)=0$；

（2）当 $5000<y \leqslant 20000$ 时，$T(y)=(y-5000) \times 20\%$；

（3）当 $20000<y \leqslant 50000$ 时，$T(y)=15000 \times 20\%+(y-20000) \times 30\%$；

（4）当 $y>50000$ 时，$T(y)=15000 \times 20\%+30000 \times 30\%+(y-50000) \times 50\%$。

10. （1）是；（2）是；（3）是；（4）是。

11. $Q=\frac{1}{5}(13-P)$。

习题1.2

2. （1）如果替代品的价格 P_S 上升，则 Q 增加；（2）如果互补品的价格 P_C 上升，则 Q 减少；（3）如果广告支出 A 增加，那么 Q 增加。

3. （1）173；（2）12；（3）因为当 Y 增加时，Q 也增加，所以该商品是正常品。

4. （1）23；（2）6；（3）当 P_A 增加时，Q 也增加，所以另一商品是该商品的替代品。

5. （1）$P=17$，$Q=9$；（2）324。

6. （1）$Q_1=13$，$P_1=4$；$Q_2=14$，$P_2=7$；（2）当 P_1 增加时，Q_2 减少，所以它们是互补品。

7. $P_1=20$，$P_2=5$，$P_3=8$；$Q_1=13$，$Q_2=16$，$Q_3=11$。

8. $Q=2$，$P=38$。

9. （1）$Q=90-2P$；（2）$Q=120-2P$；（3）$Q=72-2P$；是正常品；因为 P_A 增加时，Q 减少，它们是互补品。

10. $Q=60$，$P=180$；$Q=40$，$P=200$，$\frac{20}{60}=33.3\%$；50%，60%，66.6%，税收比例为 $\frac{k}{k+2}$，75%。

习题 1.3

1. （1）40，0.7；（2）$Y=100$。

2. （1）$S=0.1$，$Y-72$；（2）$S=\frac{10Y-500}{Y+10}$。

3. $Y=210$；$Y=215$。

4. $Y=325$，$C=225$，$S=100$。

5. $Y=366$。

6. （1）$C=120+0.8Y$；（2）$C=40+0.8Y$；（3）$C=120+0.6Y$。

7. $Y=300$，$Y=150$，$Y=350$。

8. $Y=2500$，$r=10$。

习题 1.4

1. $\mathrm{TR}=1000Q-Q^2$，$Q=500$，$P=500$。

2. （1）$\mathrm{TR}=4Q$；（2）$\mathrm{TR}=7$；（3）$\mathrm{TR}=10Q-4Q^2$。

3. $\mathrm{AC}=Q+\frac{1}{Q}+1$。

4. （1）$\pi=-25+18Q-Q^2$；（2）$Q=4$，14；（3）$Q=9$，$\pi=56$。

5. （1）$Q=2$，8；（2）$Q=20$；（3）$Q=5$。

6. （1）$Q=1$，5；（2）$Q=3$。

7. $a=-20$，$b=85$，$c=-56$，$\pi=-36$。

8. （1）$Q=1$，18；（2）$Q=9.5$。

习题 1.5

1. （1）$Q=3600$；（2）$Q=200000$。

2. （1）3 次齐次，递增的；（2）1 次齐次，不变的；（3）2 次齐次，递增的。

3. $y=\left(\ln 3+\frac{1}{2}\ln L\right)+\frac{1}{3}x$，$K=\frac{1}{3}$，纵轴截距$=\ln 3+\frac{1}{2}\ln L$。

4.

$\ln L$	0	0.69	1.1	1.39	1.61
$\ln Q$	−0.69	−0.46	−0.33	−0.22	−0.16

$n=0.32$，$A=0.5$。

习题 1.6

3. （1）$x\approx1.77$；（2）$x\approx0.87$；（3）$x\approx0.22$。
4. （1）0.069%，1.35%，18.46%，50.45%；（2）55。
5. （1）55，98；（2）100。
6. $A=50000$，$a=0.137$；$y=25201.61$，$y=0$。
7. （1）TR=500，370.4；（2）4.102。
8.

Q	10	50	60	100	200	400
P	95	85	80	70	50	20
$\ln Q$	2.3	3.9	4.1	4.6	5.3	6
$150-1.5p$	7.5	22.5	30	45	75	120
$\ln(150-1.5P)$	2	3.1	3.4	3.8	4.3	4.8

$n=0.75$。

9. （1）

t/月	1	3	6	12
$\ln s$（销售量）	0.59	0.99	1.61	2.80

（2）$K=0.21$，截距 0.35；（3）$S=1.4e^{0.21t}$；（4）$S=9267$，$S=4.2\times10^8$。

10. $a=77.37$，$b=-1.82$。

第 2 章

习题 2.1

2. （1）1+9%；（2）1−2%；（3）1+250%；（4）1−43%。
3. （1）18.2；（2）119244.3；（3）15640。
4. （1）82%；（2）−58%；（3）−45%；（4）8.9%。
5. （1）15.5；（2）10.54；（3）68%。
6. 864。
7. （1）10%；（2）1564；（3）8835；（4）734.5。
8. （1）760.74；（2）7%；（3）750；（4）−80%。
9. （1）26100；（2）31%。
10. 29%。

习题 2.2

1. （1）

公共运输	30%	52.3%	13.1%	9.3%
私人运输	25%	44%	10.6%	11.1%

（2）前十年运输成本增长速度较快，后十年的增长放缓，有可能呈现平稳状态。

2.

	第1季度	第2季度	第3季度	第4季度
产出	13.5	1.4	2.5	10.5
指数	964	100	179	750

可能是季节性波动。

3.

	2004	2005	2006	2007
教育支出	236	240	267	276
通货膨胀率		4.7%	4.2%	3.4%
指数	100	101.7	113.1	116.9
2014年不变价格	236	229	244.7	244.7
新指数	100	97	103.7	103.7

按2014年的不变价格计算，2005年出现了负增长，2006年和2007年都比2004年增长了3.7%。

4.

	1	2	3	4	5	6	7	8
指数1	100	95	105	110	119	127	142	150
指数2	79	75	83	87	94	100	112	118

第1年为109，第8年为163。

5.

雇员人数	2011	2012	2013
24	288	312	312
250	6500	7000	7250
109	6104	6104	6976
7	1680	2380	3920
	14572	15796	18458
	100	108.4	126.7

6.

	2013	2014	2015
名义GDP	84	172	297
真实GDP	84	100	129
GDP平减指数	100	172	230

7.

总费用	85	96	120
CPI	100	113	141
通胀率		13%	41%

习题 2.3

1. （1）61.9；（2）12.7。
2. 3.5。
3. （1）13947.9；（2）14156.59；（3）14266.7；（4）14342.4；（5）14372.08；（6）14381.03。
4. 13.9%。
5. 36.6。
6. 16.9。
7. 7.3%。
8. 12.55%。
9. （1）5.1；（2）5.2%。
10. 7.67%。
11. 8.31。

习题 2.4

2. （1）4386.5；（2）11463.9；（3）446.3。
3. （1）15645.49；（2）11.9。
4. 177.7。
5. 147078.4。
6. 311623.6。
7. 419.9，454.2，449.86。
8. 16.7。
9. 2 亿吨。
10. 34.6。
11. （1）6.5；（2）833.3。

习题 2.5

1. （1）5974.43；（2）5965。
2. 379.09；1000。
3. 452；16.27%，值得投资。
4. 项目 1 的现值 8450，项目 2 的现值 8370。
5. 项目 A、B、C 的现值分别为 1595、1960、1064，B 最佳。
6. 现值 61514.64。
7. 净现值 38887.69。
8. 27.18%。
9. 332.99。
10. （1）400000；（2）222734.97；（3）307440。
11. 项目 A 的现值 22176，项目 B 的现值 16668，选 A 方案。

第3章

习题3.1

1. （1）4；（2）$-\frac{1}{2}$。

2. 8，16。

3. （1）$y'=50x^{49}$；（2）$y'=21x^{20}$；（3）$y'=-2x^{-3}$；（4）$y'=-x^{-2}$。

4. （1）A（4，2），B（4.1，$\sqrt{4.1}$）；（2）0.248；（3）0.25。

5. （1）（1，1），（-1，-1）；（2）$A\left(-\frac{1}{2}, 4\right)$；（3）$\left(5, \frac{1}{5}\right)$，$\left(-5, -\frac{1}{5}\right)$。

6. （1）$f'(4)=3$；（2）$f'(9)=\frac{9}{2}$；（3）$f'(4)=6$。

7. $\Delta y=0.0501$，$dy=0.05$。

8. （1）在（$-\infty$，∞）上单调增加；（2）在（$-\infty$，0）∪（0，∞）上单调下降；（3）在（$-\infty$，0）上单调下降，在（0，∞）上单调增加。

习题3.2

1. （1）$y'=12x^2-\frac{1}{3}x^{-\frac{2}{3}}$；（2）$y'=-10x^{-3}+3x^{-2}$；（3）$y'=-14x^{-3}+\frac{1}{x}+\frac{1}{2}x^{-\frac{1}{2}}$；

（4）$y'=12x^3-3x^{-3}$；（5）$y'=\frac{2}{x}+4e^x$；（6）$y'=10e^x-4x$。

2. （1）$y'=(4x^3+x^4)e^x$；（2）$y'=\ln(x)+1$；

（3）$y'=(4x^3+3)\ln(x)+x^3+3$；（4）$y'=e^x\left(\ln x+\frac{1}{x}\right)$。

3.

（1）$y'=\frac{x^2-2x-2}{(x-1)^2}$；

（2）$y'=\frac{\ln x-\frac{3}{x}-1}{(\ln x)^2}$；

（3）$y'=\frac{42x}{(3x^2+6)^2}$；

（4）$y'=\frac{12x-6x^2}{(1-x)^2}$；

（5）$y'=\frac{e^x(x^2-2x+2)}{(x^2+2)^2}$；

（6）$y'=\frac{1-x\ln x}{xe^x}$。

4.

（1）$y'=\frac{3x^2+1}{2\sqrt{x^3+x}}$；

（2）$y'=\frac{2x^3+3x}{\sqrt{x^4+3x^2}}$；

（3）$y'=6e^{6x+5}$；

（4）$y'=-9e^{-3x+8}$；

（5）$y'=\frac{12x^3}{3x^4+5}$；

（6）$y'=\frac{10}{10x+3}$。

5.

（1）$\frac{dx}{dy}=\frac{x}{x+1}$；

（2）$\frac{dx}{dy}=\frac{2\sqrt{x}}{1+6\sqrt{x}}$；

（3）$\frac{dx}{dy}=\frac{1}{6}$；　　　　（4）$\frac{dx}{dy}=\frac{1}{1+e^x}$。

6.

（1）$\left(9x^2+\frac{1}{3}x^{-\frac{2}{3}}\right)dx$；　　　　（2）$(4x^3\ln x+x^3-3x^{-2})\ dx$；

（3）$\left(\frac{1}{x}+2xe^x+x^2e^x\right)dx$；　　　　（4）$\left(\frac{1}{2\sqrt{x}}-x^{-3}\right)dx$。

7. （1）U 形曲线；（2）倒 U 形曲线；（3）倒 U 形曲线；

（4）当 $x>2$ 时，是 U 形曲线，当 $x<2$ 时，是倒 U 形曲线；

（5）倒 U 形曲线；（6）U 形曲线。

习题 3.3

1. （1）$TR=60Q-Q^2$；（2）-40；（3）$\Delta TR=41$。

2. $MR=1000Q-8$，$\Delta TR=1504$，-2244。

3. （1）$TC=100+2Q+\frac{1}{10}Q^2$，$MC=2+\frac{1}{5}Q$；（2）$MC=8$，$\Delta TC=16$；（3）$Q=100$。

4. $TC=15+9Q+2Q^2$，$MC=9+4Q$。

5. $MC=\frac{10}{Q}$，这说明当 Q 无限增加时，$MC\to 0$，此时企业会无限增加产量，控制整个市场，从而导致完全竞争瓦解。

6. （1）50；（2）49.8；（3）48；（4）30；根据上述结果，随着 L 的增加，MP 减少。

7. （1）25；（2）8.33；（3）2.5；（4）0.25；根据上述结果，随着 L 的增加，MP 减少。

8. $MPC=\frac{1}{6}$，$MPS=\frac{5}{6}$；在国民收入达到 36 时，再增加一个单位的收入，消费会增加 $\frac{1}{6}$ 个单位，而储蓄会增加 $\frac{5}{6}$ 个单位。在这个收入水平上，储蓄倾向大于消费倾向。

9. （1）$S=-0.01Y^2+0.2Y-100$；（2）$MPC=0.96$，$MPS=0.04$。

10. $MPC=0.4$，$MPS=0.6$。

习题 3.4

1. $E=0.26$。

2. （1）$E=0.098$；（2）$E=4$。

3. $E=1.3$，-7.69%。

4. $E=\frac{P}{15-P}$，$P=7.5$。

5. （1）$E=0.33$；（2）$E=0.33$。

6. $E=1.46$，7.3%。

7. $E=\frac{aP}{aP+b}$。

习题3.5

1. （1）$x=\frac{1}{2}$；（2）$x=-2$；（3）$x=10$；（4）$x=\pm1$。

2. $L=30$。

3. $Q=33.3$。

4. $TC=32+2Q^2$，$AC=\frac{32}{Q}+2Q$，$MC=4Q$；$Q=4$。

5. $Q=49$。

6. （1）$Q=5$；（2）$Q=4$，$\pi=34$。

7. $Q=6$，MC=AC。

8. 37037.037，166.67。

9. $t=3$。

10. $Q=100$，$Q=13.68$。

习题3.6

1. （1）$TR=aQ^2+bQ$，$TC=c+dQ$，$MR=2aQ+b$，$MC=d$。

2. $\pi=1000Pe^{-0.2P}-2000e^{-0.2P}-100$，$P=7$。

4. （1）$P_1=30$，$P_2=20$，$\pi=95$；（2）$P=24.44$，$\pi=83.86$。

5. （1）$P_1=200$，$P_2=150$，$\pi=10000$；（2）$P=166.7$，$\pi=8333.3$。

7. $L=50$。

第4章

习题4.1

1. （1）$\frac{1}{2}x^6+C$；（2）$4e^x+C$；（3）e^x+2x^2+C；（4）$\frac{1}{4}x^4-5x+C$。

2. $2x+12e^{3x}$。

3. （1）x^6+C；（2）$10e^x+C$；（3）$\frac{1}{4}x^8+C$；（4）$\frac{3}{5}x^5+C$。

4. （1）x^2-x^4+C；（2）$\frac{7}{4}x^4-\frac{3}{2}x^2+2x+C$；（3）$2x^5-5x^{-1}+C$；（4）$\frac{1}{7}x^7-9e^x+C$。

习题4.2

1. （1）$2x-x^2-x^4+C$；（2）$\frac{5}{4}x^4-\frac{1}{2}x^2+42x+C$；（3）$\frac{6}{5}x^5+\ln|x|+C$；（4）$-\frac{1}{5}x^{-5}+7e^x+C$；（5）$\frac{3}{2}x^2+\ln|x|+C$；（6）$\frac{2}{3}x^3-6x^{\frac{4}{3}}+C$；（7）$\frac{5}{7}x^{\frac{7}{5}}-\frac{1}{5}e^{5x}-3x+C$；（8）$\frac{1}{6}x^6+e^{-x}+C$；（9）$\frac{1}{5}x^5+e^x+C$；（10）$e^{x-3}+\frac{1}{2}e^{2x}+C$。

2. （1）$\frac{1}{24}(3x-2)^8+C$；（2）$-\frac{1}{10}(2-x)^{10}+C$；（3）$\frac{1}{10}(2x+1)^5+C$；（4）$\frac{1}{3}\ln(3x+4)+$

$\frac{1}{4}e^{4x}+C$；（5）$\frac{1}{2}e^{2x}+\frac{1}{2}e^{-2x}+C$；（6）$\frac{6}{5}e^{-5x}+C$；（7）$-\frac{1}{7}e^{-7x+3}+C$；（8）$xe^{x}-e^{x}+C$；（9）$x^{2}e^{x}-2xe^{x}+2e^{x}+C$；（10）$\frac{1}{4}x^{4}\ln x-\frac{1}{16}x^{4}+C$。

3.（1）$x-x^{2}+C$，$C=0$；（2）$\frac{3}{4}x^{4}+\frac{1}{2}x^{2}+C$，$C=\frac{3}{4}$；（3）$x^{5}+2e^{x}+C$，$C=-1$；（4）$\frac{4}{7}x^{7}-e^{x}+C$，$C=2$。

习题 4.3

1. $TC=200+\frac{1}{2}Q^{2}+3Q$，1120。
2. $TR=200Q-2Q^{2}$，$P=200-2Q$。
3. $S=0.4Y-0.2\sqrt{Y}-38$。
4. $TC=8+12e^{0.5Q}$。
5. （1）$TR=100Q-3Q^{2}$，$P=100-3Q$；（2）$TR=8Q^{\frac{1}{2}}$，$P=8Q^{-\frac{1}{2}}$。
6. $C=0.8Y+6.8$，$S=0.2Y-6.8$。
7. （1）$Q=1000L-2L^{3}$；（2）$Q=10L^{\frac{1}{2}}-0.02L$。
8. $C=\frac{1}{3}Y+\sqrt{Y}+3$。

习题 4.4

1. （1）18；（2）15；（3）$\frac{\pi}{2}$；（4）π。
2. （1）$2496+2\ln 5$；（2）182；（3）100.5；（4）$e^{2}+63$。
3. 15。
4. （1）4；（2）0。
5. （1）17.8；（2）$\frac{1}{24}(9^{12}-5^{12})$；（3）8.5；（4）1935.9。

习题 4.5

1. （1）100；（2）20。
2. （1）81；（2）180。
3. CS＝100；PS＝100。
4. CS＝106.7；PS＝26.7。
5. $K=153.3$。
6. （1）430；（2）46.05。
7. （1）9000；（2）27。
8. （1）2788.3；（2）7871.4；（3）19865.2；（2）20000。
9. $n=6.93$。
10. （1）40000；（2）38000。

第5章

习题5.1

2. （1）$D=\{(x,y)\mid -1\leqslant x\leqslant 1,-1\leqslant y\leqslant 1\}$；（2）$D=\{(x,y)\mid x>0,x>y\}$。

3. （1）$z_x=6x-y$，$z_y=20y^4-x$；（2）$z_x=3x^2+y$，$z_y=-4e^y+x$；（3）$z_x=2y+6y^2$，$z_y=2x+12xy$；（4）$z_x=1-20x^4y$，$z_y=1-4x^5+10y$。

4. $f_x(1,0)=-2$，$f_y(1,1)=16$。

5. （1）$f_{xx}=60x^2y$，$f_{xy}=20x^3-14y$，$f_{yy}=-14x$；

（2）$f_{xx}=ye^x$，$f_{xy}=e^x-e^y$，$f_{yy}=-xe^y$；

（3）$f_{xx}=-\frac{4}{3}x^{-\frac{5}{3}}y^{\frac{2}{3}}$，$f_{xy}=\frac{4}{3}x^{-\frac{2}{3}}y^{-\frac{1}{3}}$，$f_{yy}=-\frac{4}{3}x^{\frac{1}{3}}y^{-\frac{4}{3}}$；

（4）$f_{xx}=2y^3$，$f_{xy}=6xy^2+10$，$f_{yy}=6x^2y$。

6. $f_1=5x_1^4+3x_2$，$f_{12}=3$，$f_{21}=3$。

7. （1）$dz=8xy^3dx+12x^2y^2dy$；（2）$dz=\frac{y}{e^y+xy}dx+\frac{1}{e^y+xy}(e^y+x)dy$；

（3）$dz=ydx+(x+10y)dy$；（4）$dz=-10x^4ydx+(1-2x^5)dy$。

8. $z_x(2,6)=13$，$z_y(2,6)=8$，$\Delta z=0.03$。

9. $z_x(2,3)=-14$，$z_y(2,3)=-6$，$\Delta z=-0.22$。

10. （1）$\frac{dy}{dx}=\frac{3x^2}{12y^2-1}$；（2）$\frac{dy}{dx}=\frac{y^2+20x}{15y^4-2xy}$。

习题5.2

1. $E_P=-0.11$，$E_{P_A}=-0.07<0$，$E_Y=0.09$，$\Delta Q=0.27\%$，生活必需品。

2. $E_P=-0.02$，$E_{P_A}=-0.01<0$，$E_Y=1.72$，$\Delta Q=-0.02\%$，互补品。

3. $E_Y=2$，$\Delta Y=1\%$。

4. （1）$\frac{\partial U}{\partial x_1}=2948$，$\frac{\partial U}{\partial x_2}=140$；（2）$\Delta U=5048$；（3）MRCS$=21.1$，$\Delta x_2=42$。

5. （1）$\frac{\partial U}{\partial x_1}=\frac{1}{4}$，$\frac{\partial U}{\partial x_2}=\frac{1}{3}$；（2）$\Delta U=\frac{7}{12}$；（3）MRCS$=0.75$。

6. $\frac{\partial Q}{\partial K}=2K+2L$，$\frac{\partial Q}{\partial L}=2K$。

7. $\frac{\partial Q}{\partial K}=8$，$\frac{\partial Q}{\partial L}=30.25$，MRTS$=3.8$，$\Delta K=3.8$。

习题5.3

1. （1）驻点为（0，0），取最小值；（2）驻点为$\left(\frac{10}{3},6\right)$，取最大值；（3）驻点为（0，0），取最小值，$\left(\frac{5}{2},\frac{5}{4}\right)$；（4）驻点为（0，1），取最小值；（5）驻点为（1，1），取最小值，（−1，−1），取最大值，（−1，1），（1，−1）；（6）驻点为（0，0），取最大值，（2，0），取

最小值，(1，1)，(1，-1)。

2. $Q_1=30$，$Q_2=10$，最大利润为 1300。

3. $P_1=200$，$P_2=150$，最大利润为 10000。

4. $P_1=78$，$P_2=68$，最大利润为 1340。

5. $L=16$，$K=144$。

6. $x_1=138$，$x_2=500$。

7. $Q_1=19$，$Q_2=4$。

习题 5.4

1. $x=3$，$y=11$，最大值为 13。

2. $K=6$，$L=4$。

3. $K=81$，$L=9$，最大利润 165。

4. $x_1=\frac{200}{3}$，$x_2=20$。

5. $x_1=30$，$x_2=10$。

6. 最大值$\frac{9}{4}$。

7. 最大值 924.5，$\Delta U=944.5$。

8. $x=40$，$y=80$，最大利润为 4800。

9. 最大利润为 600，新值为 604。

10. $Q=40$，$\Delta Q=2.5$。

习题 5.5

1. $\frac{\partial Y}{\partial X}=\frac{1}{1-a+m}>0$，$\frac{\partial Y}{\partial m}=-\frac{b+I+G+X-M^*}{(1-a+m)^2}=-\frac{Y}{1-a+m}<0$，当 X 增加时，Y 增加；当 m 增加时，Y 减少。(3) $\frac{\partial Y}{\partial X}=\frac{10}{3}$，$\Delta Y=33.3$。

2. $\frac{\partial P}{\partial a}=\frac{(d-b)\ c}{(a+c)^2}>0$，$\frac{\partial P}{\partial b}=\frac{c}{a+c}>0$，$\frac{\partial P}{\partial c}=-\frac{(d-b)\ a}{(a+c)^2}<0$，$\frac{\partial P}{\partial d}=\frac{a}{a+c}>0$。

3. $\frac{\partial Y}{\partial M_S^*}=\frac{c}{(1-a)\ k_2+ck_1}$。

4. $P=\frac{100}{\bar{S}r^2}$，$\frac{\partial P}{\partial r}=-\frac{200}{\bar{S}r^3}<0$，$\frac{\partial P}{\partial \bar{S}}=-\frac{200}{r^2\ \bar{S}^2}<0$。

5. $r=\frac{a-\alpha+cY_R-\gamma Y_D}{b+\beta}$，$\frac{\partial r}{\partial Y_R}=\frac{c}{b+\beta}>0$，$\frac{\partial r}{\partial Y_D}=-\frac{\gamma}{b+\beta}<0$。

参考文献

1. ［英］伊恩·雅克著，王少平等译．商务与经济数学．北京：机械工业出版社，2008.

2. ［美］霍伊等著，张伟等译．经济数学．北京：中国人民大学出版社，2006.

3. ［美］曼昆著，梁小民译．经济学原理（微观经济学）．北京：北京大学出版社，2006.

4. ［美］曼昆著，梁小民译．经济学原理（宏观经济学）．北京：北京大学出版社，2006.

5. 史树中著．数学与金融．上海：上海教育出版社，2012.

6. 董长瑞，周宁主编．微观经济学（第2版）．北京：经济科学出版社，2007.

7. 张远超，孟祥仲主编．宏观经济学（第2版）．北京：经济科学出版社，2007.

8. 康永强主编．经济数学基础与应用．北京：电子工业出版社，2012.